新编21世纪高等职业教育精品教材
经贸类通用系列

财政学基础

CAIZHENGXUE JICHU

主编 ◎ 黄吉秀 胡霞

中国人民大学出版社
·北京·

图书在版编目（CIP）数据

财政学基础/黄吉秀，胡霞主编．--北京：中国人民大学出版社，2022.8

新编21世纪高等职业教育精品教材．经贸类通用系列

ISBN 978-7-300-30677-3

Ⅰ.①财… Ⅱ.①黄… ②胡… Ⅲ.①财政学一高等职业教育一教材 Ⅳ.①F810

中国版本图书馆CIP数据核字（2022）第095901号

新编21世纪高等职业教育精品教材·经贸类通用系列

财政学基础

主　编　黄吉秀　胡　霞

Caizhengxue Jichu

出版发行	中国人民大学出版社		
社　　址	北京中关村大街31号	**邮政编码**	100080
电　　话	010－62511242（总编室）		010－62511770（质管部）
	010－82501766（邮购部）		010－62514148（门市部）
	010－62515195（发行公司）		010－62515275（盗版举报）
网　　址	http://www.crup.com.cn		
经　　销	新华书店		
印　　刷	唐山玺诚印务有限公司		
规　　格	185mm×260mm　16开本	**版　　次**	2022年8月第1版
印　　张	16.75插页1	**印　　次**	2025年1月第2次印刷
字　　数	365 000	**定　　价**	45.00元

前　言

《财政学基础》是由原四川财经职业学院院长、教授黄吉秀任第一主编，四川财经职业学院财税学院财政教研室主任胡霞任第二主编，多位财经领域专家学者与实务工作者共同参与、精心编写，为高职高专学生学习财政学基本理论、基本知识和基本技能提供全程指导和全面服务的一本教材。

"财政学基础"是一门宏观性较强的基础理论课程，也是财经类专业学生学习财政、税务、预算管理等专业知识的入门课程。本教材的体系设计和内容编写紧密结合现代财政学的理论和实践前沿，以财政技能的培训为重点，既注重对财政学基本理论、基本知识、基本技能的阐述，又密切结合我国经济社会发展的新形势，对党的十八届三中全会以来财政改革与发展中的重大问题进行较为全面的阐述。在保持财政学体系的科学性、系统性、全面性的同时，突出思政性、创新性和实践性，在实现学生认知专业知识、夯实专业基础、履行岗位技能、具备观察理解能力的基础上着重培养学生的实际操作能力。为此，本教材在设计和编写的过程中突出体现了以下创新点：

1. 课程体系的系统性和全面性

针对高职高专学生学习的特点，本教材首先突出了教材内容的系统性和全面性。全书共分 13 章，主要包括导论、财政职能、财政支出概述、财政购买性支出、财政转移性支出、财政收入概述、税收原理、税收制度、公债、政府预算、政府间财政关系、财政政策、政府财政审计与财政监督等方面，系统且全面地阐述了公共财政的运行规律，着力加强对基本理论、基本知识和基本技能的学习和训练。

2. 课程内容的思政性和实践性

本教材内容较好地体现了现代财政学的理论和实践前沿，既对财政学基本理论、基本知识、基本技能进行了全面的阐述，又密切结合了我国经济社会发展的新形势，融入了党的十八届三中全会以来党中央在宏观经济领域重大财税改革政策等思政元素，并进行了较为深刻的阐述与解读，实现了基础性、实践性和思政性相统一。

3. 学习过程的实用性和针对性

为方便学生更好地学习和理解财政学的基本理论和实践中的热点难点问题，本教材设置了学习目标、案例导入、课堂小思考、育人园地、知识拓展、专栏、思考与练习等栏目。同时，本教材信息量大，内容丰富且深入浅出，理论与实践紧密结合，大大增强了实用性。通过学习本教材，学生既可以对现代财政学的基本理论和基本知识有较全面的理解和较深刻的认识，对基本财政范畴、内在关系及其运动规律有较系统的掌握，为以后其他专业课的学习打下坚实的基础，又可以拓宽理论视野，培养运用所学的财政学理论知识进行宏观经济分析和解决实际问题的能力。

4. 编写团队的精干与高效

本教材的编写团队是一个精干高效的集体，成员中既有多年从事财政学教学的专家学者，又有在财政部门长期从事预算管理的资深专家，在学历层次、理论水平、实践基础、教学经验等方面具有相当大的优势。第一主编黄吉秀教授长期从事财政学的理论及实务研究工作，理论功底深厚，教学经验丰富，其著作多次荣获省部级优秀科研成果奖，此次负责组织教材编写和对总体质量全面把控；第二主编胡霞老师承担了本教材大部分编写与统稿工作，确保了教材从体系到内容、从理论到实践的统一；其他编写组成员（四川财经职业学院财税学院唐晓莲、李若兰老师）从事财政学教学工作，具有丰富的教学实践经验，分别对本教材第三部分和第四部分的修改与订正做了大量工作。

本教材的出版得到了西南交通大学廖楚晖教授的鼎力相助，还有四川财经职业学院财税学院名誉院长、西南财经大学财税学院周克清教授的全力支持，同时也得到了四川省财政厅黄潇雯、刘波两位实务专家的大力帮助，在此一并表示衷心的感谢。本教材在编写过程中还参考并引用了有关财政学教材及学术界最新研究文献，特此说明并深表感谢。

由于财政学领域的理论与实践在不断发展，加之编者能力和时间有限，书中难免存在不当之处，恳请广大读者批评指正，以使本教材日臻完善。

编者

2022 年 5 月

目 录

CONTENTS

第一部分 基础理论

第二部分 财政支出

第三部分　财政收入

第一部分

基础理论

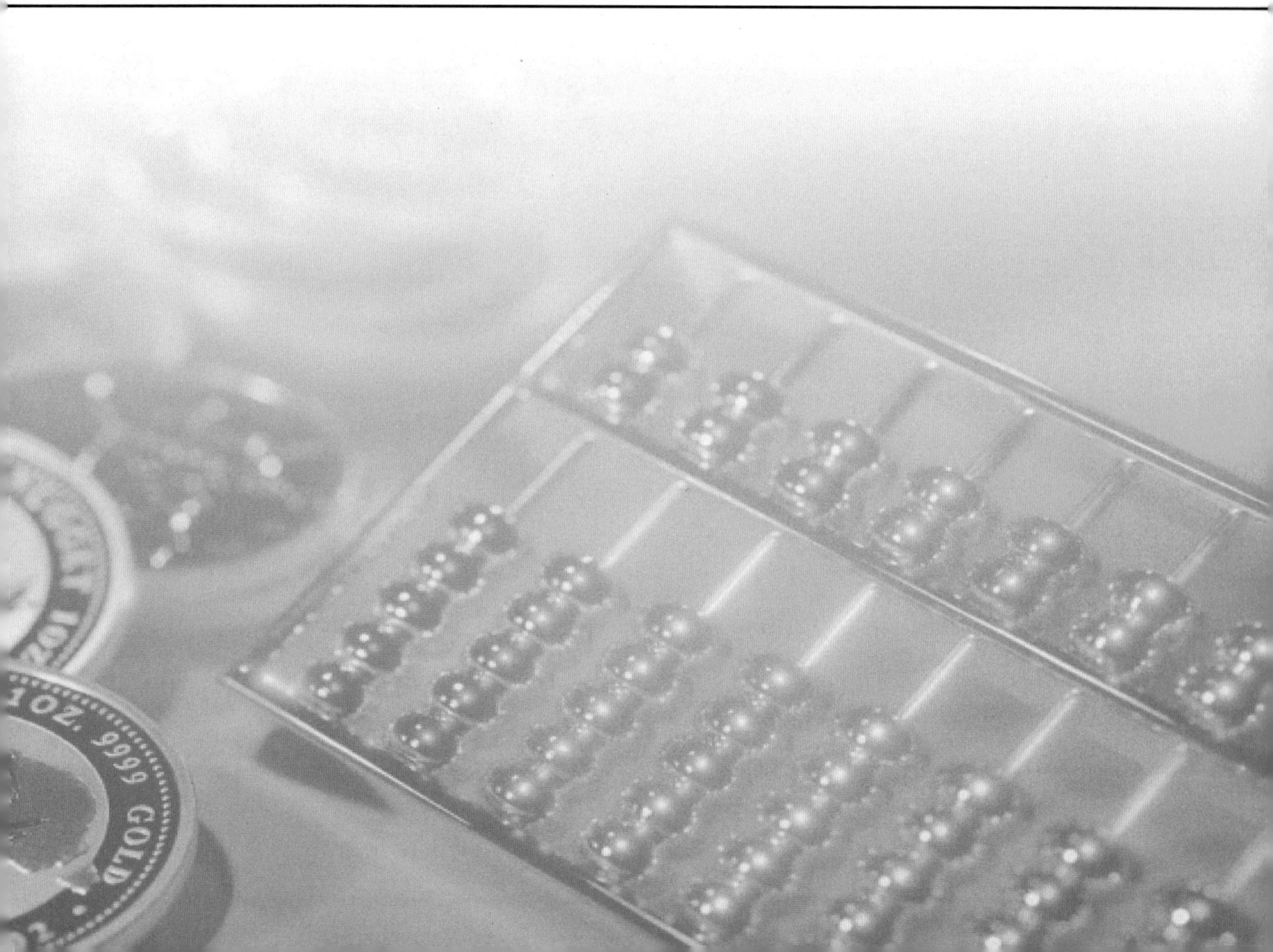

第一章

导　论

学习目标

- 掌握公共产品的内涵及特征
- 掌握财政的内涵及特征
- 了解财政的起源及发展

案例导入

在经济学界，提起“科斯的灯塔”或者“灯塔经济学”，可谓无人不知、无人不晓。“灯塔”在经济学里是公共产品的代名词，关于灯塔的故事也就成为公共产品经济学的经典故事。

在黑夜茫茫的大海上，有一座灯塔，它为过往的船只提供光明，引导它们绕过暗礁，安全地航行。很多船只都享受了灯塔所提供的服务，但它们却没有因此而付费，灯塔的主人也无法准确地判断哪艘船“偷看”了灯塔的光线，并去收取相应的报酬。这种公共产品的消费不具有排他性，不可能通过市场供给，而只能由政府（财政）来提供，相应的费用通过征税来弥补。与公共产品相对应，我们平时所购买的一些商品，如食品、衣服等则被称为“私人产品”。财政发展到今天，其职能作用越来越体现“公共性”，日常生活中，财政现象无处不在。人们的吃、穿、住、行都与政府（财政）有关，从医院、幼儿园、学校到失业救济、各种保险等，也就是说，从摇篮到坟墓，都与政府（财政）息息相关。

财政活动是一种历史悠久的经济现象。在我国，财政活动古已有之，但“财政”一词在我国出现则是近代的事。从公共财政理念的接受，到公共财政框架设计，再到现代完善公共财政体系的提出，可以说，我国的公共财政体制建设，经历了一个认识不断提高、理论不断升华、实践不断丰富的过程。

结合案例思考：从身边的财政现象来看，公共财政具有哪些基本特点？

第一节
财政概述

一、什么是财政？

（一）财政的内涵

财政是一种涉及社会生产生活各个方面的经济活动，各国对于财政都有各自不同的理解。在我国，学界对财政的概念也有不同的界定。可以从以下四个方面来理解：

第一，从历史的角度来看，财政受到一定时期生产力发展水平和生产关系性质的制约，反映着不同社会制度下国家在社会经济生活中的作用。

第二，从实际工作的角度来看，财政是指国家（或政府）的一个经济部门，即财政部门，通过其收支活动筹集和供给经费，保证实现国家（或政府）的职能。

第三，从经济学的角度来看，财政属于社会再生产总体中的一个分配问题，一般理解为对产品（收入）的分配。从这个意义上说，财政的收支活动也是一种分配活动。

第四，从政治学的角度来看，财政包括财政收支治理的含义，属于国家治理范畴，财税体制是国家治理体系的重要组成部分。

综上所述，进一步探究财政的内涵可以发现，财政的分配主体是国家或政府，其分配公共产品活动主要体现在财政收支活动，分配的目的是满足社会公共需要。因此，财政就是国家（政府）为了实现其职能的需要，凭借政治权力和财产权力，参与一部分社会产品或国民收入分配进行的一系列经济活动，其中包括资源配置、收入分配、经济稳定与发展、监督管理等。

（二）财政学的研究对象

在现代市场经济中，国家的经济职能主要通过财政来体现。通过财政的支出和收入，利用支出和收入政策的变化，可以促进经济的发展。因此，财政学以政府的经济行为作为研究对象，它对政府经济行为的研究主要集中在政府与预算有关的收支活动，如税收、政府支出、国债等。虽然财政学的研究对象和范围在不断扩展，但它仍然以政府的收支活动为研究主线，围绕收支活动展开。

育人园地

党的十八届三中全会中关于财政地位和作用的阐述

党的十八届三中全会通过的《中共中央关于全面深化改革若干重大问题的决定》中被列为专项的“五、深化财税体制改革”明确提出：“财政是国家治理的基础和重要支柱，科学的财税体制是优化资源配置、维护市场统一、促进社会公平、实现国家长治久安的制度保障。”这是在新的历史起点上全面深化改革的背景下，从更高层次和更广阔视野上，对财政地位和作用做出新的论断，将财政提升为“基础、支柱、保障”。

（资料来源：党的十八届三中全会《中共中央关于全面深化改革若干重大问题的决定》）

二、财政具有哪些基本特征?

政府（财政）为满足社会公共需要而进行的收支及治理活动，主要具有以下基本特征：

（一）公共性

公共性是财政的最基本职能。公共财政的职责范围是满足社会的公共需要。凡不属于或未纳入社会公共需要领域的事项，财政就不必介入；凡属于纳入社会公共需要的事项，财政就必须涉足。公共性的具体化既体现了财政服务职能对社会全体人员的覆盖性，又体现了财税调节分配的公平性，还体现了面向社会全体成员监督的公开性。财政的公共性，要求财政资金退出经营性和竞争性领域，进而转到满足社会公共需要上，建立以税收为主要来源、以财政支出为管理重点的公共财政框架体系。

（二）非营利性

市场经济条件下，政府作为管理者，其主要职责是为社会提供公共产品和服务，为市场的有序运转提供必要的制度保证和物质基础。财政收入的取得，要建立在为满足社会公共需要而筹集资金的基础上；财政支出的安排，要始终以满足社会公共需要为宗旨。政府的财政行为不以营利为目的，政府及其部门不是市场经营性活动的直接参与者，而是市场规则的制定者和坚定的维护者。

（三）法治性

市场经济是法治经济，财政作为政府直接进行的活动，在市场经济下必须受到法律的约束和规范，必须依法理财、依法行政。这意味着社会公众可以通过相应的法律程序，其中主要是通过政府预算的法律权威来规范和监督政府的财政行为，尤其是是否征税、征什么税、征多少税、如何安排财政支出，都应依法律程序公开，不允许有不受监督、游离于预算之外的政府收支。

（四）效率性

效率是经济活动的核心。建立公共财政制度就是要最优化制度安排，确保配置效率和生产效率得以实现。在市场经济条件下，公众要求政府的管理更有效率。政府预算既是政府提供公共产品的价格，也是衡量政府运作效率的标志。应当通过实行绩效预算来降低公共产品的成本，提高公共服务的质量，逐步降低政府管理费用，从而实现成本最低、效率最高。

（五）调控间接性

与市场利用价格与供求机制直接配置资源不同，财政对于宏观经济的调控往往是间接的。公共财政履行职能的方式主要是通过运用包括税收、预算、分配在内的各项财政政策，来充分调动各种生产要素，提升微观主体的积极性，进而促进经济结构的调整、科学技术的进步、社会财富的增长和社会福利水平的提高。

（六）职能有限性

市场经济条件下，政府的职能主要是满足社会公共需要。为此，一方面要发挥市场对资源配置的决定性作用，停止对一般竞争性领域的直接投入；另一方面要强化财政的公共服务职能。财政支出主要用于满足社会的公共需要，保证政府机构的经费需要，增加教育、科技、文化、卫生等社会公益事业支出的比重，加大社会保障支出力度，缩小分配差距，维护社会公平与稳定。

课堂小思考

根据财政的内涵与特征，说说你身边有哪些财政现象。

第二节
财政的起源及发展

一、"财政"一词的来源

从人类社会的发展来看，财政是随着国家的产生而产生的，我国古代虽然没有"财政"这个名词，却有属于财政范畴或接近财政范畴的术语，"国用""国计""邦计""经费""理财""计政""度支"等，都是关于古代财政即政府理财之道的记载。

现代术语"财政"一词的英文词通常是"finance"。据考证，"finance"一词在公元13—15世纪起源于拉丁语"finis"，意思为货币支付，表示当时一切货币关系的总和。后来，随着社会、经济、文化的发展，"finis"一词又演变为"finare"，有支付款项、裁定款项等含义。

我国"财政"这个术语最早出现在1902年，《清史稿》志八十九载："光绪二十七年（1902年），设政务处，以军机大臣领督办事。参预大臣无定员。提调、帮提调、总办、帮总办，俱各二人，章京八人，并以本处员司兼充。二十八年（1903年），附设财政处，寻罢。"

二、财政的产生及其发展

（一）财政的产生

财政的产生需要具备两个条件：一个是经济条件，一个是政治条件。

1. 经济条件是财政产生的首要条件

物质资料的生产是人类社会生存和发展的基础。当生产力水平低下时，对社会产品的分配，只能在生产劳动者之间进行，用以维持他们最低的生活需要。没有剩余产品，就不可能在生产领域之外再进行分配，不可能再供养一些不直接从事生产劳动的人员，这时财政不可能产生。只有当剩余产品出现以后，财政有了存在的物质基础，才会随之出现。所以，经济条件是财政产生的首要条件。

2. 政治条件是财政产生的必要条件

在原始社会，生产力水平低下，没有剩余产品，没有贫富之分，没有阶级对立，更没有人剥削人的现象。只有当剩余产品出现，进入私有制社会，奴隶主和奴隶的经济利益不可调和时，需要一种日益同社会脱离而又凌驾于社会之上的力量，来缓解阶级冲突，这个力量就是国家。国家为了维持和行使它的政治和经济职能，就需要消耗一定的物质财富。国家一般并不从事物质财富的生产，只能依靠国家的权力，从社会再生产中分配一部分社会产品，形成国家集中性收入，以实现国家职能的需要。于是在整个社会产品的分配中，除了以生产资料所有制为主体的分配外，又出现了以国家为主体的分配，国家财政就随之而产生。所以，政治条件是财政产生的必要条件。

（二）财政的发展

随着社会生产力的发展和国家政权的更替，财政的性质、内容和形式都在不断地发展变化，先后出现过奴隶制国家财政、封建制国家财政、资本主义国家财政和社会主义国家财政。社会主义国家财政又先后经历了计划经济条件下的财政（即生产建设财政或统收统支财政），以及市场经济条件下的财政（即公共财政和现代财政）。这里重点介绍公共财政和现代财政。

1. 公共财政

（1）公共财政的内涵。

公共财政是指在市场经济条件下国家提供公共产品或服务的分配活动或分配关系，是满足社会公共需要的政府收支模式或财政运行机制，是与市场经济相适应的一种财政类型，是市场经济国家通行的财政制度。其本质在于取之于公众、用之于公益、定之于公决、受之于公众监督，把财政政策的制定和实施、财政资源的筹措和运用与增进人民群众的公共福祉紧密结合在一起，通过有效地配置公共资源、公平收入分配以及调控和监管经济运行，来解决难以通过市场满足社会公共需要的问题。

我国的公共财政制度始于 20 世纪 90 年代末，以厦门大学的张馨为代表的学者首次在“财政”的基础上添加“公共”二字，并且明确了“财政”与“公共财政”是完全不同的概念。公共财政的提出，使我国财政从国家层面落实到个体层面，即“聚众人之财，办众人之事”，与政治诉求中的“人民当家做主”形成有效衔接。

育人园地

党的十八届三中全会和党的十九大关于现代财政制度的重要论述

1. 在党的十八届三中全会上，对深化财税体制改革，建立现代财政制度做了重要论述：

财政是国家治理的基础和重要支柱，科学的财税体制是优化资源配置、维护市场统

一、促进社会公平、实现国家长治久安的制度保障。必须完善立法、明确事权、改革税制、稳定税负、透明预算、提高效率，建立现代财政制度，发挥中央和地方两个积极性。

改进预算管理制度。实施全面规范、公开透明的预算制度。审核预算的重点由平衡状态、赤字规模向预算支出和政策拓展。清理规范重点支出同财政收支增幅或生产总值挂钩事项，一般不采取挂钩方式。建立跨年度预算平衡机制，建立权责发生制的政府综合财务报告制度，建立规范合理的中央和地方政府性债务管理及风险预警机制。完善一般性转移支付增长机制，重点增加对革命老区、民族地区、边疆地区、贫困地区的转移支付。

完善税收制度。深化税收制度改革，完善地方税体系，逐步提高直接税比重。推进增值税改革，适当简化税率。调整消费税征收范围、环节、税率，把高耗能、高污染产品及部分高档消费品纳入征收范围。逐步建立综合与分类相结合的个人所得税制。加快房地产税立法并适时推进改革，加快资源税改革，推动环境保护费改税。

建立事权和支出责任相适应的制度。适度加强中央事权和支出责任，国防、外交、国家安全、关系全国统一市场规则和管理等作为中央事权；部分社会保障、跨区域重大项目建设维护等作为中央和地方共同事权，逐步理顺事权关系；区域性公共服务作为地方事权。中央和地方按照事权划分相应承担和分担支出责任。中央可通过安排转移支付将部分事权支出责任委托地方承担。对于跨区域且对其他地区影响较大的公共服务，中央通过转移支付承担一部分地方事权支出责任。

2. 在党的十九大上，关于加快建立现代财政制度的重要论述有了新的提法：

加快建立现代财政制度，建立权责清晰、财力协调、区域均衡的中央和地方财政关系。建立全面规范透明、标准科学、约束有力的预算制度，全面实施绩效管理。深化税收制度改革，健全地方税体系。

（资料来源：党的十八届三中全会和党的十九大的相关资料）

(2) 公共财政的基本特征。

公共财政是一种弥补缺陷财政。在市场经济条件下，资源配置有两种渠道：市场和政府。市场是一种有效率的运行机制，通过市场竞争的作用，能使资源的使用发挥最大的效率，实现国民福利最大化。但市场的资源配置功能不是万能的，市场机制本身由于存在垄断、信息不充分、外部效应等问题，会造成收入分配不公以及经济波动等，因而必须发挥政府的作用。在市场经济体制下，政府的作用只能限于解决市场解决不了的事情，只能起弥补市场缺陷的作用。因此，作为建立在市场经济运行机制基础上的公共财政模式，它是一种弥补缺陷财政，必须满足“市场在资源配置中起基础性作用”和“市场在资源配置中起决定性作用”的基本条件，否则就会出现“越位”和“缺位”。

公共财政是一种服务财政。在社会经济生活中，人类社会需要可以分为两类：一类是私人的个别需要，一类是社会的公共需要。相应地，用于满足各种各样社会需要的商品和服务，也可以分为私人产品和公共产品两大类。由市场供给来满足私人的个别需要的商品和服务，称为私人产品；由政府公共部门供给来满足社会的公共需要的商品和服务，称为公共产品。区分公共产品与私人产品有两个基本标准：一是排他性和非排他性，二是竞争性和非竞争性。私人产品具有排他性和竞争性，公共产品具有非排他性和非竞争性。在市场经济体制下，作为社会集中代表的国家，其活动和存在的根据就在于履行社会管理职责，满足社会公共需要。因此，公共财政是一种为市场提供公共产品和公共服务的国家财政。

公共财政是一种民主财政。公共财政的宗旨是满足社会公共需要，是按社会公意和公益来进行的一种社会集中性分配。在市场经济条件下，私人产品满足每个人的特殊需要，人们通过在市场上购买商品或服务来表达他们的意愿，即所谓的“货币投票”来抉择；公共产品满足社会全体成员的集合性需要，每个人对公共产品的需要有不同的偏好，同时对承担公共产品的成本存在漠不关心或“搭便车”的心理。所以，政府提供公共产品不根据公民的买卖来做决定，而必须通过一定的政治程序即所谓的“政治投票”做出决策。公共选择主要体现为通过代表民意的权力机关审批政府预算和决算。

公共财政是一种法制财政。公共财政作为一种与市场经济相适应的财政模式，其收支必然是建立在法制基础之上的，一切公共财政收支活动必须纳入法制规范的范围。在公共财政收入方面，无论是开征税收、设立规费项目，还是发行国债，都必须根据法律规定，按照一定的法律程序办事，由财政税务部门依法组织征收的收入必须全部纳入政府预算。在公共财政支出方面，各项公共财政支出都要严格按照《中华人民共和国预算法》及其他财政法规规定的程序和方法进行科学安排，预算审批要公开透明，依法进行。

公共财政是一种受制财政。在市场经济体制下，政府实际上是一个国家或社会的代理机构，承担着一种公共受托的责任。政府在收取纳税人的税收后，除部分作为自身的维持经费外，主要职责在于向社会提供安全、秩序、公民基本权利和经济发展的基本社会条件，如国防、治安、教育、环境卫生、市政建设等。在筹集资金和使用资金的全过程中，作为公众利益的代表，政府必须接受公众的监督。这有利于规范为政者行为，加强其为人民治理好国家或社会的责任，督促其用好公众所交纳的税收，服务人民，造福人民。

2. 现代财政

在党的十八届三中全会上，面临新的时代背景，党中央将财政定位为“国家治理的基础和重要支柱”，要求“建立现代财政制度”。这既是新时代背景下对财政的一个全新定位，即财政不再只是偏重于“政府的收支活动”的经济层面的范畴，而是上升到国家治理体系的高度；同时又给予现代财政制度一个全新的定位，即“必须完善立法、明确事权、改革税制、稳定税负、透明预算、提高效率”。

首先，从参与主体来看，现代财政是一种“共治财政”。尽管它仍然将传统公共财政中政府与市场的关系作为一对基本关系，但更强调凝聚政府、政党、社会组织、民众等多主体的力量。随着财政行为主体的多元化，过去以强制性为主的财政活动的组织与决策，也将逐步体现出一定的平等性和协商性。

其次，从职能范围来看，现代财政是一种“全域财政”。它从过去以宏观调控为主的经济范畴上升为国家治理范畴，从“单个中心”的经济领域扩展至包括政治、经济、文化、生态、政党建设等在内的“多个中心”的全域视野，可谓“上接天缘，下接地气”。从这个角度也可以看出，现代财政的提出是对公共财政的拓展与延伸。

最后，从治理模式来看，现代财政是一种“分级财政”。中央与地方以及地方与地方之间都是人格化的代表，是一个个完整而相对独立的财政行为主体。在多级政府的治理框架下，政府间财政关系的规范化是实现国家善治的首要前提，必须明确政府之间的职能范围，即事权与支出责任划分，并分配与之相匹配的财政权力。同时，利用转移支付调节纵向财政失衡。

课堂小思考

党的十九大再次明确提出要加快建立现代财政制度。从公共财政到现代财政，其内涵有哪些变化？如何理解这些变化？

专栏

公共财政的提出与发展

1992 年 10 月，党的十四大明确提出要建立社会主义市场经济体制；1998 年 12 月，全国财政工作会议明确提出，要建立与市场经济体制相适应的公共财政的基本框架和目标任务，后又将建立公共财政的要求写入中央文件。2000 年 11 月，时任国务院副总理李岚清发表了《以“三个代表”重要思想为指导，逐步建立公共财政框架》的讲话，提出“加快建立适合我国的公共财政，进一步调整和优化财政收支结构，逐步减少营利性、经营性领域投资，大力压缩行政事业经费，把经营性事业单位推向市场，将财力主要用于社会公共需要和社会保障方面”。从此以后，从“建设财政”“吃饭财政”逐步转变为与社会主义市场经济体制相适应的公共财政，公共财政成为我国财政转型的一种理念和基本导向。

2003 年 10 月，党的十六届三中全会通过了《中共中央关于完善社会主义市场经济体制若干问题的决定》，做出了完善社会主义市场经济体制的战略部署。其中，在财税领域，提出要通过推进税收制度和财政管理体制改革，进一步健全和完善公共财政体制。2004 年 2 月，时任国务院总理温家宝发表了《牢固树立和认真落实科学发展观》的讲话。科学发展观的树立和落实，为公共财政建设注入了新的内涵，提出了新的要求，也为公共财政体制建设开辟了新的天地。

2006 年 3 月，十届全国人大四次会议正式批准并发布了《中华人民共和国国民经济和社会发展第十一个五年规划纲要》，提出了以转变政府职能和深化企业、财税、金融等改革为重点，加快完善社会主义市场经济体制的要求，在“十一五”期间，中国财税体制改革打响了一场难得的加快公共财政建设的攻坚战。

2013 年 11 月，党的十八届三中全会通过的《中共中央关于全面深化改革若干重大问题的决定》明确指出：“财政是国家治理的基础和重要支柱，科学的财税体制是优化资源配置、维护市场统一、促进社会公平、实现国家长治久安的制度保障。必须完善立法、明确事权、改革税制、稳定税负、透明预算、提高效率，建立现代财政制度，发挥中央和地方两个积极性。”这是党中央第一次提出建立现代财政制度。

2017 年 10 月，党的十九大报告进一步明确指出：“加快建立现代财政制度，建立权责清晰、财力协调、区域均衡的中央和地方财政关系。建立全面规范透明、标准科学、约束有力的预算制度，全面实施绩效管理。深化财税制度改革，健全地方税体系。”

从公共财政理念的接受，到公共财政框架的设计，到党的十八届三中全会提出建立现代财政制度，再到党的十九大提出加快建立现代财政制度。可以说，我国的公共财政体制建设，经历了一个认识不断提高、理论不断升华、实践不断丰富的过程。

思考与练习

一、选择题

1. 财政分配的主体是（　　）。

A. 国家　　B. 家庭　　C. 企业　　D. 个人

2. 财政是一个（　　），是以国家为主体的分配活动。

A. 经济范畴　　B. 政治范畴　　C. 社会范畴　　D. 法律范畴

3. （多选）政府（财政）为满足社会公共需要而进行的收支及治理活动，主要具有以下基本特征：（　　）。

A. 公共性　　B. 非营利性　　C. 无限性　　D. 直接性

4. 财政产生具备的条件是（　　）。

A. 社会条件　　B. 群众条件　　C. 经济条件　　D. 个人条件

5. 财政的本质是（　　）。

A. 以国家为主体的分配关系　　B. 实现国家职能

C. 无偿性、强制性　　D. 社会产品再分配

二、判断题

1. 财政的产生需要具备两个条件：一个是经济条件，一个是政治条件。（　　）
2. 财政是一种涉及社会生产生活各个方面的社会活动。（　　）
3. 市场经济条件下，政府的职能主要是满足社会公共需要。（　　）
4. 财政分配的对象是全部社会产品。（　　）
5. 公共财政的核心是满足社会公共需要。（　　）

三、简答题

1. 简述财政的基本特征。
2. 简述财政学的研究对象。

第二章

财政职能

学习目标

- 掌握财政的四大职能
- 掌握财政各项职能的具体内容
- 了解财政职能的演变过程

案例导入

2013 年 11 月，习近平总书记在湖南省湘西州十八洞村考察时首次提出“精准扶贫”概念，指出“扶贫要实事求是，因地制宜。要精准扶贫，切忌喊口号，也不要定好高骛远的目标”。党的十八大以来，6 000 多万贫困人口稳定脱贫，贫困发生率从 10.2%下降到 4%以下，在发展中国家中贡献了最大份额的减贫人口。国家制定一系列有利于贫困地区脱贫的政策，特别是加大对贫困地区的资金支持力度，使贫困人口大幅度减少，贫困地区农村居民收入稳步增加，农村贫困人口“两不愁、三保障”的目标完成覆盖率不断提升，农村地区的基础设施、生态保护、投资环境以及人力资源状况都有较大改善。

结合案例思考：结合精准扶贫政策谈谈如何理解财政职能。

第一节 资源配置职能

财政是履行和实现政府职能的手段，财政职能实际上也是政府的职能。财政职能主要是分析和研究财政在履行和实现政府职能中的地位和作用，以及财政履行和实现政府职能的特殊机制和手段。结合社会主义市场经济体制下公共财政框架要求，财政职能可以概括为：资源配置、收入分配、经济稳定与发展、监督管理四大职能。

一、资源配置职能的内涵

财政的资源配置职能是指政府通过财政收支以及相应的财政税收政策，调整和引导现有经济资源的流向和流量，以达到资源的优化配置和充分利用，实现最大的经济效益和社会效益。

在市场经济条件下，起决定性作用的是市场配置。从总体上说，市场配置是有效率的，但是市场并不是完美无缺的，仅仅依靠市场机制并不是在任何情况下都能实现资源的合理配置，它需要与财政资源配置相配合，才能达到整个社会资源的最佳配置。在市场经济条件下，之所以必须进行财政资源配置，主要有两个原因：一是许多社会公共需要和公共产品是无法通过市场来满足和提供的；二是市场配置有一定的盲目性，经济活动主体往往容易从自身当前的经济利益出发，产生短期行为，而市场提供的错误信息，往往又会使他们走入歧途，这样必然会影响资源的合理配置和有效使用。这就对政府从全社会整体利益出发来介入资源配置提出更高的要求。

二、资源配置职能的主要内容

（一）调节资源在政府部门和非政府部门之间的配置

这体现在通过调整财政收入占国内生产总值比重的高低来实现资源在政府与非政府部门之间的合理配置。提高这一比重，则是社会资源中归政府部门支配使用的部分增加，非政府部门支配使用的部分减少；相反，降低这一比重，则是社会资源中归政府部门支配使用的部分减少，非政府部门支配使用的部分增加。社会资源在政府部门和非政府部门之间的分配比例，主要取决于社会公共需要在整个社会需要中所占的比例，它是随着经济的发展、国家职能和活动范围的变化而变化的。

（二）调节资源在不同地区之间的配置

这体现在通过税收、投资、财政补贴和转移支付等手段和政策来实现区域经济均衡发展。在世界范围内，多个国家、地区之间经济发展不平衡是普遍现象，但这一问题在我国显得更加严重，这有历史、地理和自然等多方面的原因。解决这一问题，仅仅依靠市场机制是难以完全奏效的，有时利用市场机制还会造成逆向调节，使资源从经济落后地区向经济发达地区转移，这与整个经济社会的发展与稳定是相悖的。

（三）调节资源在国民经济各部门之间的配置

这体现在调整产业结构以改善宏观调控效果和促进国民经济健康发展。调整产业结构有两条途径。一是调整投资结构，增加对国家需要优先发展产业的投资，例如增加能源、交通和原材料等基础产业和基础设施方面的投资，会加快该产业的发展；相反，减少对某产业部门的投资，就必然会延缓其发展。又例如，通过税收、财政补贴和投资政策等，对不同产品和不同部门规定不同的税率、确定不同的折旧等，可以起到对不同投资的鼓励或限制作用，从而引导企业的投资方向。二是调整资产存量结构，进行资产重组，调整产业结构。主要可以通过市场竞争，实行企业兼并和资产重组来进行。在这方面，采取有利于竞争和对抗同产业的区别对待的税收政策，可以发挥一定的调节作用。

课堂小思考

政府的哪些活动体现了资源配置职能呢？

第二节
收入分配职能

一、收入分配职能的内涵

在现代市场经济中，既存在着凭借生产要素投入参与社会产品分配所形成的社会初次分配过程，也存在着凭借政治权力参与社会产品分配所形成的社会再分配过程。收入分配是财政调节收入分配差距的主要政策手段。财政收入分配职能是指通过财政分配活动实现收入在全社会范围内的公平分配，通过其收支活动和作用，将收入差距保持在社会可以接受的范围内。

二、收入分配职能的主要内容

（一）发挥税收调控作用

税收作为财政收入中最主要和重要的形式，在调节收入分配差距、促进收入公平方面起到不可替代的作用。税收调控是政府运用税收工具对人们的经济行为和社会财富利益的分配进行有效的调节以达到政府和社会的预期和目标。以法律和法规为依据的税收调控具有很强的强制性、规范性和广泛性。

（二）筑牢社会保障调节作用

社会保障是指国家向丧失劳动能力、失去就业机会以及遇到其他不幸而面临生活困难的居民提供基本生活保障。它是现代国家和文明的标志，也是现代社会中的一种制度化的安全措施，被称为在市场经济条件下的“安全网”和“减震器”。社会保障支出是国家用于社会保障方面的财政支出，是转移性支出的重要组成部分，具有收入分配作用。社会保障是通过财政支出来实现的一种直接收入分配调节。

（三）利用财政支出改善作用

从动态的角度来看，财政支出就是政府把集中起来的社会资源用于满足社会公共需要的过程。在市场经济条件下，财政支出对促进收入分配的公平有重要作用。财政支出调节收入分配主要通过间接调节来实现，即不通过直接的财政支出转移给具体的受益者，而是通过提供公共产品和公共服务来改善公共环境、提高整体收入水平，间接调整收入分配结构来实现调节功能。许多财政支出，如教育和医疗等，它们的政策目标定位为减少不平等，即基本公共服务均等化的实施可以改善收入分配的状况，有助于提高低收入群体的福利。

知识拓展

收入分配公平的衡量指标——基尼系数

分配公平一般指参与分配的机会、过程和结果都是公平的。社会条件不同，分配公平的判断标准也不相同，目前世界上普遍采用基尼系数作为衡量公平程度的主要标准。

基尼系数是20世纪初意大利经济学家基尼根据劳伦茨曲线所定义的判断收入分配公平程度的指标。其数值越大，说明贫富差距越大。某种意义上说，它既是民众生存感受的一种真实反馈，也是顶层设计亟待考量的民生数值。基尼系数的经济含义是：在全部居民收入中，用于进行不平均分配的那部分收入占总收入的比重。因此其最大为1，最小等于0。联合国有关组织规定：基尼系数低于0.2表示收入绝对平均，0.2～0.3表示比较平均，0.3～0.4表示相对合理，0.4～0.5表示收入差距较大，0.6以上表示收入差距悬殊。

课堂小思考

随着经济社会的发展，收入分配的差距将会有何种发展趋势？

第三节
经济稳定与发展职能

一、经济稳定与发展职能的内涵

经济稳定是指在一段时间内，宏观经济运行处于平稳、均衡状态，主要表现为充分就业、物价稳定、经济持续均衡增长、国际收支平衡 4 个方面。

经济发展不同于经济增长，“发展”的内在含义要比“增长”广很多。经济发展不仅包括产出的增长，还有与产出增长相关联的经济结构、政治制度、文化法律的发展变化，乃至风俗习惯、思想观念等方面的变革。总之，发展是一个通过物质生产的不断增长来全面满足人们不断增长的基本需要，是一个国家或地区经济结构和社会结构持续优化的创新过程或变化过程。

二、经济稳定与发展职能的主要内容

（一）通过财政政策实现供需平衡

财政政策是维系总供求大体平衡的重要手段，当总需求大于总供给时，财政可以实行紧缩政策，减少支出或增加税收，或二者并举以实现供需平衡。当总需求小于总供给时，可以适度放宽财政政策，增加支出或减少税收，或者二者并举以实现供需平衡。

（二）通过制度安排发挥“自动”稳定作用

累进税制度以及失业救济金制度等是财政“自动”调节经济的有效手段。在累进税制度下，随着经济增长，收入增加，国家税收收入呈几何级数增长，留给企业与个人的收入减少，从而抑制经济过热；相反，当经济萧条时，收入减少，国家税收收入呈几何级数递减，企业和个人收入相应大幅增长，从而促进经济快速恢复，以此达到“自动”调节经济的效果。

（三）通过有效手段调整经济结构

通过投资、补贴、税收优惠等手段，加快农业、能源、交通运输、邮电通信等基础产业的发展，改善基础设施，消除经济增长中的“瓶颈”，支持第三产业的发展，加快产业结构的调整，确保国民经济稳定增长与高速发展最优结合。

（四）通过提供良好外部环境满足社会公共需要

社会公共需要是指向社会提供安全、秩序、公民基本权利和经济发展的社会条件等方面的需要。它区别于微观经济主体的个别需要。社会公共需要包括政府执行其职能以及执行某些社会职能的需要，如国防、文教、卫生、生态环境保护的建设以及基础设施、基础产业和支柱产业、风险产业的投资等等。财政应保证那些非生产性的社会公共需要，为经济和社会发展提供和平安定的环境。

育人园地

全面建成小康社会的目标反映出国家什么样的政策导向?

综观国际国内大势，我国发展仍处于可以大有作为的重要战略机遇期。我们要准确判断重要战略机遇期内涵和条件的变化，全面把握机遇，沉着应对挑战，赢得主动，赢得优势，赢得未来，确保到二〇二〇年实现全面建成小康社会宏伟目标。

——摘自党的十八大报告

20 世纪 80 年代，我国改革开放的总设计师——邓小平同志提出了现代化建设“三步走”的发展战略：第一步，从 1981 年到 1990 年实现国民生产总值比 1980 年翻一番，解决人民的温饱问题；第二步，从 1991 年到 20 世纪末，使国民生产总值再增长一倍，人民生活达到小康水平；第三步，到 21 世纪中叶，人均国民生产总值达到中等发达国家水平，人民生活比较富裕，基本实现现代化。经过 20 多年的奋斗，到 20 世纪末，前两步战略目标已经胜利实现，人民生活总体上达到小康水平。

党的十五大把第三步发展战略具体化，提出新世纪第一个 10 年实现国民生产总值比 2000 年翻一番，使人民的小康生活更加宽裕，形成比较完善的社会主义市场经济体制；再经过 10 年的努力，到建党 100 年时，使国民经济更加发展，各项制度更加完善；到 21 世纪中叶建国 100 年时，基本实现现代化。这是实现第三步战略目标的新的“三步走”战略。

党的十六大进一步提出，我们要在 21 世纪头 20 年，集中力量，全面建设惠及十几亿人口的更高水平的小康社会，使经济更加发展、民主更加健全、科教更加进步、文化更加繁荣、社会更加和谐、人民生活更加殷实，并且规划了全面建设小康社会的宏伟目标。

党的十七大适应国内外形势的新变化，顺应各族人民过上更好生活的新期待，把握经济社会发展趋势和规律，提出了实现全面建设小康社会奋斗目标的新要求。

党的十八大提出，到2020年实现全面建成小康社会的宏伟目标，并提出全面建成小康社会的新要求是：经济持续健康发展，人民民主不断扩大，文化软实力显著增强，人民生活水平全面提高，资源节约型、环境友好型社会建设取得重大进展。

党的十九大的主题是：不忘初心，牢记使命，高举中国特色社会主义伟大旗帜，决胜全面建成小康社会，夺取新时代中国特色社会主义伟大胜利，为实现中华民族伟大复兴的中国梦不懈奋斗。不忘初心，方得始终。中国共产党人的初心和使命，就是为中国人民谋幸福，为中华民族谋复兴。这个初心和使命是激励中国共产党人不断前进的根本动力。中共不忘初心，时刻铭记“为中国人民谋幸福”。中共牢记使命，时刻努力“为中华民族谋复兴”。十九大报告指出，全党同志一定要永远与人民同呼吸、共命运、心连心，永远把人民对美好生活的向往作为奋斗目标，以永不懈怠的精神状态和一往无前的奋斗姿态，继续朝着实现中华民族伟大复兴的宏伟目标奋勇前进。

课堂小思考

影响财政的经济稳定与发展职能实现的因素有哪些呢？

第四节 监督管理职能

一、监督管理职能的内涵

监督管理职能是指财政具有通过一定方式对财政资金运动进行监督、控制，对财政资金使用效益进行考核分析的功能与职责。对政府预算和财政活动进行监管，是现代政府预算和财政分配活动公开化、民主化的重要体现，也是确保政府财政活动符合广大人民意愿，保证政府收支活动的合法、透明、高效的现实要求。

二、监督管理职能的主要内容

（一）跟踪、监测宏观经济

财政应当对宏观经济运行指标进行实时监督，及时反馈信息并发出预警，为宏观调控提供决策依据，也为经济正常运行创造良好的市场环境。

（二）监督、管理微观经济主体

财政应当建立健全基本市场经济规则与秩序，管理微观经济主体规范运行，当好市场裁判，依法治税、依法理财。

（三）盘活、做好国有资产运营

财政应当在盘活国有企业的同时，实现国有资产保值增值，监督管理国有资产运营情况，防范在国有资产产权转让过程中出现的国有资产流失等违法乱纪现象。

（四）监督管理财政部门自身工作

财政应当不断提高财政分配效益和财税法制化水平，严格部门内部管理制度，防范以权谋私等腐败行为。

课堂小思考

政府财政部门有哪些手段可以更好地监督管理自身工作呢？

专栏

改革开放以来财政职能的演变

改革开放以来，我国财政职能的演变与政府职能的变化是一致的。因此，习惯上把和计划经济时期相对应的财政称为“建设财政”，而与市场经济体制相对应的财政称为“公共财政”。市场经济体制下的财政更加强调其公共性，即满足社会公共需要，立足于非营利性。随着对政府职能认识的深入，人们对财政职能的认识也经历了一个演变过程。从新中国成立到20世纪70年代末以前，我国财政职能是适应计划经济体制的“两职能”说，即从苏联财政教科书引进的分配职能和监督职能。从1979年到1992年，随着政府向企业和地方放权让利的开始，财政“两职能”说演变为了分配、调节与监督三大职能。1992年党的十四大确立社会主义市场经济体制以后，经过一场关于社会主义市场经济条件下财政职能的大讨论，基本上接受了西方市场经济国家关于财政职能的定位，即资源配置职能、收入分配职能、经济稳定与发展职能。后来财政的职能又在三大职能的基础上增加了监督管理职能，成为四大职能。

党的十八届三中全会以来，财政职能又有了新的变化。党的十八届三中全会明确提出：“财政是国家治理的基础和重要的支柱。”这是对财政职能的新定位，也是对财政工作的新要求。主要内容包括：

一是对财政工作有新定位。把财税体制改革置于各项事业改革之首，加快推进，为其他改革奠定坚实基础。

二是更加突出强调“政”的作用。“财”“政”互为依托，但过去侧重于“财”，对“政”关注不够，也由此导致财政部门沦为出纳部门、财务部门。如何突出“政”，就是在制定各项政策时，更加强调财政的参与度，更加强调财政规律主动适应、引领、规范其他业务活动，更加强调立足国家治理大局下经济社会协调发展的实际需要制定财政政策和开展财政活动。特别是在制定和实施各项政策时，更加强调财政可持续的约束条件，增加财政的话语权。

三是突出要求理清财政支出的边界。财政要抛弃过去“头痛医头、脚痛医脚”的支出安排方法，坚持有所为、有所不为，强调市场在资源配置中的决定性作用。凡市场能做的，财政要少参与、少介入。

四是财政调控经济的手段和方法更加多样。改变过去主要依靠税收、政策性金融、安排支出等方式调控经济，改进债务管理，推进PPP（Public-Private-Partnership，公私合作伙伴关系），通过中期预算发挥财政“逆周期”调节作用等。

五是理顺财政关系更加突出地依赖于事权划分。各级财政关系和财政支出的安排更加强调以事权划分为基础。事权划不清，支出责任划分不能定型，税收体系就不能调整到位，税收法定就不能落实，地方税收体系就不能构建。

六是适应新常态。经济新常态下，财政工作要有定力，要保基本、兜底线、守网底，要更好发挥调控经济作用以稳增长、调结构，要更加优化支出结构、更加注重投入绩效。社会新常态下，适应人民群众的更高的公平正义期望而追求均等化，关注发展不平衡下的地区、城乡、人群贫富差距问题而优化资源配置，人口流动和迁移形势下的财政可携带，城镇化推进中的城乡统筹，老龄化加速过程中的财政可持续。政治新常态下，人民群众参政议政的通道更多，监督意愿更强烈，研究财政问题更专业，因此需要更加规范财政行为，更加强调财政预算公开，更加努力协调不同利益主体的关系。

思考与练习

一、选择题

1.（多选）财政职能包括（　　）。

A. 资源配置职能　　　　B. 收入分配职能

C. 经济稳定与发展职能　　　　D. 公平与效率

2.（　　）是一种经济行为或经济现象，这种经济行为或经济现象的主体是国家或政府。

A. 财政　　B. 税收　　C. 货币政策　　D. 国际贸易

3. 在市场经济条件下，起决定性作用的是（　　）配置资源。

A. 政府　　B. 计划　　C. 市场　　D. 领导

4.（　　）是指国家向丧失劳动能力、失去就业机会以及遇到其他不幸而面临生活困难的居民提供基本生活保障。

A. 税收　　B. 财政支出　　C. 公共需要　　D. 社会保障

5. 市场失灵的原因包括（　　）。

A. 公共产品　　　　B. 垄断

C. 外部效应　　　　D. 信息不充分和不对称

二、判断题

1. 税收作为财政收入中最主要和重要的形式，在调节收入分配差距、促进收入公平方面起到不可替代的作用。（　　）

2. 财政支出从静态的角度来看就是政府把集中起来的社会资源用于满足社会公共需要的过程。（　　）

3. 监督管理职能是指财政具有通过一定方式对财政资金运动进行监督、控制，对财政资金使用效益进行考核分析的功能与职责。（　　）

4. 国防作为公共产品主要体现在它的非竞争性上。（　　）

5. 政府职能和财政职能是一样的。（　　）

三、简答题

1. 怎样理解财政职能与政府职能的关系？

2. 财政监督管理职能的内涵是什么？财政监督管理职能的实现机制有哪些？

3. 财政如何实现收入分配的社会公平？

4. 什么是财政的资源配置职能？

第二部分

财政支出

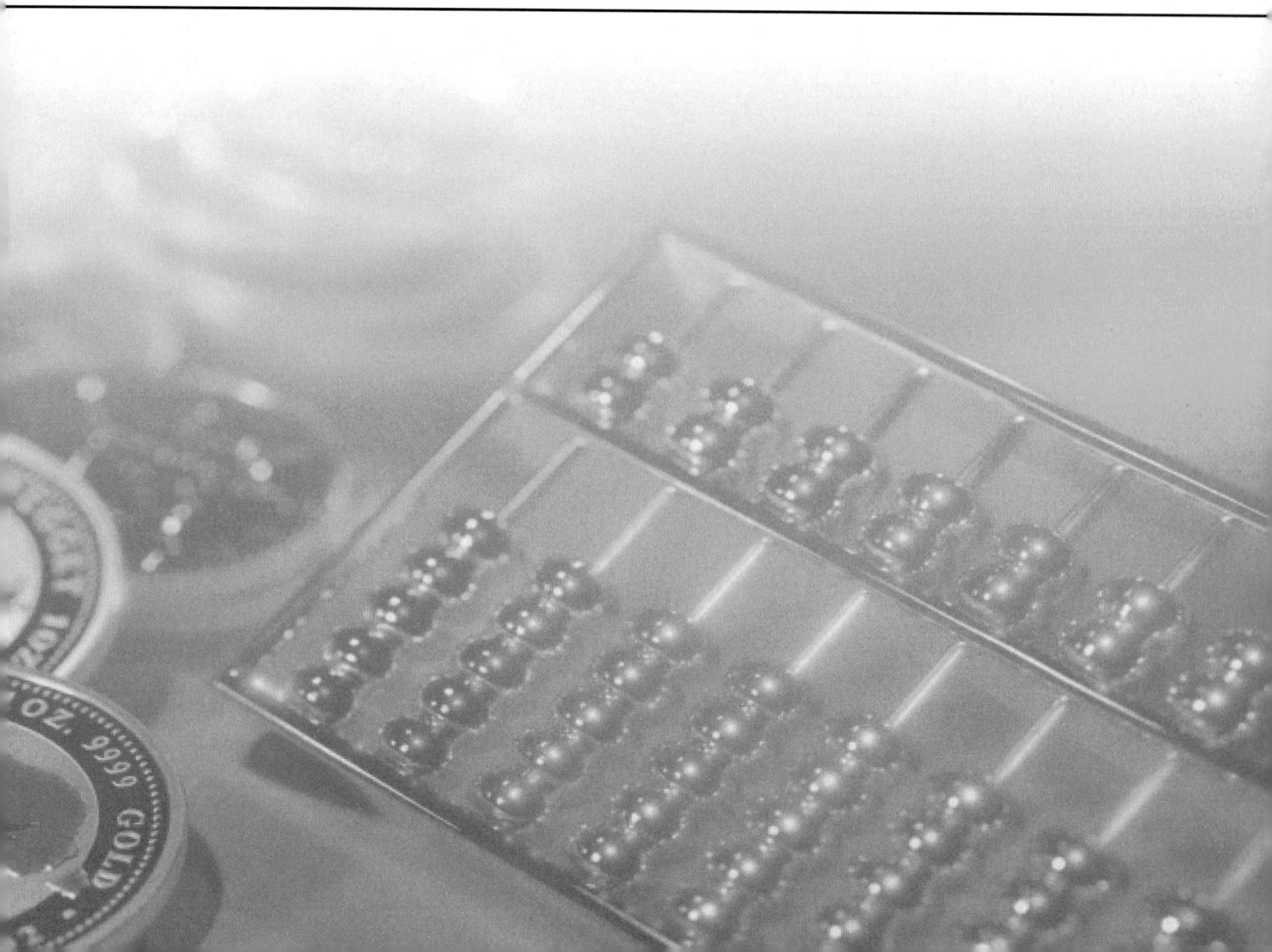

第三章

财政支出概述

学习目标

- 掌握财政支出的内涵
- 掌握财政支出规模的衡量指标及影响因素
- 了解财政支出效益评价方法

案例导入

2020 年受疫情的冲击，全球经济严重衰退。2021 年，在宏观政策作用方向上，中央经济工作会议提出“注重需求侧管理，坚持扩大内需”这个战略基点。扩大内需，要把进一步激发消费潜力摆在突出位置，将扩大消费同改善人民生活品质结合起来，有序取消一些行政性限制消费购买的规定，积极发展各类消费，引导消费新业态、新模式有序发展，并合理增加公共消费，提高教育、医疗、养老、育幼等公共服务支出效率。发挥好中央预算内投资在外溢性强、社会效益高领域的引导和撬动作用，激发全社会投资活力，加大新型基础设施投资力度等。所以，促进就业、完善社保、优化收入分配结构、扩大中等收入群体、扎实推进共同富裕，都是扩大内需的必然之举。

结合案例思考：财政支出对宏观经济的发展有何重要影响？

第一节 财政支出规模

财政支出通常也被称为公共支出或政府支出，是政府为提供公共产品和服务、满足社会公共需要而进行的资金支付。同时，财政支出是以政府为主体所进行的一种资金分配活动，体现了政府对资源配置的作用，反映了政府为实现其职能和满足社会公共需要所进行的分配活动。

一、财政支出规模的内涵

财政支出规模，是指在一定时期（预算周期）内，政府安排和使用的财政资金数量。财政支出规模反映了政府对国内生产总值（GDP）[①] 的实际占有规模和程度，体现了国家的职能和政府的活动范围，是研究和确定财政分配规模的重要指标之一。

按照形式来分，财政支出规模分为预算支出规模和决算支出规模。前者是指在编制年度预算时预测的年度支出数，后者则是在预算年度内政府实际完成的支出总量。绝大多数情况下，预算支出规模与决算支出规模并不完全相等。按照衡量指标不同，财政支出规模可以是支出数额的绝对量，也可以是财政支出占国内生产总值或国民总收入（也称国民生产总值）[②] 的相对量；按照选用的价格标准不同，可分为名义财政支出规模和实际财政支出规模；按照统计口径的大小还可分为财政支出总规模、中央财政支出规模及地方财政支出规模等。

① 国内生产总值（GDP）：指按市场价格计算的一个国家（或地区）所有常住单位在一定时期内生产活动的最终成果。国内生产总值有三种表现形态，即价值形态、收入形态和产品形态。从价值形态看，它是所有常住单位在一定时期内生产的全部货物和服务价值与同期投入的全部非固定资产货物和服务价值的差额，即所有常住单位的增加值之和；从收入形态看，它是所有常住单位在一定时期内创造并分配给常住单位和非常住单位的初次收入之和；从产品形态看，它是所有常住单位在一定时期内最终使用的货物和服务价值与货物和服务净出口价值之和。

② 国民总收入（GNI）：即国民生产总值（GNP），指一个国家（或地区）所有常住单位在一定时期内收入初次分配的最终结果。一国常住单位从事生产活动所创造的增加值在初次分配中主要分配给该国的常住单位，但也有一部分以生产税及进口税（扣除生产和进口补贴）、劳动者报酬和财产收入等形式分配给非常住单位；同时，国外生产所创造的增加值也有一部分以生产税及进口税（扣除生产和进口补贴）、劳动者报酬和财产收入等形式分配给该国的常住单位，从而产生了国民总收入的概念。它等于国内生产总值加上来自国外的净要素收入。

二、财政支出规模的衡量

衡量财政支出规模的指标通常有绝对指标和相对指标两类。

（一）财政支出规模的绝对指标

财政支出规模的绝对指标是指以一国货币单位表示的、预算年度内政府通过财政渠道安排和使用的财政资金数量总额。它可以直观地反映某一财政年度内政府支配的社会资源总量，但难以反映政府支配的社会资源在社会资源总量中所占的比重，因而不能充分反映政府在整个社会经济发展中的地位。由于绝对指标是以本国货币为单位，而不同国家的经济发展水平存在明显差异，因此不便于进行国家间横向比较。另外，这一指标是以现价反映的名义财政支出规模，与以前年度特别是物价水平变化较大年度的支出绝对额缺少可比性，故不便于支出规模的纵向分析。

（二）财政支出规模的相对指标

财政支出规模的相对指标是指预算年度内政府实际安排和使用的财政支出金额占相关经济总量指标（GDP、GNI 等）的比率，既可以用作不同国家支出规模的横向比较，也可用作一国不同经济发展时期支出规模的纵向分析。它反映了一定时期内全社会创造的财富中由政府直接支配和使用的数额，反映了社会资源在市场和政府配置之间的比例，体现了社会财力的集散程度，也反映了财政支出与宏观经济运行以及国民收入分配的相互关联、相互制约的关系。通过该指标，可以全面衡量政府经济活动在整个国民经济活动中的地位及重要性。

一般而言，在经济发展水平、产业结构等大致相同的条件下，财政支出相对指标越大，说明财政参与 GDP 或 GNI 分配的比例越高，社会财力越集中，财政支出规模越大，政府对经济运行的介入或干预程度也就越高；反之亦然。研究财政支出规模，不仅要研究其绝对量，更要研究其相对量。如果脱离国民经济和社会发展的相关指标去研究和确定财政支出规模，就割裂了经济运行与财政支出的内在联系，也就不能真实、客观、准确地确定财政支出规模。

三、财政支出规模的影响因素

财政支出规模作为政府通过财政渠道安排和使用的财政资金的数量，不可能无限制地增加或缩减。财政支出规模主要受到以下因素的影响。

（一）影响财政支出规模的宏观因素

1. 经济性因素

经济性因素主要指一个国家的经济发展水平、经济体制以及中长期发展战略和当前经济政策等。

经济决定财政，经济发展水平决定财政收支水平。世界各国的实践证明，经济性因素始终是影响财政收支规模的主要因素，甚至是决定性因素。经济发展水平决定财政支出规模的明显例证是，经济发达国家财政支出高于发展中国家。

从我国来看，经济改革之初财政收入占 GDP 的比重明显下滑，这是财政为经济改革必须付出的成本和代价。随着经济体制改革的深入和经济增长的稳定，财政收入增长加快，但为了构建和谐社会，脱贫攻坚、建设新农村、大力发展教育卫生事业、扩大就业和完善社会保障制度、推进产业结构优化升级、保护生态环境等任务，就要求在一段时间内仍然适度提高或维持财政支出占 GDP 的比重。因而财政收入增长的可能性和财政支出增长的必要性将是今后一段时间内我国财政运行的主要矛盾。

2. 政治性因素

政治性因素对财政支出规模的影响主要体现在三个方面：一是政局是否稳定，二是政体结构和行政效率，三是政府干预政策。当一国发生战争或重大自然灾害等突发性事件时，财政支出规模必然会超常规地扩大，而且事后一般难以降到原来的水平。政体结构和行政效率，与一国的政治体制和市场经济模式有关。一般而言，倾向于集中的单一制国家，财政支出占 GDP 的比重高一些，倾向于分权的联邦制国家则相对低一些。西方国家由于政府包办高福利而导致财政支出规模较大。至于行政效率，则涉及政府机构的设置问题。若一国的行政机构臃肿，人浮于事，效率低下，财政支出必然增多。

就我国而言，关键在于正确处理政府与市场的关系，进一步转变政府职能，抓好以下四个环节。一是坚决实行政企分开。把政府不该管的事务交给企业、市场、社会组织和中介机构，充分发挥市场在资源配置中的决定性作用，把政府经济管理职能转换到主要为市场主体服务和创造良好发展环境上来，主要运用法律手段和经济手段管理财政。二是全面正确履行政府职能，进一步简政放权，深化行政审批制度改革，加快投资体制改革。凡是市场机制能有效调节的经济活动，一律取消审批，确立企业投资主体地位，使行政审批走向制度化、规范化和法制化。三是在履行合理的经济调节和市场监督职能的同时，更加重视社会管理和公共服务职能。当前特别要建立和健全各种应急机制，提高应对突发事件的能力，大力推进教育、卫生、科技、文化等公共事业的发展，扩大就业，提供社会保障，建设公共设施，提高公共服务水平。四是树立“以人为本”的管理思想，坚持全面协调和可持续的发展观。统筹兼顾经济和社会、城市和农村、东部地区和中西部地区、人和自然的协调发展，全面提高人民的物质文化水平和健康水平。

3. 社会性因素

社会性因素主要泛指人口、就业、医疗卫生、社会救济、社会保障以及城镇化等因素。

我国作为一个发展中国家，人口基数大、增长快，与此对应的义务教育、卫生保健、社会保障、失业和贫困救济、生态环境保护以及城镇化等支出的压力较大。例如：我国在尚未实现工业化之前人口的老龄化已经来临，农村富余劳动力的增加迫切要求加快城镇化速度，经济建设与生态环境保护的矛盾日益突出，这些社会问题将不断对财政支出提出新的需求，是影响财政支出规模的重要因素。

（二）影响财政支出规模的微观因素

寻求合理的财政支出规模，不仅需要分析影响财政支出的宏观因素，而且需要分析和控制影响财政支出的微观因素。福利经济学对财政支出增长的分析主要是从微观角度进行的，它采用效用最大化的分析方法，将市场有效供给原理运用到政府公共产品的供应中，通过影响财政支出增长的变量，如公共产品的需求、公共产品的成本和价格、公共产品的质量、生产组织形式等，来分析和研究财政支出规模。如成本效益法、最低费用法等分析方法，不仅是事后考核支出效用的方法，而且也是事前测定经济性支出和非经济性支出、项目支出、规模的方法，即从具体支出金额项目来分析和控制财政支出规模。我国近年来财政管理中所采取的诸多加强预算管理的制度和措施，如政府采购制度、国库集中支付制度等，其目标都是从微观管理入手，以提高财政支出效益、控制财政支出规模。

知识拓展

政治决策程序对财政支出规模的影响

财政是国家（或政府）的一种经济行为，因而政治决策必然是确定财政支出规模的重要因素。财政支出随着经济发展而逐步上升，达到一定阶段后相对稳定，但各经济发达国家相对稳定的财政支出却是高低不一的。同样是市场经济国家，美国财政支出占 GDP 的比重只有 35%左右，而英、法两国则高达 50%左右。经济发达国家目前相对稳定的财政支出规模，主要是由几百年市场经济运行中市场与政府的磨合形成的，而各国规模的差异则是由各国具体国情的不同决定的。可以说，没有一种精确的模型能够测算出某一个国家的财政支出规模的最佳水平。

我国的特殊性在于，社会主义市场经济体制是由计划经济体制转换过来的，因而政治决策对我国财政支出规模的发展变化以及最终形成的最佳相对稳定水平具有重要作用。为此，必须遵循党的十八届三中全会关于市场在资源配置中起决定性作用的相关政策，加快政府职能转变，正确履行政府职能，完善科学民主决策机制，健全重大问题集体决策机制和专家咨询制度，实行社会公示和社会听证制度，大力推进依法治国、依法行政，严格按法律规定的权限和程序行使权力和履行职责，形成对行政权力的制约和监督。

四、我国财政支出规模概况

在计划经济体制时期，我国财政支出的绝对规模和相对规模都呈上升趋势。但是经济体制改革后的一段时期，财政支出占 GDP 的比重出现了下降的趋势；1996 年后，这一现状发生改变，财政支出的相对规模开始增加（详见表 3－1）。

表 3－1　1991—2011 年我国财政支出的绝对规模与相对规模

年份（年）	财政支出（亿元）	财政支出占 GDP 的比重（%）	财政支出占 GNI 的比重（%）
1991	3 386.62	15.39	15.36
1992	3 742.2	13.76	13.75
1993	4 642.3	13.01	13.04
1994	5 792.62	11.91	11.93
1995	6 823.72	11.12	11.31
1996	7 937.55	11.05	11.21
1997	9 233.56	11.58	11.72
1998	10 798.18	12.67	12.88
1999	13 187.67	14.56	14.76
2000	15 886.5	15.84	16.04
2001	18 902.58	17.05	17.30
2002	22 053.15	18.12	18.30
2003	24 649.95	17.94	18.05
2004	28 486.89	17.60	17.65
2005	33 930.28	18.11	18.24
2006	40 422.73	18.42	18.46
2007	49 781.35	18.43	18.39
2008	62 592.66	19.61	19.49
2009	76 299.93	21.89	21.93
2010	89 874.16	21.81	21.90
2011	109 247.8	22.39	22.60

（资料来源：国家统计局）

党的十八大之后我国的财政支出的绝对值呈逐年上升趋势，但其相对规模因每个年份的社会经济发展政策而有所波动（详见图 3－1）。2020 年全国一般公共预算支出 245 588 亿元，同比增长 2.8%；全国政府性基金预算支出 117 999 亿元，同比增长 28.8%；全国国有资本经营预算支出 2 544 亿元，同比增长 10.8%。2020 年，我国一般公共预算支出规模总计为 366 131 亿元，从全国一般公共预算支出占 GDP 比重来看，占比达到 24.18%，从全国一般公共预算支出占 GNI 的比重来看，占比达到 24.34%。

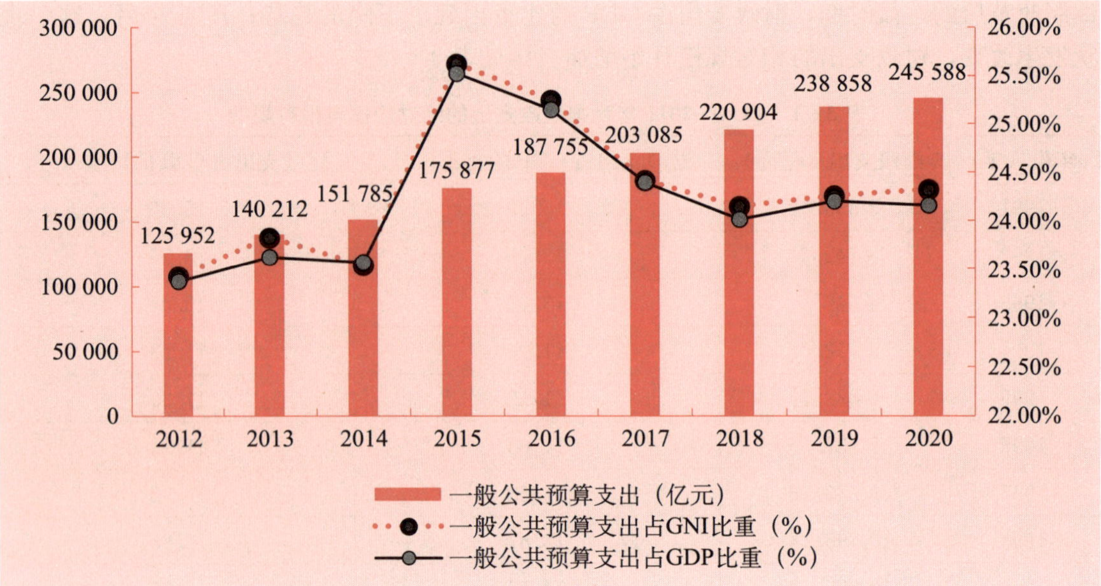

图 3-1 党的十八大以来我国财政支出规模情况图（2012—2020 年） 单位：亿元

（资料来源：国家统计局）

课堂小思考

财政支出规模是越大越好吗？

第二节
财政支出结构

一、财政支出结构的内涵

财政支出结构是指各类财政支出金额在财政支出总额中所占的比重以及各类财政支出之间的比例关系。这种比例关系是政府职能和政府政策的具体体现，即财政支出的各个部分是相互影响的，一项支出的增加通常就意味着另一项支出的减少。

从财政自身角度分析，财政支出结构反映了财政支出的基本内容及各类支出的相对重要性，体现了一定时期内国家的财政经济政策取向和政府财政活动的范围、支出责任和重点。对财政支出结构进行全面、系统的分析，目的在于探索财政支出的内在联系及其规律性，分清主次和轻重缓急，合理安排财政资金，形成财政支出的最优结构，保证政府各部门、国民经济和社会发展各方面的资金需求，保证国家履行各项职能的资金需要，提高财政资金使用效率。

从宏观经济运行角度分析，财政支出涉及社会生活的方方面面，并对经济运行起着重要的作用，因此，财政支出结构必然体现社会经济生活中各种比例关系的客观要求。更重要的是，在社会主义市场经济条件下，生产要素的配置和调整主要通过市场进行，而财政分配要从宏观上调控市场，则主要通过调整财政支出结构来发挥其宏观调控的作用，即通过调整财政支出结构，协调、引导、控制经济结构、产业结构、消费结构、社会结构，实现国家宏观调控目标。因此，对财政支出结构的分析和调整，是国家宏观调控的重要手段，是实现宏观调控目标的重要途径。

财政支出结构建立在一定的财政支出分类之上，只有在一定的财政支出分类基础上，才能对因此而形成的各项支出数额及其所形成的关系做出分析研究。财政支出结构的实质是各类财政支出的分类组合与配置比例。研究目的不同，分类组合的标准就不同，财政支出的结构也就不同。

育人园地

2021 年上半年财政收支数据释放了哪些信号?

财政部预算司副司长项中新在新闻发布会上介绍，2021 年全国一般公共预算支出安排 25.01 万亿元，增长 1.8%。截至 6 月底，已经形成支出 12.17 万亿元，增长 4.5%，财政支出强度保持适度。

从支出结构来看，2021 年上半年，财政支出向民生领域倾斜。其中，教育支出、社会保障和就业支出以及卫生健康支出规模和增速均居前，用于交通运输和农林水事务等基建相关支出则同比负增长。

2021 年以来，财政部会同有关部门建立了常态化直达机制，力保“三保”（保基本民生、保工资、保运转）等重点领域支出。除科技领域外，上半年民生类支出普遍同比增长较快，且两年复合增速转正，尤其社保和就业支出增长较快。由于基建稳增长需求下降以及地方基建资金更多依赖政府性基金支出，上半年一般公共预算支出中的基建类支出同比增速、两年复合增速均处于负增长状态。

谈及直达资金下达及使用情况，财政部透露，目前 27 项转移支付已整体纳入直达范围，资金总量达 2.8 万亿元，比上年增加 1.1 万亿元，基本实现中央财政民生补助资金全覆盖。根据直达资金监控系统数据统计，2021 年截至 6 月底，中央财政已下达直达资金 2.59 万亿元，地方财政已将 2.506 万亿元分配到资金使用单位。资金使用方面，截至 6 月底，各地区形成支出 1.635 万亿元，其中省级支出 0.614 万亿元，市县基层支出 1.021 万亿元。各地用于养老、义务教育、基本医疗、基本住房等基本民生方面的支出占总支出的七成以上。

（资料来源：中国金融新闻网）

二、财政支出的分类

对财政支出进行分类，能够使我们全面而准确地把握财政支出的规模、结构和特点，有助于管理和分析财政支出活动。由于管理的要求和理论研究的角度不同，财政支出可以做多种分类。

（一）按经济性质分类

按财政支出的经济性质分类，有助于分析财政支出产生的不同经济影响。在各种名目下安排的财政支出，虽然无一例外地表现为资金从政府手中流出，但不同的财政支出对国民经济的影响却是不同的。以财政支出是否与商品或劳务相交换为标准，可将财政支出分为购买性支出和转移性支出。

购买性支出直接表现为政府购买商品或劳务的活动，包括购买进行日常政务活动所需的或用于国家投资所需的商品或劳务的支出。这类支出一般由公共消费支出和政府投资两部分构成，前者如政府一般的公共服务支出，以及教育、科学、卫生、文化等支出，后者主要是政府各部门的投资拨款。购买性支出的大小取决于购买商品或劳务的数量多少和其价格的高低。政府购买性支出所购买的商品或劳务是多种多样的，项目支出的目的也有所不同，但都是国家财政通过付出资金购得相应商品或劳务，并用这些商品或劳务来实现政府职能。在从事购买性活动过程中，政府不能搞特权，必须和其他经济组织一样，直接以商品或劳务的购买者身份出现在市场上，遵循等价交换的原则。为了提高购买性支出的效率，通常可以采用政府采购制度来加以保证。购买性支出的大小，反映国家动用社会经济资源的多少。一般而言，发展中国家由于经济发展水平落后，国家较多参与生产活动，购买性支出占财政支出的比重较大。相反，经济发达国家，财政职能侧重收入分配和经济稳定与发展，国家较少参与生产活动，购买性支出占财政总支出的比重较小。

转移性支出是政府在公民之间再分配购买力的支出。政府的这种支出表现为资金无偿地、单方面地转移，主要有社会保障支出、财政补贴支出、捐赠支出和债务利息支出。这些支出虽然性质和目的千差万别，却有一个共同点：政府付出了资金，却没有获得任何商品或劳务。在这里，政府没有充当市场经济交换主体的角色，而是充当社会管理者的角色，所体现的是政府非市场性再分配活动，能使接受者自由地做出他们将消费什么东西或他们将如何组织生产的决策。

购买性支出比重大的财政支出结构表明财政的资源配置职能较强，转移性支出比重大的财政支出结构表明财政的收入分配职能较强。

（二）按政府层次分类

按政府层次来划分财政支出，有助于把握财政资源在政府层次之间的分配状况，处理好政府层次之间的权责关系。按政府层次分类可将财政支出分为中央财政支出和地方财政支出。

中央财政支出主要是全国性的公共产品、准公共产品及需中央政府发挥作用的领域的费用支出，包括国防支出、武装警察部队支出、中央级行政管理费和各项事业费支出、重点建设支出，以及中央政府调整国民经济结构、协调地方发展、实施宏观调控的支出。

地方财政支出主要是地方性的公共产品、准公共产品及其他需地方政府安排的支出，包括地方行政管理和各项事业费支出、地方统筹的基本建设支出、技术改造支出、农业生产支出、城市维护和建设经费支出、价格补贴支出等。

（三）按支出功能分类

按支出功能分类就是按政府的各项职能活动所需支出分类（本教材主要是指一般公共预算支出）。根据 2020 年政府收支分类科目，我国财政支出功能分类将财政支出分为 33 类，在“类”的基础上再分“款”和“项”。“类级科目”综合反映政府职能活动，“款级科目”反映为完成某项政府职能所进行的某一方面的工作，“项级科目”反映为完成某一方面的工作所发生的具体支出事项。

我国目前 33 类支出功能科目主要有一般公共服务支出、外交支出、国防支出、公共安全支出、教育支出、科学技术支出、文化旅游体育与传媒支出、社会保障和就业支出、卫生健康支出、节能环保支出、城乡社区事务支出、农林水事务支出、交通运输支出、资源勘探工业信息等支出、商业服务业等支出、金融支出、援助其他地区支出、自然资源海洋气象等支出、住房保障支出、粮油物资储备支出、灾害防治及应急管理支出、预备费、其他支出、转移性支出、国债还本支出、债务付息支出及债务发行费用支出等。

三、财政支出结构的制约因素

财政支出结构既与一国经济体制和相应的政府职能有关，又受经济发展阶段的制约。我国的财政支出结构的演变是与前者相适应的，而合理的财政支出结构最终还是要受经济发展阶段的影响。

（一）政府职能

某种程度上说，财政支出是政府活动的支出，也是政府活动的直接成本。因此政府职能的大小及其侧重点，决定了财政支出的规模和结构。从我国情况看，新中国成立七十多年来，经济管理体制和政府职能从 20 世纪 70 代末开始发生了根本性变革。在此之前，国家注重经济职能的实现，政府几乎调动全部资源，直接从事各种生产活动，财政支出大量用于经济建设。在此之后，随着改革开放和社会主义市场经济体制的逐步建立，政府正在逐步减少资源配置的份额，财政用于经济建设方面的支出比例已大大降低，用于社会管理、收入分配方面的支出不断增加。

（二）经济发展阶段

不同国家的财政支出结构不尽相同，即使是同一个国家，由于所处的经济发展阶段不同，财政支出结构也会不同。

在经济发展的早期阶段，财政投资支出应占较大的比重。交通、通信、水利设施等基础设施是具有极大外部性的领域，政府必须加大投资力度，创造良好的生产经营和投资环境。相应地，公共消费支出比重会较小。在经济发展的中期阶段，财政投资只是私人投资的补充，因为一方面各项经济基础设施建设已基本完成，另一方面私人部门的资本积累较为雄厚。因此，财政投资支出增长率会暂时放慢，公共消费支出比重会不断提高。在经济发展的成熟期，财政投资的增长率有可能回升，因为这一时期，人均收入水平提高，人们对生活质量提出更高的要求，需要更新基础设施。同时，用于社会保障和收入再分配方面的转移支付规模将会超过其他财政支出，即公共消费支出比重会有较大幅度的提高。因此从理论上讲，一国财政支出结构的状况与该国的经济发展阶段密切相关。

四、我国财政支出结构概况

我国财政支出结构的变化具有自身的特殊性。我国财政支出结构变化的总趋势是与经济体制改革和政府职能转变相联系的，是随着经济体制改革和政府职能转换而变化的，同时也是随着社会经济发展阶段的转变而变化的。

我国社会主义市场经济是由计划经济体制转换过来的。改革开放之初，为了激发经济活力，财政收入一度下降，改革开放初期的财政支出结构仍明显显示出计划经济时期财政支出结构的特征，主要表现为以基本建设支出为主的经济建设支出占较大的比重。如1978年基本建设支出占财政支出的比重为40.1%，而经济建设支出占财政支出的比重为59.9%。

随着财政收入的恢复和增长，基本建设支出规模也有所恢复和增长，但基本建设支出和经济建设支出占财政支出的比重呈下降的趋势。1992年10月，党的十四大确立经济体制改革的目标是建立社会主义市场经济体制，并明确“我们要建立的社会主义市场经济体制，就是要使市场在社会主义国家宏观调控下对资源配置起基础性作用”，这也就明确了财政支出结构调整变化的方向和发展趋势。国有企业要转换经营机制，建立“产权清晰、权责明确、政企分开、管理科学”的现代企业制度，政府管理经济的职能要转变为以经济手段和法律手段以及必要的行政手段为主的间接的宏观调控。相应的，财政投资则要退出一般的竞争性领域，集中提供那些具有非排他性和非竞争性的公共产品，满足社会的公共需要。

2002年召开的党的十六大明确我国已初步建立起社会主义市场经济体制的基本框架，党的十六届三中全会提出“坚持以人为本，树立全面、协调、可持续的发展观，促进经济、社会和人的全面发展”的科学发展观。这表明我国已经进入注重加强各项社会事业的发展阶段，要求优先发展教育，提高医疗卫生服务水平，实行积极的就业政策，完善社会保险体系。同时，我国也已进入二元结构转化的关键阶段，要坚持以工补农的方针，加强社会主义新农村建设，推动城乡协调发展，坚持可持续发展的路线，保护生态环境，合理利用资源，推动发展方式的转变。

总之，随着经济体制改革的不断深化和社会主义市场经济体制基本框架的初步建立，我国已经为财政支出结构的调整变化确立了基本目标和基本格局。“五五”时期至“十五”时期，按当时财政支出的功能性质分类计算，将经济建设支出与社会文教支出对比，前者由59.9%下降到29.1%，后者由14.4%上升到26.6%；按当时财政支出主要项目的分类计算，基本建设支出与文教、科学、卫生事业支出对比，前者由35.1%下降到12.9%，后者由11.0%上升到18.0%。“十一五”“十二五”和“十三五”时期财政收入的增长为优化财政支出结构提供了较大的空间，财政支出结构发生了明显的变化，朝构建和谐社会的方向转变已经迈出重大的一步。

知识拓展

2020 年我国财政支出结构

按财政支出功能分类计算的 2020 年我国财政支出结构如图 3－2 所示。

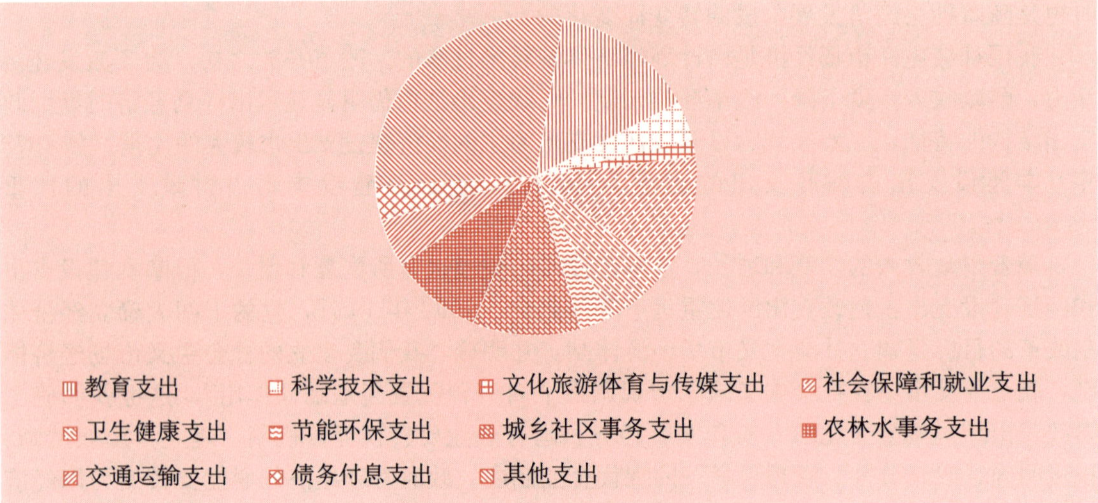

图 3－2　按功能分类的我国财政支出结构（2020 年）

（资料来源：http://www.gov.cn/shuju/2020－02/10/content_5476906.htm）

课堂小思考

财政支出结构是一成不变的吗？优化财政支出结构的依据有哪些？

第三节
财政支出效益

一、财政支出效益的内涵和特征

（一）财政支出效益的内涵

财政支出效益是指政府为实现一定的目标而通过财政支出手段获取最大的社会经济效益，即以最少、最节省的各项财政支出取得最佳的社会经济效益。其内涵主要包括：一是财政支出的自身效益，即财政支出本身所产生的直接和间接的效益，包括财政支出的规模、结构和项目效益；二是财政支出的部门绩效，是指财政支出管理部门（如财政、教育和科技等）的工作绩效；三是财政支出的单位绩效，是指财政资金使用单位的工作绩效。

提高财政支出效益的途径主要包括：科学地编制财政预算支出，通过预算规范来保证政府部门和非政府部门之间实现社会资源的优化配置；对每项财政支出效益都要进行考察与评价，尤其是要运用经济分析方法来确定支出方案的取舍，以达到用最少支出实现最大效益的目的；此外，还可根据国民经济供求平衡情况，适时调整财政平衡政策，这也是财政支出效益原则的重要体现。

（二）财政支出效益的特征

财政支出效益与微观经济主体支出效益相比，有许多特殊之处，主要区别表现在以下三个方面：

1. 计算效益范围差异

效益是通过对所费与所得的对比分析计算出来的。对微观经济主体来说，如国有企业主要是计算发生在企业自身核算范围以内的直接的和有形的所费与所得；而政府除了要计算直接的和有形的所费与所得，还要考虑长期的、间接的、无形的和潜在的所费与所得。

2. 衡量效益标准差异

微观经济主体支出在于追求自身经济效益的最大化，只要能获得利润（所得大于所费）就是可选择的支出；而财政支出更重要的是追求社会经济效益的最大化，即使某项支出从其自身看可能出现亏损，但对整个社会来说能取得较大的效益，这项支出也是必要的。

3. 效益表现形式差异

微观经济主体支出效益只采取单一的货币价值形式就可以满足决策的需要。而财政支出效益表现形式是多样的，除了可以用货币价值形式表现外，还可采取如社会管理、安全保卫、教科文卫支出，以及通过政治的、社会的、文化的等多种形式表现出来，以满足财政支出决策的需要。

二、财政支出效益的分析方法

按照财政支出内容的性质和特征，可以采用不同分析方法对不同项目性质的财政支出进行分析，其主要包括成本效益法、最低费用法、公共劳务收费法等。

（一）成本效益法

成本效益法作为一种经济决策方法运用于政府部门的计划决策之中，以寻求在投资决策上如何以最少的成本获取最大的收益。

成本效益法理论的基本原理是：根据政府所确定的建设目标及其实现的各种方案，运用一定的方法量化和计算出各方案的全部预期效益，通过计算成本与效益比率来比较不同项目或方案效益，以确定优先采用的方案。该方法特别适用于财政支出中有关投资性支出项目的分析。

成本效益法理论分析财政支出的步骤一般包括：第一，政府根据国民经济发展的要求确定若干备选的支出项目，并组织有关专家为每一个备选项目制定出若干备选的支出方案；第二，用贴现率计算各备选方案的成本、效益及二者的比率，并排出优劣次序；第三，为每个备选项目从其备选支出方案中选择一个最佳的实施方案；第四，根据已经确定好的财政支出总体规模，从备选项目中选择一个最佳的项目组合；第五，对选定的项目组合进行机会成本分析，并确定财政支出项目。

（二）最低费用法

最低费用法是指对每个备选的财政支出方案进行经济分析时，只计算备选方案的有形成本费用而不用计算其社会效益，并以费用最低为择优的标准，即选择那些使用最少的费用又能达到财政支出目的的方案。最低费用法主要适用于军事、政治、文化、教育和卫生等支出项目。

最低费用法的基本操作步骤与成本效益法大体相同，只是由于不计算支出的无形成本与效益，其运用起来比成本效益法简单一些。但需要指出的是：许多财政支出项目都含有政治和社会等因素，如果只是以费用高低来决定方案的取舍而不考虑其他因素，是不妥当的，这就需要在综合分析、全面比较的基础上进行择优选择。

（三）公共劳务收费法

公共劳务收费法是指对政府通过财政支出，为社会提供的某些公共服务项目采取适当收费的办法，借以提高财政支出的效益。公共劳务收费法虽然与成本效益法及最低费用法一样都是为了提高财政支出的效益，但该方法的要旨并不在于帮助政府选择最优支出方案，而在于将市场等价交换原则部分地引入公共产品的提供和使用中去，适当地约束和限制社会对该公共产品的消费量，从而达到节约财政收支、提高预算资金使用效益的目的。

三、财政支出效益的评价管理

市场经济要求推进财政支出公共化，提高财政支出效益，其有效的办法之一就是实施财政支出绩效评价（即财政支出效益的评价），它与国库集中支付、政府采购制度并称为公共财政理念的三大基石。为加强财政支出管理，强化支出责任，建立科学、合理的财政支出绩效评价管理体系，提高财政资金使用效益，2011 年 4 月财政部制定了《财政支出绩效评价管理暂行办法》，使财政支出绩效评价有了可靠的法制依据。

（一）财政支出绩效评价的内涵

1. 财政支出绩效目标及其要求

绩效目标是绩效评价的对象计划在一定期限内达到的产出和效果，由预算部门在申报预算时进行填报，根据不同情况由财政部门和各部门分别或共同设定。绩效目标应包括以下主要内容：一是预期产出，包括提供的公共产品和服务的数量；二是预期效果，包括经济效益、社会效益、环境效益和可持续影响等；三是服务对象或项目受益人满意程度；四是达到预期产出所需要的成本资源；五是衡量预期产出、预期效果和服务对象满意程度的绩效指标。

绩效目标的要求主要包括：一是指向明确，即绩效目标符合国民经济和社会发展规划、部门职能及事业发展规划，并与相应的财政支出范围、方向和效果紧密相关；二是具体细化，即绩效目标应从数量、质量、成本和时效等方面进行细化，尽量进行定量表述，不能以量化形式表述的，可采用定性的分级分档形式表述；三是合理可行，即制定绩效目标时要经过调查研究和科学论证，目标要符合客观实际情况。

2. 财政支出绩效评价的有关概念

绩效一般是指组织或个人为了达到某种目标而采取的各种行为的结果。绩效评价是指运用一定的评价方法、量化指标及评价标准，对部门、单位所确定的绩效目标的实现程度及其执行结果所进行的综合性评价。财政支出绩效评价（下文简称绩效评价）是指财政部门和预算部门（单位）根据设定的绩效目标，运用科学、合理的绩效评价指标、评价标准和评价方法，对财政支出的经济性、效率性和效益性进行客观、公正的评价。

财政支出绩效评价的主体主要是各级财政部门和各预算部门。预算部门是指与财政部门有预算缴拨款关系的国家机关、政党组织、事业单位、社会团体和其他独立核算的法人组织。

3. 财政支出绩效评价的对象与内容

绩效评价的对象包括纳入政府预算管理的资金和纳入部门预算管理的资金。绩效评价的对象按照预算级次，可分为本级部门预算管理的资金和上级政府对下级政府的转移支付资金，前者包括基本支出绩效评价、项目支出绩效评价和部门整体支出绩效评价，后者包括一般性转移支付和专项转移支付。

预算部门年度绩效评价对象由预算部门结合本单位工作实际提出并报同级财政部门审核确定，也可由财政部门根据经济社会发展需求和年度工作重点等相关原则确定。

绩效评价的内容主要包括：绩效目标的设定情况，资金投入和使用情况，为实现绩效目标制定的制度、采取的措施等，绩效目标的实现程度及效果，以及绩效评价的其他内容。

绩效评价一般以预算年度为周期，对跨年度的重大（重点）项目可根据项目或支出完成情况实施阶段性评价。

（二）财政支出绩效评价的标准与方法

1. 财政支出绩效评价的标准

财政支出绩效评价的指标分为共性指标和个性指标。共性指标是适用所有评价对象的指标，主要包括预算编制和执行情况、财务管理状况、资产配置、使用、处置及其收益管理情况，以及社会效益及经济效益等，由财政部门统一制定；个性指标是针对预算部门或项目特点设定的，适用于不同预算部门或项目的业绩评价指标，由财政部门会同预算部门制定。

绩效评价的标准是指衡量财政支出绩效目标完成程度的尺度。具体包括：一是计划标准，即以预先制定的目标、计划、预算、定额等数据作为评价的标准；二是行业标准，即按照国家公布的行业指标数据而制定的评价标准；三是历史标准，即参照同类指标的历史数据而制定的评价标准；四是其他经财政部门确认的标准。

2. 财政支出绩效评价的方法

绩效评价的方法主要采用成本效益法、比较分析法、因素分析法、最低成本法和公众评判法等。

（1）成本效益法，是指将一定时期内的支出与效益进行对比分析，以评价绩效目标实现程度。

（2）比较分析法，是指通过对绩效目标与实施效果、历史与当期、不同部门和地区同类支出的比较，综合分析绩效目标实现程度。

（3）因素分析法，是指通过综合分析影响绩效目标实现、实施效果的内外因素，评价绩效目标实现程度。

（4）最低成本法，是指对效益确定却不易计量的多个同类对象实施成本比较，评价绩效目标实现程度。

（5）公众评判法，是指通过专家评估、公众问卷及抽样调查等方法对财政支出效果进行评判，评价绩效目标实现程度。

除上述方法以外，还有其他经财政部门确认的评价方法。

财政支出绩效评价的方法选用应当坚持简便有效的原则。根据评价对象的具体情况，可采用一种或多种方法进行绩效评价。

课堂小思考

财政支出绩效评价的意义是什么？

专栏

全面实施预算绩效管理进程

绩效考核起源于西方国家文官（公务员）制度。最早的考核起源于英国，在英国实行文官制度初期，文官晋级主要凭资历，于是造成工作不分优劣，所有的人一起晋级加薪的局面，结果是冗员充斥，效率低下。1854—1870 年，英国文官制度改革，注重表现、才能的考核制度开始建立。

我国最早的绩效考核应该是秦汉时期的考课制度。考课是对官员政绩的考查，用于将职位责任同官员的能力行为联系起来，以考绩的标准来约束和激励官员，以考课结果的优劣来决定对官员的赏罚，以便劝善戒恶，使考绩得以发挥作用。秦代的考课是通过上计制度进行的，上级官吏对下级官吏的考课也采取同样的办法。考课后分列等级，宣明优劣，决定升迁处罚。

现代意义上的绩效考核最早进入中国应该是 20 世纪 90 年代。预算绩效管理是政府绩效管理的重要组成部分。十六届三中全会以来，党中央、国务院多次提出要完善预算制度，推进预算绩效管理，提高财政资金使用效益和政府工作效率。

全面实施预算绩效管理加速推进是在 2018 年，《中共中央 国务院关于全面实施预算绩效管理的意见》正式公布（以下简称《意见》）。这一顶层设计旨在破解当前预算绩效管理存在的突出问题，以全面实施预算绩效管理为关键点和突破口，推动财政资金聚力增效，提高公共服务供给质量，增强政府公信力和执行力。《意见》中提出要构建全方位预算绩效管理格局，实施政府预算绩效管理，将各级政府收支预算全面纳入绩效管理，提高保障和改善民生水平，确保财政资源高效配置，增强财政可持续性；实施部门和单位预算绩效管理，将部门和单位预算收支全面纳入绩效管理，推动提高部门和单位整体绩效水平；实施政策和项目预算绩效管理，将政策和项目全面纳入绩效管理，综合衡量政策和项目预算资金使用效果，并对实施期超过一年的重大政策和项目实行全周期跟踪问效，建立动态评价调整机制。《意见》还要求建立全过程预算绩效管理链条，建立绩效评估机制，强化绩效目标管理，做好绩效运行监控，并开展绩效评价和结果应用；要完善全覆盖预算绩效管理体系，各级政府将一般公共预算、政府性基金预算、国有资本经营预算、社会保险基金预算全部纳入绩效管理。不仅如此，《意见》还明确硬化预算绩效管理约束，财政部要完善绩效管理的责任约束机制，地方各级政府和各部门各单位是预算绩效管理的责任主体。项目责任人对项目预算绩效负责，对重大项目的责任人实行绩效终身责任追究制，切实做到“花钱必问效、无效必问责”。

此外，各级财政部门要抓紧建立绩效评价结果与预算安排和政策调整挂钩机制，将本级部门整体绩效与部门预算安排挂钩，将下级政府财政运行综合绩效与转移支付分配挂钩。对低效、无效资金一律削减或取消，对长期沉淀的资金一律收回并按照有关规定统筹用于亟需支持的领域。

当前，中国经济已由高速增长阶段转向高质量发展阶段，经济下行压力加大，财政收入增速放缓。大规模减税降费政策的实施，一方面极大地优化了营商环境、改善了社会预期、夯实了经济增长的微观基础，但另一方面也使政府财政平衡的压力有所加大。在这种情况下，推进全面预算绩效管理体系的建设，具有十分紧迫的现实意义。

思考与练习

一、选择题

1. （多选）影响财政支出规模的宏观因素有（　　）。

A. 经济性因素　　B. 政治性因素　　C. 社会性因素　　D. 政治决策程序

2. （多选）按预算组成分类，我国的财政支出结构可分为（　　）。

A. 一般公共预算支出　　B. 政府性基金支出

C. 国有资本经营预算支出　　D. 社保基金预算支出

3. 绩效评价的对象不包括（　　）。

A. 纳入部门下属单位预算管理的资金　　B. 纳入政府预算管理的资金

C. 纳入部门预算管理的资金　　D. 预算外资金

4. 下列完全属于公共产品的是（　　）。

A. 国防　　B. 花园　　C. 教育　　D. 桥梁

5. 以下关于财政支出结构的说法，正确的有（　　）。

A. 财政支出结构和政府职能没有关系

B. 我国行政管理费有不断增加的趋势

C. 随着社会主义经济的确立，我国经济建设支出占财政支出总额的比重大幅下降，不利于财政履行资源配置职能

D. 在经济发达国家，转移性支出占总支出的比重较大

二、判断题

1. 绩效评价的对象包括纳入政府预算管理的资金和纳入部门预算管理的资金。（　　）

2. 财政支出绩效评价的原则主要包括公平公正原则、分级分类原则和绩效相关原则。（　　）

3. 衡量财政支出规模的指标通常有绝对指标和相对指标两类。（　　）

4. 最早的绩效考核起源于英国。（　　）

5. 财政支出规模作为政府通过财政渠道安排和使用的财政资金的数量，不可能无限制地增加或缩减。（　　）

三、简答题

1. 什么是财政支出？

2. 财政支出规模的衡量指标有哪些？这些指标各自有什么特征？

3. 财政支出的分类标准有哪些？请举例说明。

4. 请简要描述党的十八大以来我国财政支出规模和结构的发展变化。

第四章

财政购买性支出

学习目标

- 掌握财政购买性支出的内涵及其特征
- 掌握各项财政购买性支出的内涵及特征
- 了解我国财政支持“三农”政策的演变过程

案例导入

2020 年开年，受新冠肺炎疫情影响，各级政府部门压力颇大。针对媒体关心的地方政府保基本民生、保工资、保运转的“三保”问题，财政部部长刘昆明确回应，总体看，地方财政运行是稳定、正常的，今年财政收入下降，中央和地方都受到影响，地方财政减收增支的规模在 8 000 亿元到 9 000 亿元，一些地方“三保”面临较大压力。不过，2020 年前几个月中央财政加快下达转移支付资金，增加地方财政资金留用比例，缓解了地方财政困难。“加强对地方的财力保障，是今年预算安排的重点。”中央财政 2020 年提高赤字率增加的资金全部安排给地方财政，中央财政发行抗疫特别国债的收入全部用于支持地方基础设施建设和抗疫相关支出，这是对地方财政运转的强大支撑。此外，中央财政专门设立特殊转移支付，用于支持地方基层运转、保障基本民生，落实“六保”任务。中央财政对地方的均衡性转移支付、县级基本财力保障机制奖补资金安排增长 10%，并全力保障地方财政正常运转。

结合案例思考：行政运行等财政购买性支出如何保障国家职能的实现？

第一节
购买性支出概述

财政购买性支出主要包括行政管理、国防、教育、科学技术、医疗卫生、基础设施投资和农业发展支出等。其中，行政管理支出和国防支出是政府为维持最基础、最重要的职能所安排的费用支出。行政管理支出的多少某种程度上反映了政府规模的大小和行政效率的高低。国防支出的多少则反映了国防力量的强弱。教育支出、科学技术支出和医疗卫生支出是政府的三大重要职能支出，关系着政府对教育、科技和医疗三大公共事业的支持。基础设施投资支出关乎国民生活和国民经济，具有建设周期长、投资多、收益低、风险高等特点。农业发展支出是我国农业经济发展投入的重要组成部分，关系到整个国民经济的发展，是有效解决我国“三农”问题、破解农业经济发展瓶颈的物质基础。

一、购买性支出的内涵与特点

购买性支出是指由政府及其职能部门直接用于购买商品和劳务的支出，它是政府自身直接实现的支出，一般用于维持国家机器运转和其他行政事业开支，在形式上是以政府为购买主体直接与商品和劳务相交换。政府用财政资金在商品、劳务市场上购买商品或劳务时，必须遵循等价交换的原则。

购买性支出的特征主要有：

第一，有偿性。政府是公共事务管理部门，自身不能创造物质产品，政府付出货币从市场上获取实现自身职能所需的物品或服务。

第二，等价性。等价性是由购买性支出的有偿性决定的。

第三，资产性。政府通过购买性支出直接获得等价的商品或劳务，形成满足政府活动需要的物质基础。

第四，消耗性。在政府购买性支出活动中，付出资金购得的商品或劳务，将在政府职能的履行过程中被逐渐消耗掉。

二、购买性支出的社会影响

购买性支出基本上反映了社会资源和要素中由政府直接配置与消耗的份额，因而是履行效率、公平和稳定三大职能的直接体现。

从影响作用来看，购买性支出是政府直接以商品和劳务的购买者身份出现在市场上，对社会的生产和就业有直接的影响，但对国民收入分配的影响是间接的。购买性支出对政府与微观经济组织所产生的是硬性的约束作用。

课堂小思考

请举例说明政府购买性支出的增加会对社会产生哪些影响。

第二节
行政管理和国防支出

一、行政管理支出

行政管理支出是财政用于国家各级权力机关、行政机构和外事机构行使其职能所需要的经费支出，这些政府机构向社会提供的是纯粹的公共产品，因而行政管理支出属于社会公共消费支出。行政管理支出的发展状况与政府职能和活动范围密切相关。行政管理支出为各级权力机关、行政机构和外事机构行使其职能提供财力保障，是国家的一项基本支出，开支不足会影响政府机构行使其职能，进而影响社会稳定和社会秩序。

与其他财政支出相比，行政管理支出具有以下特征：

第一，管理性。行政管理支出包括公务性开支及相关人员的经费，这类支出是为满足国家管理机构履行其社会管理职能的需要而产生的，属于管理性支出。

第二，公共性。一方面，行政管理支出主要来源于税收，是国民收入的一部分；另一方面，行政管理支出的使用是面向全体社会成员，以为全体社会成员创造更好的社会环境和生活、投资环境为目的。

第三，稳定性。因为行政管理支出是用于各级行政机构行使其职能所需的费用支出，而国家行政机关的设置经过法律程序确定后不得随意改变，所以行政管理支出也相对稳定。

第四，消耗性。行政管理支出作为一种非生产性活动支出，不直接产生经济效益，属于一种社会财富的净消耗。在保障政府职能有效行使的前提下，应严格限制行政管理支出的规模，避免行政管理支出在社会财富总量中的比重过大，影响经济社会的发展。

从类型上看，行政管理支出还可细化为各种支出项目。例如：行政支出包括人大经费、党派补助费、政协经费、人民团体补助费、各级政府机关经费等，公检法支出包括公安机关经费、公安业务费、警察学校和其他公安经费、安全机关经费、安全业务经费、司法检察机关经费、司法检察业务费、司法学校及其他司法检察费等，外交支出包括驻外机构经费、出国费、外宾招待费和国际组织会议费等。

行政管理支出按用途划分，分为人员经费支出和公用经费支出两部分。人员经费支出包括各级权力机关、行政机构和外事机构的工作人员的工资、津贴和福利费等；公用经费包括公务费、修缮费和业务费等。

我国行政管理支出涵盖于国家一般公共服务支出之中，随着我国社会经济的快速发展、城市化进程的加快、我国与外国的频繁交往，各种社会秩序和经济问题会日趋增多，而为了保证社会的稳定发展和经济活动的有条不紊进行，行政管理支出也不可避免地快速增长。我国一般公共服务支出规模变化（2014—2020 年）如图 4－1 所示。

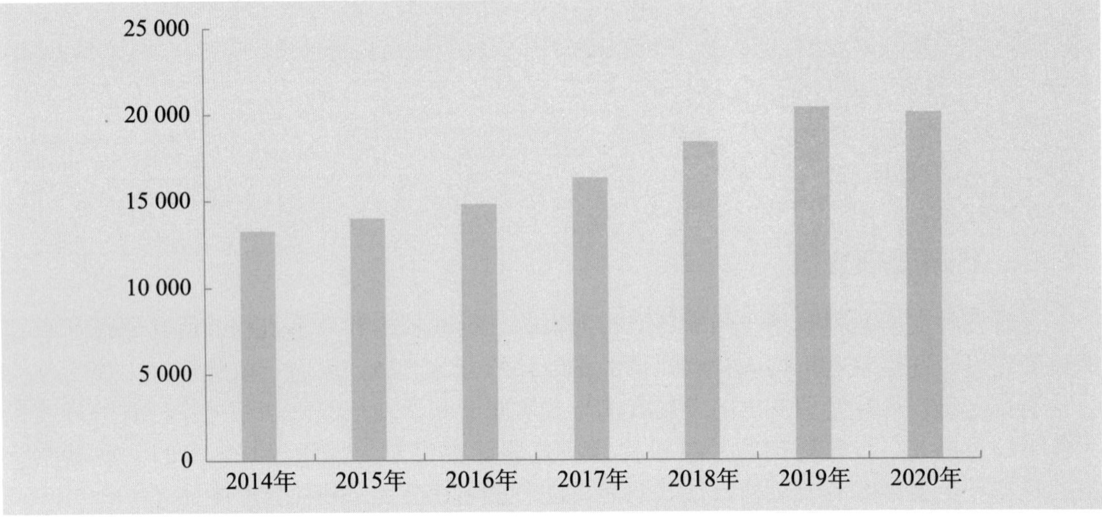

图 4－1　我国一般公共服务支出规模变化图（单位：亿元）

（资料来源：国家统计局官方网站）

育人园地

“三公经费”公开规定

2012 年 4 月 18 日，时任国务院总理温家宝主持国务院常务会议时，要求省级政府两年内全面公开“三公经费”。国务院对 2012 年中央部委“三公经费”的公开做了更为严格的要求，要求部委公开财政部批复的全部预算表格，并细化到款级科目，有关教育、医疗卫生、社会保障和就业、农林水事务、住房保障支出等要细化到项级科目。国务院常务会议还要求，中央部门要细化“三公经费”的解释说明，公开车辆购置及保有量、因公出国（境）团组数及人数、公务接待有关情况，公开行政经费支出情况。国务院办公厅公布的《机关事务管理条例》规定，2012 年 10 月 1 日起，县级以上政府需将“三公经费”纳入预算管理，并定期公布。超预算开支“三公经费”、购建豪华办公用房、安排与业务工作无关的出国考察等情形，情节严重的将面临撤职处分。这也是我国首部专门规范机关事务管理活动的行政法规。从此，“三公经费”的公开拉开序幕。

从 2021 年财政部公布的 2020 年度部门决算可以看出：从中央决算的数据看，中央本级“三公经费”财政拨款支出合计 29.86 亿元，比预算数减少 25.31 亿元。专家表示，2020 年“三公经费”大幅压减的原因，主要是中央部门落实“过紧日子”要求，厉行节约，从严控制和压缩“三公经费”支出，以及受客观因素影响，部分因公出国（境）、外事接待任务未实施，公务用车支出和公务接待支出减少。从决算情况看，“三公经费”在“做减法”，民生保障在“做加法”，有保有压的财政支出安排下，有限的资金发挥出了最大的社会效益。

课堂小思考

请分析近年来党中央提倡“简政放权”的意义。

二、国防支出

国防支出是财政为满足全体社会成员的安全需要，用于海、陆、空三军建设和其他国防建设的经费支出。

相较于其他财政支出，国防支出具有以下特点：

第一，国防支出具有纯公共产品属性和纯消费性。

第二，国防支出具有需求的外生性与供给的内生性，而对于国防的供给来说，主要受国力、财力的制约。

第三，国防服务属于资源密集型行业，国防装备的投入随着科学技术的发展而显得日益重要。

虽然我国国防支出逐年增加，但我国政府一直奉行防御性国防战略，这种国防政策使得国防支出占财政支出的比例较低。图 4－2 为我国 2014—2020 年国防支出规模变化图。

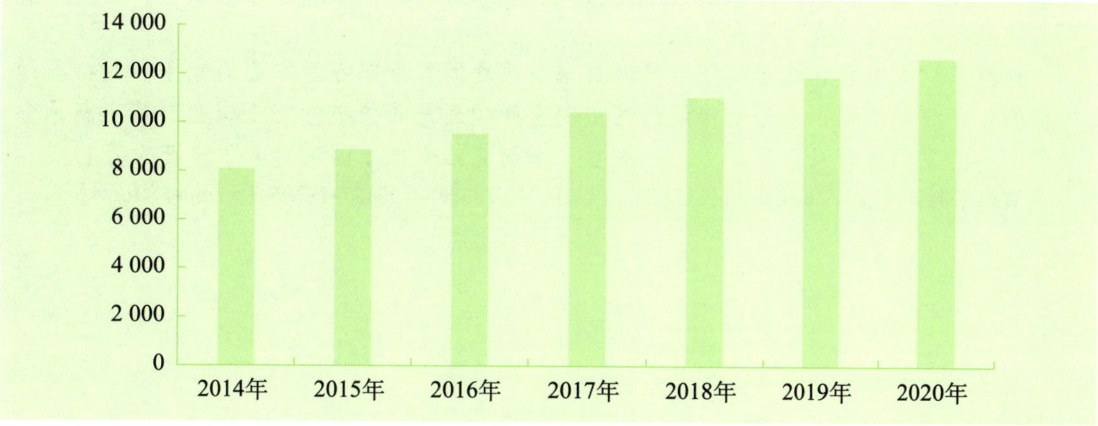

图 4－2　国防支出规模变化图（单位：亿元）

（资料来源：国家统计局官方网站）

育人园地

2020年中国国防支出

2020年，新冠肺炎疫情冲击全球经济，中国GDP增速趋于下降。2020年全国政府财政支出预算及分配项目受到更多因素影响，国防预算支出承压。不过，由于外部复杂的国际形势以及党的十九大提出的军队现代化建设阶段性目标的要求，2020年中央国防预算增速目标仍然保持6.6%，即12 680亿元，继续保持较高增速。

过去数十年，我国武器装备研制投入大量军费，重点型号终于在近年来逐步定型列装，未来十年有望成为武器装备建设的收获期和井喷期。此外，2020年是“十三五”的收官之年，伴随着国防和军队改革接近尾声，或将迎来军工行业的黄金时代。

2020年中央国防预算增长目标6.6%（即12 680亿元，较2019年将增加781亿元），远高于预测的中国GDP增速1.2%以及两会公布当年中央政府本级预算增速（−0.2%）。

全国国防支出增速与当年公共财政支出增速的相关性最高，上一年GDP增速比当年GDP增速对本年国防支出的影响更大。对1989—2020年数据进行分析，全国国防支出增速，与当年公共财政支出增速的相关系数0.614，与当年GDP增速相关系数0.492；全国国防支出增速，与上一年全国公共财政支出增速的相关系数为0.550，与上一年GDP增速的相关系数为0.501。

2020年，受新冠肺炎疫情冲击以及外部环境变化影响，国防预算继续增长6.6%，中央政府本级预算同比减少0.2%，两者差值高达6.8个点，创近三十年最高值。与此同时，军费的高增长可能会对其他项目的支出预算形成挤出效应。

国防是经济的保障，而经济是国防的基础。国防建设是国家安全与经济发展的基本保证，而国防建设和军队建设又要与国家的经济发展状况相适应，这也就决定了军费不可避免地与国家经济发展存在关联。

伴随着世界多极化格局的不断发展，国与国之间在争夺资源方面的竞争和战略要地方面的斗争日趋激烈，无论是传统的国防安全问题还是非传统的安全威胁，都不断地影响着一个国家的经济及政治等方面的利益，进而直接带来了国家对国防建设的需求。

（资料来源：https://baijiahao.baidu.com/s?id=1667362838795437479&wfr=spider&for=pc）

第三节
教育、科学技术和医疗卫生支出

一、教育支出

教育支出是指财政用于发展各类教育事业的经费支出，包括普通教育支出、职业教育支出、成人教育支出、广播电视教育支出、出国留学教育支出、特殊教育支出以及教师进修支出等。

根据教育产品的性质，教育可以分为以下三种类型：

一是具有纯公共产品性质的教育。具有纯公共产品性质的教育包括义务教育，以广播、电视等形式进行的公共教育，国家公务员教育等。这些教育是为提高全民素质、稳定社会秩序所必需的，具有强制性，因而由政府提供和保障。

二是具有混合产品性质的教育。具有混合产品性质的教育主要包括高等教育、职业教育、各类继续教育等。个人从高等教育中得到的利益是内在化和私人化的，而且一些人接受高等教育，就会减少另一些人接受高等教育的机会，具有一定程度的排他性，因而此类教育由政府或私人提供，或由政府和私人混合提供。

三是具有私人产品性质的教育。具有私人产品性质的教育主要是根据个人偏好需要提供的教育，如各种形式的补习班、职业培训机构等。这类教育具有严格的排他性，受教育者按单位产品付费并从接受的特定教育中受益。

教育一直是政府非常重视的领域，财政对教育事业的投入力度也在不断加大，我国教育事业呈现整体良好的发展态势。图 4－3 为我国 2014—2020 年教育支出规模变化图。

二、科学技术支出

科学技术支出是指用于科学研究与试验发展以及与此相关的科技活动所耗费的经费支出，也叫科技经费或科技支出。按照现行财政预算科目的支出功能来分，我国科学技术支出分为科技管理事务经费支出、基础研究经费支出、应用研究经费支出、技术研发经费支

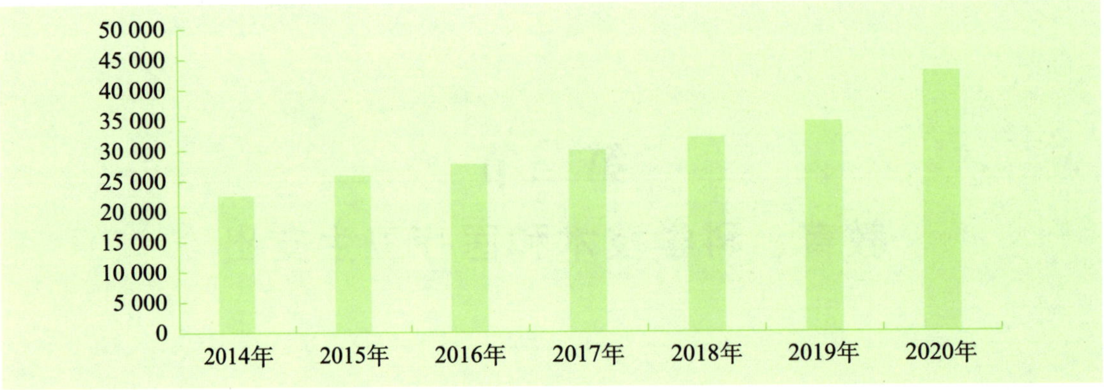

图 4-3　教育支出规模变化图（单位：亿元）

（资料来源：国家统计局官方网站）

出、科技条件与服务经费支出、社会科学经费支出、科学普及经费支出、科技交流与合作经费支出和其他科技支出 9 类。目前我国财政的科学技术支出 90%以上是用于项目或课题方面的支出，也叫项目经费、课题经费或专项经费、专项资金。

科技是第一生产力。财政科学技术支出的不断增加能够加速科技成果转化为经济动力，进一步促进我国国民经济健康持续发展。图 4-4 为我国 2014—2020 年科学技术支出规模变化图。

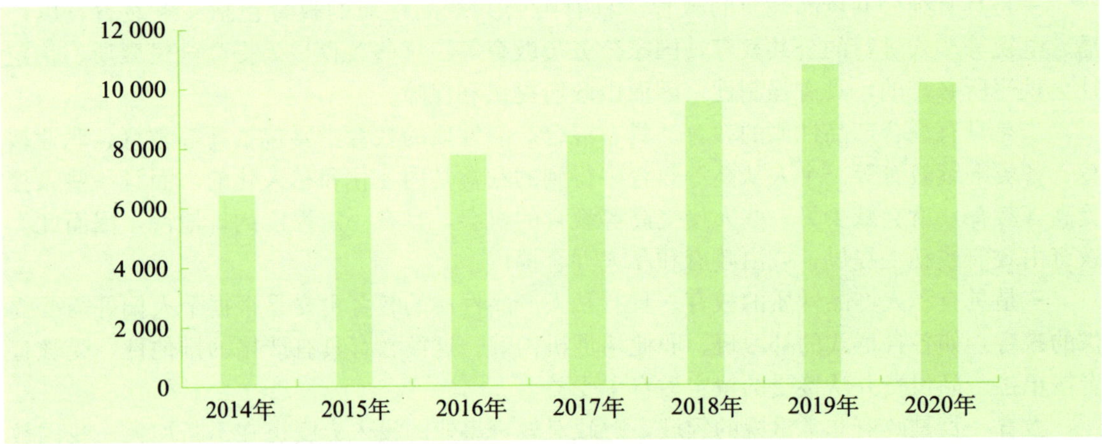

图 4-4　科学技术支出规模变化图（单位：亿元）

（资料来源：国家统计局官方网站）

三、医疗卫生支出

医疗卫生支出是指用于社会成员卫生事业方面的经费支出。卫生事业按其支出所获得的利益分为两大部分：一部分是医疗服务，这部分支出的利益主要由个人获得；另一部分是公共卫生服务，这部分服务体现的利益主要是社会化的，很难区分受益人，具有较强的公共属性，如防疫、传染病的防治等。

随着我国卫生投入不断提高，群众看病就医的负担逐渐减轻。2020 年，我国医疗卫生财政支出高达 16 796.771 亿元。城乡居民基本医保财政补助和人均基本公共卫生服务经费补助标准不断提高，基本医疗保障体系本着低水平、广覆盖、可持续的原则，覆盖人口达到了 13 亿多，参保率稳定在 95%。我国用比较短的时间，建立了世界上最大的基本医疗保障体系。同时，个人卫生支出占医疗卫生支出总费用的比重下降到 28.6%，是进入 21 世纪以来最低的水平。图 4－5 为我国 2014—2020 年医疗卫生支出规模变化图。

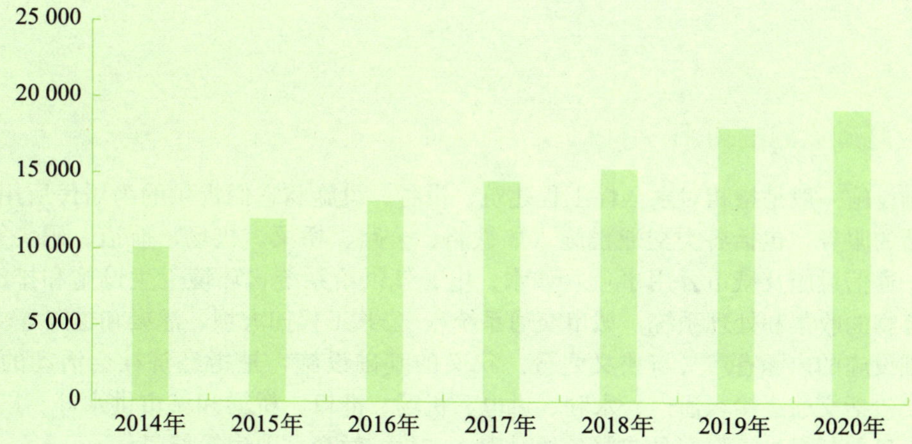

图 4－5　医疗卫生支出规模变化图（单位：亿元）

（资料来源：国家统计局官方网站）

课堂小思考

教育、科学技术和医疗卫生支出有何共性？

第四节
基础设施投资支出

一、基础设施的内涵

基础设施一般是指相对永久性工程建筑、设备、设施和它们提供的为居民所用和用于生产生活的服务，包括各类交通设施（如铁路、公路、桥梁、机场、航道、码头等）、水利设施、通信设施及城市公用事业（如水、电、气供给系统，环境卫生设施和排污系统，固体废弃物的收集和处理系统，城市交通系统）、公共工程如大坝、灌渠和道路等。

基础设施的内涵有广义与狭义之分。狭义的基础设施，是指经济社会活动的公共设施，主要包括交通运输、通信、水利、供电、机场、港口、桥梁和城市供水等。广义的基础设施，还包括提供无形产品或服务的科学、文化、教育、卫生等部门。

基础设施是支撑一国经济运行的基础部门，它决定着工业、农业、商业等直接生产活动的发展水平。一国的基础设施越发达，该国的国民经济运行就越顺畅、越有效，人民的生活也就越便利，生活质量相对来说也就越高。

二、基础设施投资支出的提供方式

基础设施投资最关键的问题是投资和经营方式，它不仅直接关系投资效率，还决定着投资的资金来源。随着市场经济的发展，基础设施的建设由过去主要依靠政府投资而逐渐转变为多元化投资，不同的投资经营方式实际上意味着不同的成本补偿方式。从各国的实践来看，投资方式主要包括以下三种：

一是直接投资，无偿提供。政府直接进行基础设施投资，免费向公众提供，政府承担全部的成本。这是最基本也是最传统的一种政府投资方式，适于那些公众普遍受益且受益额大体相等的基础设施项目。此时，政府实际上是依靠税收融资。

二是直接投资，非商业性经营。政府直接投资，由政府所属的特定公共部门进行非商业性经营。非商业性经营不以营利为目的，经营主体向使用者收取等于或小于经营成本的费用。这种方式适于那些公众普遍受益但受益额不同，具有排他性却又不宜由私人部门经营的基础设施项目。例如，道路、桥梁、上下水道等公共设施，大多采用这种方式提供。此时，项目成本补偿实际有两种方式：税收和使用费。

三是间接投资，商业经营。政府只提供投资贷款，由私人部门按商业方式投资和经营。政府拥有最终决策权，企业法人拥有经营自主权。采用这种投资方式，责任明确，既可以将政府从具体的经营活动中解脱出来，又可以提高成本效益的透明度，提高服务质量。政府可以根据这些关系国计民生和国家安全的产业和设施的重要程度决定是独资、控股还是参股经营。它适用于那些受益对象不够普遍、具有排他性且适宜私人部门经营的一般性基础设施和基础工业项目。此时，项目成本补偿实际来源于提供项目服务的价格。

从基础设施投资项目来看，基础设施投资主要分为四种。一是纯公益性项目，其产出服务无偿提供，不仅无法收回投资，连日常经营费用和维修费都要从外部补充，如生态、环保、防洪排涝、城市道路等项目。二是低收费项目，其产出服务虽有收益，但未必能够补偿日常经营费用和维修费用，投资基本无法回收，更无法盈利，如灌溉、工程调水供水等项目。三是一般收费项目，其营业收入补偿经营费用有余，但只能部分地实现投资回收，因此，难以靠自身积累来完成更新性质的投资，如城市供电、供水、供气等。四是能够全部回收投资，而且能够产生资本积累的项目，如特定的铁路线、特定的收费公路及隧桥、独立电厂、电站等。

知识拓展

我国公私合作伙伴关系（PPP）的发展进程

公共产品在一国经济社会发展和民众生活中起着非常重要的作用。在传统模式中，因为存在市场失灵，通常由政府部门提供公共产品。但从世界各国的发展现实来看，公共产品政府单一供给模式出现了诸多问题和弊端，普遍出现了政府失灵。于是各国开始积极探索供给主体多元化的发展模式，公共产品供给的市场化改革已经成为各国关注的焦点和热点，其中，带有半行政化和半市场化特色、兼顾公平与效率的 PPP（Public-Private Partnership，公私合作伙伴关系）模式逐步成为越来越多国家的重要发展方向。

PPP 是指政府公共部门与民营部门合作，在此过程中，让民营部门所掌握的资源参与提供公共产品和服务，从而实现政府公共部门的职能，同时也为民营部门带来利益。其管理模式包含诸多具体形式。通过这种合作和管理过程，可以在不排除并适当满足民营部门的投资营利目标的同时，为社会更有效率地提供公共产品和服务，使有限的资源发挥更大的作用。

以收费机制为标准，PPP 可以分为使用者付费和政府付费的公私合作项目，以及二者皆有的项目（在我国也称可行性缺口补助类项目）。收费道路是最典型的使用者付费公私合作项目。该类项目中，民营部门提供公共产品或准公共产品服务，并通过向使用者收取服务费来创造收益。相关费用可以由政府出资予以补贴，补贴可以基于业绩，如取决于所提供的服务是否达到特定的标准；补贴也可以基于产出，如根据使用者的数量付费。政府付费的公私合作项目中，政府是民营部门唯一的收入来源。政府付费可取决于资产或服务是否达到事先约定的质量标准，即按“可用性”付费。政府可基于产出、根据民营部门向使用者提供服务的数量，向民营部门付费。如“隐性收费”公路项目，使用者可免费使用道路设施，政府则根据用户数量向民营部门付费。

PPP 在我国的发展几经波折。20 世纪末期，广西来宾电厂和深圳广深沙角 B 电厂是我国公私合作伙伴关系的早期实践。2002 年党的十六大进一步强调了市场机制，随后作为基础设施建设行业主管部门的原建设部（现住房和城乡建设部）陆续出台了几个促进和规范 PPP 应用的文件，为 PPP 提供了法律依据。在国家的强有力推动下，各地兴起了采用 PPP 的风潮。

2008 年的金融危机影响了世界金融格局，也极大地影响了中国 PPP 的发展进程。为了应对危机，中国政府推出了 4 万亿元的投资计划，巨额的政府财政资金和信贷资金投入基础设施领域，PPP 项目受到极大的冲击。

2013 年以来，随着中央政府加强对地方政府性债务的管理，PPP 的发展步入一个新的阶段。截至 2020 年末，累计使用者付费类项目 629 个、投资额 1.4 万亿元，分别占管理库的 6.7%和 9.6%；累计可行性缺口补助类项目 5 418 个、投资额 9.7 万亿元，分别占管理库的 57.4%和 67.1%；累计政府付费类项目 3 393 个、投资额 3.3 万亿元，分别占管理库的 35.9%和 23.2%（详见图 4-6 和图 4-7）。

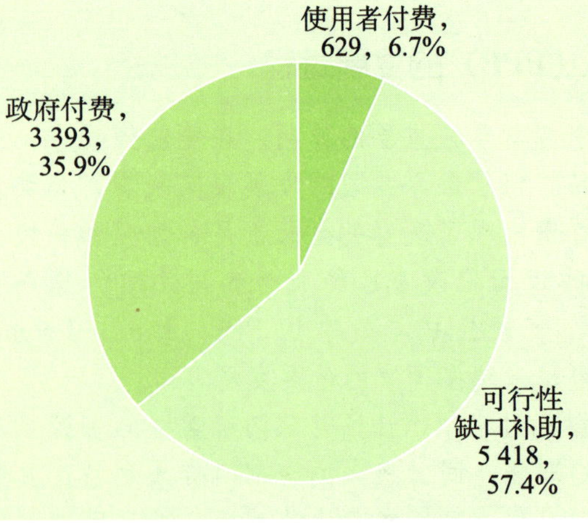

图 4-6　2020 年末各类收费机制下的管理库项目数（个）及比重图

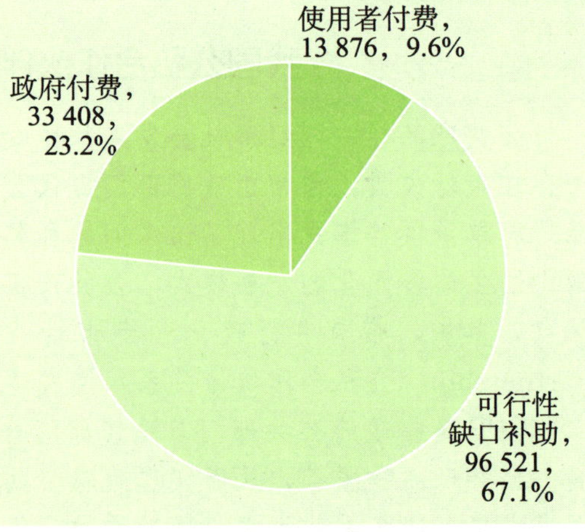

图 4-7　2020 年末各类收费机制下的管理库项目投资额（亿元）及比重图

（资料来源：财政部政府和社会资本合作中心的全国 PPP 综合信息平台管理库项目 2020 年报）

课堂小思考

请举例说明基础设施有哪些主要特征。

第五节
农业发展支出

一、农业发展支出的内涵与特征

农业发展支出是指国家对农业建设与发展方面的投入，在我国主要体现在对“三农”领域的资金支出。

农业是一个特殊的生产部门。一方面，从农产品的供应来看，它受气候条件及其他条件影响，不仅波动很大，而且具有明显的周期性；另一方面，对农产品的需求却是相对稳定的。这种不稳定的供求关系是农业很难依靠自身的力量通过市场加以调整的，这又会干扰和影响国民经济的正常运行。

二、农业发展支出的主要内容

农业发展支出主要体现在政府对“三农”领域的投入与支持，多年来，中央一直强调“三农”问题在中国社会主义现代化时期“重中之重”的地位。

育人园地

中央一号文件连续17年聚焦“三农”领域

中央一号文件原指中共中央每年发的第一份文件，自2004年至今，中央一号文件每年都聚焦“三农”，如今“中央一号文件”已成为中央重视农村问题的专有名词。从2004年开始，每年出台中央一号文件的主要内容概括如表4-1所示：

表4-1　中央一号文件（2014—2021年）

时间（年）	聚焦领域
2004	促进农民增加收入
2005	进一步加强农村工作，提高农业综合生产能力

续前表

时间	聚焦领域
2006	推进社会主义新农村建设
2007	积极发展现代农业，扎实推进社会主义新农村建设
2008	加强农业基础建设，加大“三农”投入
2009	促进农业稳定发展农民持续增收
2010	在统筹城乡发展中加大强农惠农力度
2011	加快水利改革发展
2012	加快推进农业科技创新持续增强农产品供给保障能力
2013	加快发展现代农业，进一步增强农村发展活力
2014	全面深化农村改革，加快推进农业现代化
2015	加大改革创新力度，加快农业现代化建设
2016	用发展新理念破解“三农”新难题
2017	深入推进农业供给侧结构性改革
2018	对乡村振兴进行战略部署
2019	坚持农业农村优先发展，做好“三农”工作
2020	抓好“三农”领域重点工作，确保如期实现全面小康
2021	全面推进乡村振兴，加快农业农村现代化

（一）财政支持“三农”政策的主要种类

财政支持“三农”（简称财政支农）政策包括两大类：一类是从支出方面发力，主要方式是政府投资、财政补助、财政补贴等；一类是从收入方面着眼，主要方式是减税、免税等。

在支出方面，中央财政现有直接支持“三农”资金 15 大类，包括基本建设投资（国债资金）、农业科学事业费、科技三项费用、支援农村生产支出、农业综合开发支出、农林水气等部门事业费、支援不发达地区支出、水利建设基金、农业税灾歉减免补助、农村税费改革转移支付、农产品政策性补贴支出、农村中小教育支出、农村卫生支出、农村救济支出、农业生产资料价格补贴。这一口径是目前中央财政支持“三农”的财政支出最大口径，基本涵盖了中央财政支持“三农”的各个方面。

在收入方面，国家财政对“三农”一直实行税收优惠政策。自 1958 年全国人大颁布《中华人民共和国农业税条例》以来，农业税一直实行增产不增税。农村税费改革试点以前的 1999 年，农业税的实际税率只有 2.5%，农村税费改革试点以后，农民的整体负担大幅度下降，2004 年中央又取消了农业特产税并出台了农业税减免试点。与此同时，国家财政对特定地区和特定群体实行社会减免政策，对受灾地区和农民实行灾歉减免政策。在农产品加工增值税和出口退税上，国家财政对农产品加工增值税实行进项抵扣政策，对农产品及加工品出口实行优先退税政策。2005 年 12 月，第十届全国人大常委会第十九次会议通过决定，自 2006 年 1 月 1 日起废止《中华人民共和国农业税条例》。这使得在我国沿袭两千年多之久的传统农业税收制度成为历史，农民负担全面减轻。

（二）财政支持“三农”政策的主要项目

1. 支持农业农村基础设施建设

主要是支持大江大河的治理、中小型基本农田水利设施建设、农业科研基础设施建设、大宗农产品商品基地建设、乡村道路建设、农村电网改造、人畜饮水设施改善等。用于这方面的财政支农资金包括农业基本建设投资（含国债投资）、农业综合开发、小型农田水利建设支出、农村小型公益设施建设资金、扶贫资金等。

2. 支持农业科技进步

主要是支持农业科研、科技成果中试转化、农业科技推广和农民科技培训等。用于这方面的财政支农资金包括农业科研支出、科技三项费用、农业科技推广支出、农业科技成果转化资金、农民科技培训资金、财政扶贫资金等。

3. 支持粮食生产和农业结构调整

主要是支持粮食等大宗农作物生产发展、农业结构调整、农业产业化经营和农村劳动力转移就业等。用于这方面的财政支农资金包括良种补贴、农业产业化资金、农民就业技能培训资金、支持农民专业合作组织资金、农产品政策补贴资金等。

4. 支持生态建设

主要是支持生态恶化的重点地区改善生态环境，为国民经济和社会可持续发展奠定基础。用于这方面的财政支农资金包括退耕还林资金、天然林保护资金、森林生态效益补偿资金、草原生态治理资金、水土保持资金等。

5. 支持抗灾救灾

主要是支持抗御洪涝灾害、动植物病虫害和其他一些自然灾害，帮助受灾地区和群众恢复生活生产。用于这方面的财政支农资金包括特大防汛抗旱资金、动植物病虫害防治资金、森林草原防火资金、农村救济费、农业税灾歉减免补助资金、蓄滞洪运用补偿资金等。

6. 支持扶贫开发

主要是支持贫困地区改善生产生活条件，促进贫困地区社会经济发展。用于这方面的财政支农资金包括财政扶贫资金、国债资金（以工代赈）等。

7. 支持农村社会事业发展

主要是支持发展农村教育、卫生、文化等事业，促进农村社会经济协调发展。用于这方面的财政支农资金包括教育支出、医疗卫生支出、文化支出等。

8. 支持农村改革

主要是支持农村深化改革，促进理顺农村经济关系，加快农村市场经济体制建设。用于这方面的财政支农资金包括农村税费改革转移支付、农产品政策补贴等。

专栏

财政支农政策的历史演变

从新中国成立起，财政支农政策随着整个社会经济发展，经历了一个不断演变的过程，大体上可以划分为五个阶段。

第一阶段（1949—1958年）。这一时期是社会主义改造时期，农业是国民经济的主导产业，当时国家财力还比较薄弱，为了稳固新生的政权，国家逐步对农产品实行统购统销以保证农业现代化的推进。在组织制度上为保证统购统销，实行从合作社到人民公社。财政对农业的支持主要是安排少量的资金支持恢复农业生产，财政从农业上取得的收入要远远大于财政对农业的投入。这一时期，由于财政收支渠道较少，财政支农的资金来源渠道和投向都比较单一。

第二阶段（1958—1978年）。随着社会主义改造的完成和人民公社“一大二公”制度的确立，国家开始实行高度集中的计划经济体制，相应地财政实行高度集中的统收统支的管理体制。与此同时，全国人大常委会出台了《农业税征收条例》，并开始实行农产品统购制度。这一时期，尽管国家财政安排了一部分资金支持人民公社改善农业生产条件，发展农业生产，但统购制度的实行使工农业成品的贸易环境向着工业严重倾斜，财政对农业的投入份额非常小。

第三阶段（1978—1994年）。1978年，中国的改革从农业农村拉开了序幕。实行家庭承包经营极大地调动了农民的生产积极性，解放了长久被桎梏的生产力。同时，为了改变工农业交换不平等的状况，增加农民收入，国家大幅度地提高农产品收购价格。国家财政用于农业的投入也大幅度增加。到20世纪80年代后期，由于投入不足，我国农业呈现后劲不强、发展徘徊的局面。为了进一步加大对农业的投入，增强后劲，国家财政开征了耕地占用税，并以此为主要来源建立了农业发展基金，实施大规模的农业综合开发。这一时期是现行财政支农政策的形成时期，财政支农的资金渠道多、政策覆盖范围广，涉及农业农村发展的许多领域。

第四阶段（1994—2003年）。这一阶段是我国确立社会主义市场经济体制改革目标并付诸行动的重要历史阶段。从财政改革来说，一是1994年，以分税制为核心的财政管理体制改革；二是从1998年起，积极的财政政策实施；三是从2000年起，财政支出改革、税费改革和公共财政框架构建。这些改革推动了与社会主义市场经济相适应的现代财税制度逐步形成。这一时期，财政支农投入逐步增加，在继续支持农业基础设施建设、农业进步、农业抗灾救灾、农村扶贫开发的同时，加大了对生态建设的支持，加大了对农村改革，特别是农村税费改革的支持。

第五阶段（2003年至今）。2003年是具有里程碑意义的一年。党中央在提出“统筹城乡发展”解决“三农”问题的基础上，进一步提出全面、协调、可持续的科学发展观，并要求全党把解决“三农”问题作为一切工作的重中之重。财政支农方面，除了已有的政策继续执行并加大力度外，还提出了各种方针政策来支持“三农”发展。一是提出并开始实施公共财政覆盖农村政策，同时在基本建设投资包括国债资金方面加大了对农村公共基础设施建设的投入；二是改变财政支农方式，对农民实行直接补贴；三是改革农业税制，取消农业特产税，进行农业税减免试点，以至逐步取消农业税。2006年取消农业税后，经过多年的演变、调整，一个适应社会主义市场经济体制和农业农村发展形势的，以支持粮食生产、促进农民增收、加强生态建设、推进农村改革、加快农村教育卫生文化发展等政策为主的财政支持“三农”政策框架体系已经显现。

思考与练习

一、单选题

1. 下列履行职能所需经费不属于行政管理支出的部门是（　　）。

A. 政府各级权力机关　　B. 行政管理机关

C. 司法检察机关　　D. 企业的人力资源部门

2. 高等教育是一种（　　）。

A. 私人产品　　B. 准公共产品　　C. 纯公共产品　　D. 劣值品

3.（　　）是第一生产力，是经济发展的重要推动力量。

A. 科学技术　　B. 教育

C. 现代先进生产技术　　D. 现代管理方式

4.（多选）中国的国防支出包括（　　）等用于国防建设和国家安全的支出。

A. 军费　　B. 国防科研事业费　　C. 民兵建设　　D. 国防工程支出

5.（多选）以下属于政府教育支出范围的有（　　）。

A. 普通教育支出

B. 职业教育支出

C. 成人教育支出

D. 特殊教育支出

二、判断题

1. 教育、科学技术和医疗卫生支出是一种单纯的非生产性支出。（　　）

2. 因为国防是纯粹的公共产品，所以其生产和提供过程都不可能有市场和企业的介入。（　　）

3. 国防支出会对一国经济产生特殊的外部效益。（　　）

4. 国防支出和行政管理支出都是为保障政府职能的正常运行所必需的。（　　）

5. 医疗卫生是一种纯公共产品，具有极强的外部效益，其资金筹集主要由财政拨款解决。（　　）

三、简答题

1. 简述购买性支出的内涵与特征。

2. 简述行政管理支出的内容。

3. 简述基础设施投资支出的提供方式。

第五章

财政转移性支出

学习目标

- 掌握转移性支出的内涵和社会影响
- 了解社会保障支出的内涵与特征
- 掌握财政补贴支出的内容和经济效应

案例导入

我国真正实施退休人员基本养老保险基金（简称养老金）全国统一调整，是从2005年国家完善企业职工基本养老保险制度开始的。2005—2015年连续11年养老金增幅在10%以上，2016年以来养老金增长幅度逐年下降，2018年以来一直维持在5%的水平。2020年由于受史无前例的新冠肺炎疫情影响，养老金出现收支赤字，而且社会平均工资的增长也受到影响。财政部表示：将继续稳步提高社会保障水平，推进企业职工基本养老保险全国统筹，2021年继续上调退休人员的养老金，养老金的增长速度达到4.5%，这表明2021年养老金实现17连涨。

结合案例思考：社会保障支出的功能是什么？

第一节
转移性支出概述

转移性支出是无法直接获得等价补偿的财政支出。因此，从本质上说，转移性支出是在社会成员之间的资源再分配。转移性支出主要包括社会保障支出、财政补贴支出、税式支出等，其中社会保障支出一般是发达市场经济国家最大的独立财政支出项目，在各国政府支出中占据着举足轻重的地位。

一、转移性支出的内涵与特征

转移性支出是财政对居民个人和非公共企业提供的无偿资金支付，它体现政府市场性再分配活动，是一种收入再分配方式。转移性支出往往有特定的用途和目的，但政府在将财政资金转移给居民和其他受益者时，不会得到任何补偿，只是价值的单方面转移，因此它也是政府实现公平分配的主要手段。不同于购买性支出，转移性支出具有以下三个特征：

一是政府的非购买性，即政府支出不表现为对商品和劳务的直接购买，而是表现为为实现社会公平与效率而采取的资金转移措施。

二是转移性支出的无偿性，即转移性支出是无偿的、单方面的转移，没有得到等价补偿，受益者也不必予以归还。

三是转移性支出对经济和社会影响的间接性，即转移性支出对社会总供求、社会总储蓄以及经济总量和结构产生不同程度的间接影响，且这种影响存在着一定的时滞。

二、转移性支出的社会影响

（一）对分配的影响

转移性支出使政府拥有的部分资金转移到受益者手中，它不仅是资金使用权的让渡，而且涉及所有权的转移，对微观经济组织的分配将产生直接影响。若转移性支出的受益人为企业，则由于转移性支出源于政府向纳税人筹集的各种税收，对特定的企业进行补贴，这部分税收从纳税人转移到获得补贴的企业手中，从而达到国民收入在纳税人和享受补贴的企业之间转移的目的。若转移性支出的受益人为个人，则由于受益人获得的这笔资金源于各个纳税人在国民收入初次分配中所分得的各种收入，这笔收入的受益人一般限于那些收入低于维持通常生活标准应有水平的居民，通过转移性支出这一渠道，国民收入的分配格局会发生变化，变化的结果为使高收入阶层的一部分收入转移到低收入阶层的手中。

（二）对生产和流通的影响

转移性支出对生产和流通的影响是间接的且不受控的。无论是企业还是个人，通过政府的转移性支出获得了资金以后，是否用于购买商品和劳务，以及购买哪些商品和服务，这已脱离了政府的控制。因此，转移性支出对生产和流通的影响是间接的。若资金受益者收到转移性支出的资金后，用于增加了私人消费需求，则增加的商品或劳务的购买量对这类商品或劳务的生产有相当大的影响；若资金受益者将转移性支出的资金用于储蓄，通过一定渠道转化成生产资金，则会增加企业的投资需求。

（三）对经济主体活动的影响

转移性支出对政府及微观经济组织所产生的约束作用是软性的。首先，对于政府而言，转移性支出资金的使用效益如何，并不直接取决于拨付转移性支出的政府，而取决于获得转移性支出的单位如何使用这笔资金，社会无法直接考核政府该项支出的使用效果。其次，对于获得转移性支出的微观经济组织而言，其获得转移性支出数额的大小，并不唯一地取决于自身经营管理水平的高低，也不直接取决于其成本开支水平的高低，即并不取决于自己的能力和生产努力程度。

课堂小思考

请举例说明政府增加转移性支出对社会的影响。

第二节
社会保障支出

一、社会保障支出的内涵与特征

社会保障是国家为了保持经济发展和社会稳定，通过立法，以国民收入再分配的形式，对社会成员因年老、伤残、疾病而丧失劳动能力或丧失就业机会，或因自然灾害和意外事故等原因面临生活困难时，提供物质帮助和社会服务的制度和事业的总称。

社会保障能自动调节社会消费结构，减缓贫富分化，协调财政投融资，保证市场经济高效运行，资源分配相对公平。它不仅是保障公民基本生活权利、缓解市场经济矛盾、减少或消除不安定因素的重要措施，也是维持社会环境稳定、增强社会凝聚力、提高政府威信的有力工具。

社会保障支出具有以下特征：

（一）社会性

首先，社会保障的对象是全体社会成员，所有社会成员不分所有制性质、部门和行业，也无论有无职业、身处城市还是农村，都有权依法获得政府提供的物质帮助和社会服务；其次，社会保障的覆盖范围是整个社会的政治、经济生活；最后，社会保障基金的来源广泛，呈现多元化格局。

（二）公平性

一方面，每个社会成员地位平等，享受社会保障的机会均等；另一方面，社会保障支出的目标是通过国民收入再分配缩小贫富差距，促进社会收入趋于公平。

（三）福利性

国家通过建立和完善社会保障制度，保证城乡居民基本生活需求，并在生产力发展的基础上逐步增进城乡居民福利，不断提高社会福利水平。

（四）强制性

首先，为防止社会成员由于边际效用高低不同而退出保障制度所导致的社会整体利益下降，国家需用立法的形式明文规定每个社会成员的权利和义务；其次，社会保障基金是以法律、法令或法规为保障，通过财政预算和社会统筹的方式强制性收取的。

二、社会保障制度的内容

当前，以基本养老保险、基本医疗保险、失业保险和最低生活保障为核心的覆盖城乡居民的社会保障体系框架已经基本形成，我国的社会保障制度开始进入到统筹城乡发展与制度创新及完善的新阶段。具体来看，我国现行社会保障制度包括社会保险、社会救济、社会福利和优抚安置等。

（一）社会保险

社会保险是指国家通过立法，由劳动者、劳动者单位或社区（集体）、国家三方共筹资金，在劳动者及其直系亲属遇到年老、失业、患病、工伤、生育、死亡等风险时，给予物质帮助，以保障其基本生活的一种社会保障制度。它是公民的基本权利，内容主要包括养老保险、失业保险、医疗保险、工伤保险和生育保险等项目。

社会保险的特征主要有：社会保险的费用缴纳、待遇项目和保险金的给予标准等都由法律、法规统一确定，凡属法律规定范围的成员都必须无条件地参加社会保险并履行缴费义务。无论年龄、收入水平、就业年限和健康状况如何，社会保险对所有成员具有普遍的保障责任。社会保险所提供的保障水平只能以一定时期劳动者的基本生活需要为基准，始终与一定时期经济发展水平高低有关。

（二）社会救济

社会救济又称为社会救助，是社会成员因受自然灾害及其他经济、社会原因的影响，在无法维持最低基本生活水平时，由国家和社会按照法定程序和标准给予某种形式的援助的一种社会保障，它对保障公民生存权和维护社会稳定有着积极的作用。

我国社会救济主要包括四个方面。一是经常性的社会救济，主要包括城乡最低生活保障、农村“五保”供养、农村特困户生活救济及城乡医疗救济等专项救济。二是紧急救济，主要指发生自然灾害时对灾民的紧急救济和应急救济行动。三是临时性救济，主要指对低收入人群的救济工作和对城市生活无着的流浪乞讨人员，包括流浪儿童的救济。四是通过支持慈善事业的发展，培育和发展公益性的民间组织，以及倡导开展群众之间经常性的互助互济活动。

社会救济的特征主要有：救济对象和救济资金的有限性，除一些长期的救济对象以外，大部分社会救济是短期的。它以维持最基本物质生活水平为原则，是低层次的救济。社会救济受到经济发展水平的制约，不同时期及不同地区，社会救济的范围和标准的规定有所不同。

（三）社会福利

社会福利有广义和狭义之分。广义的社会福利是指政府为全体社会成员创建有利于提高生活质量的物质和文化环境，提供各种社会性津贴、公共基础设施的社会服务，以不断增进国家整体福利水平，主要包括各种文化教育、公共卫生、公共娱乐、市政建设、家庭补充津贴、教育津贴、住宅津贴等。狭义的社会福利是指政府和社会向老人、儿童、残疾人等社会中特别需要关怀的人群，提供必要的社会援助，以提高他们的生活水准和自理能力。

社会福利的特征主要有：社会福利资金来源是单向性的，它不要求个人预先缴纳，而是由国家和社会来负担，是一种价值的单方向转移。社会福利的高低没有硬性指标规定，也不具有法律强制性，一般而言，它与社会经济发展水平成正比，并在地区之间有一定差别。社会福利有较大的机会均等、利益均沾的特征，但不意味着绝对平均，而是根据需要与可能来分享福利。由于许多历史原因，我国的社会福利很多是由企业和事业单位来承担，这给企业和事业单位带来了沉重负担。

（四）优抚安置

优抚安置是指国家和社会按照规定，为法定的优抚安置对象提供确保其一定生活水平的物质照顾和精神抚慰，它是带有褒扬和抚慰性质的社会保障制度。

优抚安置的特征主要有：优抚安置既有保险性质，也有福利和救助性质，它通过多种渠道，采取多种形式，调动各方面的力量，利用各种手段，来确保优抚安置对象的生活达到一定水平。优抚安置工作在很多方面是对其对象的一种褒扬，是对全民的一种教育，因而具有很大的政治意义。优抚安置有比较明确的法规作依据，有关的规章制度也比较健全。优抚安置提供的保障水平较高，待遇比较优厚，至少不低于当地群众的平均生活水平。

育人园地

我国已建成世界上规模最大的社会保障体系

“十三五”期间，为了让更多城乡居民享受社会保障，我国开展了社会保障历史上规模最大、范围最广的全民参保登记工作，基本摸清了参保底数，建立了覆盖13.9亿人基础数据的全民参保数据库，精准推进重点群体参保，各项社会保险覆盖范围不断扩大。截至2020年10月底，全国基本养老、失业、工伤保险参保人数分别为9.92亿人、2.14亿人、2.64亿人，均提前完成“十三五”规划目标；共有5 949万建档立卡贫困人口参加基本养老保险，参保率超过99.99%，基本实现应保尽保。

“十三五”期间，我国社保制度体系逐步完善，覆盖范围不断扩大，保障水平稳步提高，管理服务优化规范，建成世界上规模最大的社会保障体系，切实增强了人民群众的获得感、幸福感和安全感。截至2020年，我国养老保险参保人数已占全球养老保障总人数的1/3，是世界上覆盖人数最多的养老保险制度。

（资料来源：https://baijiahao.baidu.com/s?id=1685470278176313717&wfr=spider&for=pc）

三、社会保障支出的资金来源与筹资模式

（一）资金来源

目前世界上实行社会保障制度的国家，其资金主要由国家、企业和个人三方负担。首先，政府财政拨款是社会保障资金的主要来源，主要是以工薪为基础征收的社会保障税和源于各项税收的财政转移性支出。其次，企业按国家规定缴纳社会保障费，是社会保障支出的又一重要来源。个人作为企业的雇佣劳动力，为企业创造了相应的效益，企业单位有义务为其缴纳社会保障费。再次，个人通过缴纳社会保障费负担部分社会保障，这有助于减少个人收入之间的差距，发挥社会保障的收入调节作用。此外，社会保障资金的投资收入、国有资产的增值和社会募捐等也是社会保障资金的主要来源。

（二）筹资模式

从世界各国社会保障制度的实施情况看，社会保障资金的筹资模式可划分为以下三类：

1. 现收现付制

该模式以近期横向收付平衡原则为指导，它要求先做出一年（至多几年）内某项社会保障措施所需费用的测算，然后按一定比例分摊到参加该保障措施的所有单位和个人。其特点是初期费率及花费较低，保障费率随支出需要扩大而提高，需经常进行调整。我国目前实行此方法。

现收现付制的优点是操作简单易行，每年可根据费用需求的增长情况及时调整缴费比例，以保持费用与收入的平衡，而且还可以有效预防通货膨胀所导致的社会保障资金贬值，减少损失。但是，这一制度每年需重新估算应收资金的数额，经常会由于结付金规模的变化而引起保障费率的变动，给征收带来困难。而从长期来看，经济波动和人口老龄化的出现使得保障支出和筹资规模不稳定，青年人对老年人承担的责任较大，影响经济效率。

2. 完全基金制

该模式以远期纵向收付平衡原则为指导，它要求在对未来较长时间宏观预测的基础上，预计保障对象在保障期内所享受保障待遇的总量，据此按照一定的比例将其分摊到整个保障期间，当受益人按约定需要享受保障时，保障资金主要来自之前存入政府管理基金的缴款的利息收入。其特点是在初期收费率高，筹资见效快，之后在较长的时间内收费率保持相对稳定，初期形成的储备基金需要通过具有较高回报率的投资予以保值。新加坡、马来西亚等国家所实行的公积金制度属于此类。

完全基金制的最大优点是不受老龄化的影响，但它的缺点也是不容忽视的。首先，完全基金制积累的货币基金受货币贬值的影响，储备金只有在保持较低通货膨胀率的情况下

才能取得保值增值的效果；其次，完全基金制不具有社会保险的社会互济功能，养老费用未积累够的一部分人的社会保障费用最终还是要由社会来负担；最后，完全基金制要求初期筹资对象既要负担当前社会的老年人所需社会保障费用，又要再负担他们自己进入老年人行列时所需的社会保障费用，这是企业和个人难以承受的。

3. 部分基金制

部分基金制既具有现收现付制的部分特征，又具有完全基金制的部分特征，即在满足现付一定支出需要的前提下，留出一定储备以适应未来的支出需求。该模式吸收了前两者各自长处，遵循“以支定筹、略有积累”的原则，就每一阶段来看实行的是完全基金制，但由于不同阶段的费率会因支付的变化而调整，因此在整个时期来看又具有现收现付制的性质。其特点是初期收费率较低，以后逐步提高，并保持相对稳定。

该种制度在初期的收费率高于现收现付制，低于完全基金制，相对较稳定。作用力较温和，既易于为筹资对象所接受，又能在一定程度上满足社会保障支出的需要。但部分基金制收费率的确定又有一定的难度，筹集到的资金在满足现实需要之后，究竟留出多少来适应未来需要很难确定。

知识拓展

我国社会保障制度管理模式

全国社会保障制度由全国社会保障基金理事会负责运营管理，具体征收则由税务机关负责。

全国社会保障基金理事会为国务院直属正部级事业单位，是负责管理运营全国社会保障基金的独立法人机构。其主要职责是管理中央财政拨入的资金、减持国有股所获资金及其他方式所筹集的资金；制定全国社会保障基金的投资经营策略并组织实施；选择并委托全国社会保障基金投资管理人、托管人，对全国社会保障基金资产进行投资运营和托管，对投资运作和托管情况进行检查；在规定的范围内对全国社会保障基金资产进行直接投资运作；负责全国社会保障基金的财务管理与会计核算，定期编制财务会计报表，起草财务会计报告；定期向社会公布全国社会保障基金的资产、收益、现金流量等财务情况；根据财政部、人力资源和社会保障部共同下达的指令和确定的方式拨出资金；承办国务院交办的其他事项。

课堂小思考

你知道中国的养老金是怎么交的吗？

第三节 财政补贴支出

一、财政补贴支出的内涵与特征

财政补贴支出是政府对国家需要鼓励、支持项目的一种无偿支出。

财政补贴支出的特征主要有：

（一）政策性

财政补贴的依据是政府在一定时期的政治、经济和社会等政策目标，并随着国家政治、经济形势的发展变化而进行修正、调整和更新，因而具有很强的政策性。

（二）可控性

财政补贴具体补贴给谁、补贴多少、在哪个环节补贴、何时取消补贴等内容是由财政部门根据政策需要决定的，是政府可直接控制的经济杠杆，具有一定的可控性。

（三）灵活性

财政补贴杠杆作用的对象、范围、效果和要达到的目标，由财政部门根据政策的要求适时地确定和调整，因此财政补贴在直接调节经济和协调各方面经济关系时，比价格、税收等经济杠杆的作用更为灵活、直接和迅速。

（四）时效性

财政补贴是为实现国家政策目标服务的，当某项政策发生变化时，财政补贴也将做相应调整；当某项政策实施完结、失去效力时，某项特定的财政补贴也将随之中止。

（五）专项性

财政补贴只对政府政策规定和指定的项目或事项进行补贴，其他项目均不给予补贴。

二、财政补贴的种类

财政补贴的项目和种类繁多，根据不同的标准，可以分为以下类型。

（一）按经济性质确定的财政补贴

财政补贴以经济性质为标准，可分为价格补贴、国有企业亏损补贴、财政贴息、进出口补贴和公用事业补贴等。

1. 价格补贴

价格补贴是指由于国家价格政策造成的价格扭曲给生产经营者带来损失而给予的财政补贴，它是我国财政补贴的主要内容。价格补贴政策的实施目的在于稳定价格，调节供求关系，平衡生产者和消费者利益。价格补贴在财政补贴中所占比例最大，而在价格补贴中，最主要的是农副产品的价格补贴。

2. 国有企业亏损补贴

当国有企业发生亏损时，为了维持企业的生存而给予的补贴即为国有企业亏损补贴。这种补贴要列入国家计划，并且仅限于国有企业。国有企业亏损补贴分为政策性亏损补贴和经营性亏损补贴。政策性亏损补贴是指国家给予因贯彻国家政策而造成亏损的国有企业的补贴。经营性亏损补贴是指国家给予因经营管理不善而造成亏损的国有企业的补贴。一般而言，国家对经营性亏损原则上不予补贴，只对政策性亏损进行补贴。但对于一些生产急需产品和重要产品的国有企业，经国家财政部门审批后，可给予暂时性的经营性亏损补贴。

3. 财政贴息

财政贴息是国家对企业的某些用于规定用途的银行贷款，就其支付的贷款利息提供的补贴。财政贴息实质上是财政替企业向银行支付利息，是国家财政应用金融手段对重点企业或项目给予的扶持。它包括全额补贴和差额补贴。财政贴息的目的是促进企业进行技术改造，发展优质名牌产品，推广新技术等。

4. 进出口补贴

进口补贴是国家为体现产业政策，给予进口急需产品进口商的一种补贴。出口补贴是国家为降低出口商品的成本价格，提高商品在国际市场上的竞争力，给予出口商和出口商品生产者的补贴。

5. 公用事业补贴

公用事业补贴是指对于包括公共交通、燃气、自来水等在内的公益事业，当国家规定的收费标准低于成本时给予的财政补贴。这类补贴由地方财政管理，其补贴的数额没有包括在国家统计局的价格补贴数额内。

（二）按再生产环节确定的财政补贴

财政补贴以再生产环节为标准，可分为生产补贴、流通补贴和消费补贴。

1. 生产补贴

生产补贴，是指对社会再生产的生产环节进行的补贴。其补贴的项目主要有粮、棉、油加价款补贴，农用生产资料价格补贴和工业生产企业亏损补贴等。

2. 流通补贴

流通补贴，是指对社会再生产的流通环节进行的补贴。其补贴的项目主要有粮、棉、油价差补贴，平抑市场肉食、蔬菜价差补贴，民用煤销售价差补贴以及国家储备粮、棉、油等利息费用补贴。

3. 消费补贴

消费补贴，是指对社会再生产的消费环节进行的补贴。其补贴的项目主要有房租补贴、副食品价格补贴、水电煤补贴和职工交通补贴等。

（三）按其他标准确定的财政补贴

1. 按透明程度确定的财政补贴

财政补贴以透明程度为标准分为明补和暗补。其中，明补是指将财政补贴作为预算的支出项目按照正常的支出程序直接支付给受补贴者。明补的优点是收支分明，受补贴单位应上缴财政的依法上缴，应获得的补贴由财政直接拨付。暗补是指财政补贴不构成预算支出项目，受补贴者也不直接获得补贴收入，只是从减少上缴和节约支出上受益。暗补的优点是手续简便、工作量少，具有隐蔽性，但缺点是权责关系不明确。

2. 按存续时间确定的财政补贴

财政补贴以存续时间为标准分为经常性补贴和临时性补贴。其中，经常性补贴是指因政策性原因在较长时间内给予的补贴，该补贴往往具有自我增长的特点。临时性补贴是指因某些临时性原因给予的补贴，一般为一次性补贴。经常性补贴和临时性补贴是相对而言的，如对国家规定的政策性亏损给予的补贴即为经常性补贴，在国家规定扭亏计划限期内给予的亏损补贴即为临时性补贴。

3. 按隶属关系确定的财政补贴

财政补贴以隶属关系为标准分为中央财政补贴和地方财政补贴。其中，中央财政补贴是指在整个国家财政补贴项目和金额中，中央财政所承担的补贴项目和数额。地方财政补贴是指在整个国家财政补贴项目和金额中，地方财政所承担的补贴项目和数额。

三、财政补贴的经济效应

财政补贴作为国家财政的一个重要经济手段，对经济运行有正效应，也有负效应。此外，财政补贴还会产生增加收入的收入效应，以及引导受补贴者生产、经销或消费受补贴商品的替代效应。

（一）财政补贴的正效应

财政补贴的正效应主要体现在以下几方面：

1. 保护生产者利益，促进商品生产

根据一定时期内国家某些政策的特殊要求，某些商品不能按照其价值进行等价交换。

为此，国家给予生产和经营这些商品的企业财政补贴，使这些企业不至于因非主观因素造成的亏损而无法生存下去，这样既保护了企业和生产者的利益，也能促使企业扩大生产能力，提供更多的产品以满足市场需求。例如为了扶持农业生产，按优惠价供应农业生产资料形成的财政补贴：对农业机械、农村用电、农用塑料薄膜、农药等农业生产资料实行优惠价格供应，生产这些产品的工业企业会因此发生政策性亏损，国家对这些生产企业就要提供财政补贴。

2. 稳定生产，安定生活

在价格改革的进程中，为加快改革，同时又要使人民群众的生活不致因价格的结构性调整而受到影响，国家要根据相应商品的提价程度给居民提供财政补贴，这就可以减少改革的摩擦，稳定市场，安定人民生活。

3. 合理开发资源

为充分开发自然资源，更好地满足生产需要，对于在开采过程中因自然条件差、开发成本高而发生的亏损给予财政补贴，能使条件不同的自然资源得到有计划的合理利用，从而促进整个国民经济的健康发展。

4. 支持对外贸易

就进口补贴来说，为了平衡国内市场供求，国家要从国际市场进口一些国内现有生产能力不能满足市场需求的产品，如化肥、农药等。但这些产品进口价高于国内定价，国家财政便承担了价差造成的外贸亏损补贴。

（二）财政补贴的负效应

财政补贴的负效主要体现在抵消了市场价格机制对经济的调节作用。当价格体系趋向合理时，财政补贴的负效应愈发明显。

1. 扭曲了各类商品之间客观上存在的一定的比价关系

由于财政补贴是在市场价格之外对某些商品价格进行补偿，从而掩盖了补贴商品的真实成本、价值以及相关商品的比价关系，使本来不合理的价格结构更加不合理。补贴金额越多，价格背离价值的程度越大。实践证明，财政补贴的范围越大、数额越多，商品的比价关系和经济关系就越乱。其突出表现是财政补贴扭曲了价格的杠杆作用，因为价格的杠杆作用只有在基本符合价值的条件下才能充分发挥。可见，财政补贴使价格在商品价值、评价企业经济效益、调节社会再生产、促进竞争和传递价格信息等方面应发挥的作用受到很大限制。

2. 不利于准确考核企业的经济效益

国家对于商品的进价大于售价、进销同价或进销差价不足以支付合理的流转费用而发生的政策性亏损一律给予财政补贴，这部分补贴是不计入企业产品成本的。同样，国家给职工的物价补贴，无法像工资那样计入成本，这样就人为地压低了企业成本，掩盖了真实的企业成本。财政补贴越多，对企业经济核算的负面影响就越大。范围过大、金额过多的财政补贴将导致商品成本的虚假，严重歪曲各类商品的实际成本。

3. 不利于改善企业经营管理

企业发生的亏损，一部分是由于价格等原因造成的政策性亏损，一部分是由于本身经营管理不善造成的经营性亏损。在实际工作中，这两部分亏损往往由于国家一律给予补贴而混在一起，很难区分。国有企业亏损补贴模糊了企业盈亏的透明度。政策性亏损掩盖了经营性亏损，使经营管理不善合法化，同时也抑制了企业加强经营管理的积极性，造成了经营中的浪费，不利企业提高经济效益。对亏损企业无限制的补贴，实际上是政府对企业承担了无限的责任，并造成了企业的预算约束软化。

4. 对商品生产和流通产生不利影响

补贴商品的销售价格一般都比较低，抑制生产，滋长消费，同时造成供求紧张的效应。生产和经营的补贴商品越多，亏损就越严重，企业往往限制生产和限量供应，结果形成卖方市场，使消费者选择性很小，不利于充分满足消费需求，扭曲了生产、流通与消费之间的联系。

5. 对我国外贸带来负面效应

进口补贴扩大了外贸企业进口量，这样势必会对国内的产业结构调整带来负面效应。出口补贴的作用程度也是有限制的，而且在国际贸易中，一国的出口补贴往往会受到别国的反补贴报复。我国加入世界贸易组织后，出口补贴受到很大的限制。从世界范围来看，财政补贴引起的贸易摩擦不断发生且日趋尖锐。比如：欧洲经济共同体与美国的贸易争端就起因于双方对农产品进行出口补贴以争夺市场，从而导致 1986 年开始的《关税及贸易总协定》乌拉圭回合谈判拖至 1994 年年底才勉强达成协议；美日之间关于日本大米市场的开放问题所引起的争端，也起因于日本采用补贴的方式可以保护本国的大米市场，从而使美国的农场主难以将自己生产的大米销入日本市场。

课堂小思考

政府为什么要对某些国有企业实行补贴呢？

第四节 税式支出

一、税式支出的内涵与特征

税式支出，也称税收支出，它是政府为达到一定的社会经济政策目标，给予特定的纳税人或特定类型的活动各种优惠待遇，使纳税人减少税收负担的一种特殊的财政支出。

在多年的税收实践中人们逐渐认识到，对于实现特定的政策目标而言，减少或放弃纳税人应缴税款，与先将这部分税款上缴国家，然后再通过预算支出方式拨付给纳税人相比，其结果并无根本区别。因此，税收制度上的某些税收优惠项目的安排，具有与预算支出相同的性质。

税式支出作为国家的一种财政支出形式，具有以下特征：

（一）及时性

税式支出是在纳税行为履行时的直接扣除，扣除的份额并没有退出企业的资金循环，而是直接参加了企业的资金周转，因而减少了纳税人先支付税款、政府再拨付资金这一程序，避免了直接财政支出存在的因时间差异而形成的政策滞后现象。因此政策目标可以更快地实现，政策效用可以更快地体现在政策对象上，起到及时、稳定地发展经济的效果。

（二）特定性

税式支出的特定性具有两重含义：一是指税式支出必须针对特定的政策目标，二是税式支出的享受对象必须是符合特定目标的特定纳税人或特定类型的活动。特定的税式支出是政府实现其公共政策目标的一种方式，是税收杠杆的重要组成部分。

（三）隐蔽性

隐蔽性是指税式支出不像财政拨款支出那样，表现为在账面上实实在在的资金活动，税式支出在账面上不存在资金上收下拨的过程。之所以称之为支出，一方面是基于经济效果的分析，税收优惠对国家和纳税人而言，其效果同将税收先收上来再退还，以及先纳税再接受财政补贴一样；另一方面，也是出于对政府税收优惠考核衡量计算的需要。

二、税式支出的分类及具体形式

（一）税式支出的分类

从税式支出所发挥的作用来看，可分为照顾性税式支出和刺激性税式支出。

1. 照顾性税式支出

照顾性税式支出，主要是针对纳税人由于客观原因在生产经营上发生临时困难而无力纳税所采取的照顾性措施。例如：国有企业由于受到扭曲的价格等因素的干扰造成政策性亏损，或纳税人由于自然灾害造成暂时性的财务困难，政府除了用预算手段直接给予财政补贴外，还可以采取税式支出的办法，减少或免除这类纳税人的纳税义务。这类税式支出，目的在于扶植国家希望发展的亏损或微利企业、外贸企业，以求国民经济各部门的发展保持基本平衡。但是，需要特别注意的是，在采取这种财政补贴性质的税式支出时，必须严格区分经营性亏损和政策性亏损，要尽可能地避免用税式支出的手段去解决因主观经营管理不善所造成的财务困难。

2. 刺激性税式支出

刺激性税式支出，主要是指用来改善资源配置、提高经济效率的特殊减免规定，主要目的在于正确引导产业结构、产品结构、进出口结构以及市场供求，促进纳税人开发新产品、新技术以及积极安排劳动就业等。这类税式支出是税收优惠政策的主要方面，税收调节经济的杠杆作用也主要表现于此。刺激性税式支出又可分为两类：一是针对特定纳税人的税式支出；二是针对特定课税对象的税式支出。前者主要是那些享受税式支出的特定纳税人，不论其经营业务的性质如何，都可以依法得到优惠照顾，如我国对伤残人创办的集体企业以及所有的合资、合作经营企业，在开办初期给予减免税照顾；而后者则主要是从行业产品的性质来考虑，不论经营者是什么性质的纳税人，都可以享受优惠待遇，如我国对农、牧、渔业等用盐可减征盐税等。

（二）税式支出的具体形式

1. 税收豁免

这种方式是指在一定期间内，对纳税人的某些所得项目或所得来源不予课税，或对某些活动不列入课税范围等，以豁免其税收负担。至于豁免期和豁免税收项目，应视当时的经济环境和政策而定。

2. 纳税扣除

这种方式是指准许企业把一些合乎规定的特殊支出，以一定的比率或全部从应税所得中扣除，以减轻其税负。换言之，纳税扣除是指在计算应课税所得时，从毛所得额中扣除一定数额或以一定比率扣除，以减少纳税人的应课税所得额。

3. 税收抵免

这种方式是指允许纳税人从其某种合乎奖励规定的支出中，以一定比率从其应纳税额中扣除，以减轻其税负。对于这种从应纳税额中扣除的数额，税务当局可能允许也可能不允许超过应纳税额。若在前一种场合，将没有抵尽的抵免额返还给纳税人，就称之为“没有剩余的抵免”；若在后一种情况下，则被称为“有剩余的抵免”。税收抵免与纳税扣除的不同之处在于，前者是在计算出应纳税额后，从中减去一定数额，后者则是从应税收入中减去一定数额。

4. 优惠税率

这种方式是指对合乎规定的企业课以较为优惠的税率。其适用的范围，可视实际需要而定。这种方法，既可以是有期限的优惠，也可以是长期优惠。一般而言，长期优惠税率的激励程度大于有期限的优惠税率，尤其是那些需要巨额投资且获利较迟的企业，常可从长期优惠税率中得到较大的利益。

5. 延期纳税

这种方式亦称“税负延迟缴纳”，是允许纳税人对那些合乎规定的税收，延迟缴纳或分期缴纳其应负担的税额。这种方式一般适用于各种税，且通常都应用于税额较大的税收上。延期纳税，纳税人相当于得到一笔无息贷款，能在一定程度上帮助纳税人缓解财务上的困难。

6. 盈亏相抵

这种方式是指准许企业以某一年度的亏损，抵消以后年度的盈余，以减少其以后年度的应纳税款；或是冲抵以前年度的盈余，申请退还以前年度已缴纳的部分税款。一般而言，抵消或冲抵前后年度的盈余，都有一定的时间限制。

7. 加速折旧

采用这种方法，可以在固定资产的使用年限内提前得到折旧费和减免税的税款。从总数上看，加速折旧并不能减轻企业的税负，政府在税收上似乎也没损失什么。但是，由于后期企业所提的折旧额大大小于前期，故税负较重。

课堂小思考

税式支出与其他转移性支出相比，其特殊性体现在哪里？

专栏

从国际视角看社会保障模式

按政府、企业和个人在社会保障制度中的不同责任及不同的财务制度及预算管理形式，可将社会保障制度分为四种模式：福利型、保障型、国家型和储蓄型。不同的国家对应不同的社会保障模式，每种模式都有各自的特点和优缺点（详见表5-1）。

表5-1　社会保障模式类别表

类型	代表国家	特点	优点	缺点
福利型	英国、瑞典、法国、丹麦	保障内容广泛，全民福利，政府负责，以税收筹集资金，统一缴费，统一给付，统一管理	国民生活质量普遍提高，有利于居民收入均等化	随着公共福利不断增长，国家负担越来越重，必然增加税收，导致税负过重，市场效率低下
保障型	美国、德国、日本、奥地利	企业、个人和政府共同负担社会保障资金，强调受保人权利和义务的对等性	更好地处理了市场效率和社会公平之间的关系	随着社会保障支出范围的扩大和水平的提高，所需资金越来越多，面临资金筹集问题
国家型	波兰、保加利亚、匈牙利、朝鲜	保障费用由国家包办，职工在丧失劳动能力的任何情况下都能享受保障待遇，保障给付与劳动者的工作年限和工资挂钩	与计划经济体制相适应，有利于保障社会成员的基本生活，防止贫富两极化	过分强调公平，国家财政负担过重；保障对象权利与义务明显脱节，缺乏自我保障意识
储蓄型	新加坡、智利、马来西亚、印度尼西亚	企业和个人的缴费全部计入职工个人账户，个人退休后的社会保障水平取决于其账户的积累额	国家财政负担轻，主要是个人或家庭自主互济，有利于激励劳动者积极劳动	缺乏社会公平性和互济性，缺乏社会成员之间的相互调剂，不具有再分配性质，也未发挥收入调节作用

（资料来源：https://baijiahao.baidu.com/s?id=1692818168224285177&wfr=spider&for=pc）

思考与练习

一、单选题

1. 财政补贴支出是一种（　　）。

A. 购买性支出　B. 转移性支出　C. 社会保障支出　D. 经济建设支出

2. 在我国的转移性支出中，过去比重较小，现在开始上升，将来会进一步上升的是（　　）。

A. 社会保障　B. 资本转移　C. 财政补贴　D. 债务利息

3. 社会保障支出资金来源于（　　）。

A. 税收　B. 领取人的缴纳　C. 发行债务　D. 企业缴纳

4. 下列不属于转移性支出的是（　　）。

A. 财政补贴支出　B. 社会保险支出　C. 社会保障支出　D. 教育支出

5. 下列不属于社会保障支出的是（　　）。

A. 养老保险支出　B. 失业保险支出　C. 工伤保险支出　D. 人身意外险支出

二、判断题

1. 财政补贴支出是一种影响相对价格结构，从而可以改变资源配置结构、供给结构和需求结构的政府无偿支出。（　　）

2. 税收支出是指国家投入到财政转移性支出上的那部分税收收入。（　　）

3. 税式支出是特殊的财政支出，它不属于财政补贴支出的范畴。（　　）

4. 在市场经济条件下，社会保障制度具有“内在稳定器”的作用。（　　）

5. 从性质上看，财政补贴是国家进行收入再分配的一种形式，财政补贴支出属于财政支出。（　　）

三、简答题

1. 简述社会保障支出资金来源与筹资模式。

2. 简述财政补贴支出的经济效应。

3. 列举税式支出的具体形式。

第三部分

财政收入

第六章

财政收入概述

学习目标

- 正确认识财政收入、财政收入规模、财政收入结构的内涵
- 系统把握影响财政收入规模与财政收入结构变化的因素
- 深入理解我国财政收入规模变化的趋势及其特殊性

案例导入

根据财政部数据，2021 年 1—5 月，全国一般公共预算收入 96 454 亿元，同比增长 24.2%。其中，中央一般公共预算收入 45 735 亿元，同比增长 27%；地方一般公共预算本级收入 50 719 亿元，同比增长 21.7%。全国税收收入 83 831 亿元，同比增长 25.5%；非税收入 12 623 亿元，同比增长 16.2%。

结合案例思考：影响财政收入规模的因素有哪些？

第一节
财政收入规模

财政收入是政府为履行其职能和提供公共产品与服务需要而筹集的一切资金的总和。财政收入的规模与结构，直接关系到政府职能的实现程度。它既是衡量一国政府财力的重要指标，又是国家进行宏观调控的重要工具。

一、财政收入规模的内涵

财政收入规模，是指一定时期内（通常为一年）国家所能筹集到的财政收入的总量。从政府职能的实现来看，财政收入越多越好，但财政收入过多，会加重企业和个人负担，影响企业生产积极性和人民生活水平提高。因此，研究如何保持适度的财政收入规模是非常必要的。截至 2020 年财政收入占我国 GDP 的比重如表 6－1 所示。

表 6－1　财政收入占 GDP 的比重

年份（年）	财政收入（亿元）	GDP（亿元）	财政收入占 GDP 的比重（%）
1978	1 132.26	3 678.7	30.8
1982	1 212.33	5 373.4	22.6
1987	2 199.35	12 174.6	18.1
1988	2 357.24	15 180.4	15.5
1989	2 664.9	17 179.7	15.5
1990	2 937.1	18 872.9	15.6
1991	3 149.48	22 050.3	14.3
1992	3 483.37	27 194.5	12.8
1993	4 348.95	35 673.2	12.2
1994	5 218.1	48 637.5	10.7
1995	6 242.2	61 339.9	10.2
1996	7 407.99	71 813.6	10.4
1997	8 651.14	79 715.0	10.9
1998	9 875.95	85 195.5	11.6
1999	11 444.08	90 564.4	12.6

续前表

年份（年）	财政收入（亿元）	GDP（亿元）	财政收入占 GDP 的比重（%）
2000	13 395.23	100 280.1	13.4
2001	16 386.04	110 863.1	14.8
2002	18 903.64	121 717.4	15.5
2003	21 715.25	137 422.0	15.8
2004	26 396.47	161 840.2	16.3
2005	31 649.29	187 318.9	16.9
2006	38 760.20	219 438.5	17.7
2007	51 321.78	270 092.3	19.0
2008	61 330.35	319 244.6	19.2
2009	68 518.30	348 517.7	19.7
2010	83 101.51	412 119.3	20.2
2011	103 874.43	487 940.2	21.3
2012	117 253.52	538 580.0	21.8
2013	129 209.64	592 963.2	21.8
2014	140 370.03	641 280.6	21.9
2015	152 569.23	685 992.9	22.2
2016	159 604.97	740 060.8	21.6
2017	172 592.77	820 754.3	21.0
2018	183 359.84	900 309.5	20.4
2019	190 382.45	990 865.6	19.2
2020	182 895.21	1 015 986.4	18.4

数据来源：《国家统计年鉴（2020）》

注：国家财政收入不包括国内外债务收入

二、财政收入规模的衡量

财政收入规模的大小有两种衡量方法，绝对规模和相对规模。

（一）绝对规模

绝对规模是指在一定时期内财政收入的总量，主要包括中央和地方财政总收入、中央本级财政收入和地方本级财政收入、中央对地方的税收返还、地方上解中央收入、税收收入等。它反映了一国或一个地方政府在调控经济运行和影响社会发展等方面经济实力的强弱。

（二）相对规模

相对规模主要是指一定时期的财政收入占 GDP 的比重，它反映了政府集中财力的能力，以及公共财力与非公共财力之间的对比关系，可用于衡量财政收入水平、分析财政收入的动态变化，以及对财政收入规模进行纵向和横向的比较分析等。

三、财政收入规模的影响因素

财政收入规模是衡量一个国家财力和政府在社会经济生活中职能范围的重要指标。保持财政收入持续稳定地增长，满足财政支出的需求，是各国政府追求的主要财政目标。但是财政支出的需求往往是无限的，而财政收入的供给却是有限的。一国一定时期财政收入的规模和增长速度往往是受一国经济、技术、政治、社会等条件综合影响和制约的。

（一）经济发展水平和技术水平的影响

经济发展水平从总体上反映着一个国家社会产品的丰富程度和经济效益的高低，它对财政收入规模的影响是决定性的。一般而言，发达国家的财政收入高于发展中国家，而在发展中国家，中等收入国家又高于低收入国家，绝对规模是如此，相对规模亦是如此。如1986年统计的中央政府经常性收入占GDP的比重，低收入国家平均为15.4%，中等收入国家平均为24.0%，而同年英国为37.9%，法国为40.9%，意大利为36.7%，荷兰高达51.6%。再从几个发达国家的历史发展的纵向比较看，英、法、美三国1880年财政收入只相当于其GDP的10%左右，而到20世纪80年代已上升至20%～40%。由此可见，财政收入规模与其所在国家的经济规模和发达程度存在着显著的正相关关系。

此外，对经济发展而言，技术水平的高低是一个内在的影响因素。技术进步，特别是社会工业化、信息化的进步，对推动经济发展起着关键性作用。科技对经济增长的贡献越来越大，对财政收入的影响也日益加深。这种影响主要表现为资源利用效率的提高、经济增长速度的加快、新产品开发能力的加强和生产质量的提高，由此必然会导致GDP的不断增长或财政分配物质基础的日趋雄厚。所以技术进步的幅度越大，对财政收入的贡献也就越大。

（二）收入分配政策和制度的影响

如果说经济增长决定了财政赖以存在的物质基础，并对财政收入的绝对规模形成了根本性约束，那么政府参与社会产品分配的政策倾向则会对财政收入的相对规模产生很大的影响。一般而言，实施计划经济体制的国家，政府主导资源配置和收入分配，并会采用相应的收入分配政策，使政府在一定的国民收入中掌握和支配较大的份额，从而有较大的财政收入规模。而实行市场经济体制的国家，政府活动定位于满足公共需要，市场在资源配置及收入分配中起基础性作用，收入分配政策的选择和实现以弥补市场缺陷为主，财政收入规模就相对较小。即使在经济发展水平相当的国家，政治、社会、经济制度等各方面的差别也会造成财政收入规模的差异。因为不同的制度对政府职能和作用的要求不同，必然影响财政收入在整个国民收入中的份额。

此外，在国家基本制度约束下的产权制度、企业制度以及劳动工资制度等都会对财政收入政策和分配制度产生影响，进而影响财政收入绝对规模和相对规模。

（三）价格的影响

在市场经济条件下，财政分配都是以价值形态进行的。无论是以流转额为征收对象的流转税，还是以所得额为征收对象的所得税，财政收入都是以货币金额结算的。因此，作为价值的货币表现的价格如果发生变化，将会直接反映到财政收入的变化上来。在经济发展水平、财政分配制度以及其他因素保持不变的条件下，价格上涨会使货币收入增加，价格下降则使得财政收入减少，这实际上是由价格的上涨或下跌引起的财政收入的虚增或虚减。此外，当商品的比价关系向有利于高税商品变动时，会使财政有更快的增长；反之，则会降低财政收入的份额。

（四）税收制度与征管水平的影响

在经济增长水平、政府分配政策和价格水平等既定的前提下，税收制度设计与征管水平也会对财政收入规模产生较大影响，因为税收制度与征管水平会直接影响税收的潜在规模。如果税收制度不合理、税收征管水平低，就会对税源造成一定程度的破坏，并且还会形成税收流失；反之，税收制度合理、税收征管水平高，就会保护、培植税源，而且还能最大限度地减少收入的流失，做到税收的应收尽收。但由于存在纳税人主观上故意采取偷逃欺骗等违法手段，逃避纳税义务，损害国家财政收入的情况，加上税收制度的某些缺陷及税收征管的某些障碍等客观事实，为税收的流失创造了条件，导致该收的税不能应收尽收。

育人园地

“国家账本”半年报折射经济恢复成效

2020 年上半年，全国一般公共预算收入 117 116 亿元，同比增长 21.8%，比 2019 年同期增长 8.6%。同比增速较快主要是 2019 年同期收入基数较低和当前工业生产者价格上涨较快，同时反映了我国经济恢复取得明显成效。相关经济专家和学者分析道：税收收入是一般公共预算收入的“大头”。2020 年上半年，全国税收收入 100 461 亿元，同比增长 22.5%，比 2019 年同期增长 8.7%。分税种来看，“其中，国内增值税同比增长 22.5%，主要是工业服务业稳步增长以及工业生产者出厂价格上涨，上半年工业增加值、PPI 分别同比增长 15.9%、5.1%；国内消费税同比增长 12.8%，主要受成品油、汽车、卷烟销售增长带动；企业所得税同比增长 17.7%，主要是企业利润持续稳定增长；个人所得税同比增长 24.9%，除居民收入增长带动外，还与股权等财产转让和股息红利收入增长有关；进口环节税收同比增长 27.6%，主要受一般贸易进口增长 29.2%带动。”

（资料来源：中央广播电视总台经济之声《天下财经》报道）

课堂小思考

财政收入规模越大越好吗？

第二节
财政收入结构

一、财政收入结构的内涵

财政收入结构是指财政收入来源的构成要素以及各要素之间的比例关系。

财政收入结构反映了通过国家预算集中财政资金的不同来源、规模和所采取的不同形式，以及各类财政收入占财政总收入的比重和增加财政收入的途径；同时，也反映了一定时期内政府财政收入的来源和财政收入政策调节所使用的手段和力度。一定时期的财政收入结构既是经济结构的集中反映，又对经济结构的形成、发展产生深远影响。研究财政收入结构，目的在于揭示财政收入结构与经济结构之间的内在联系及其规律性，使它们保持恰当的比例关系；便于有的放矢地加强财政收入的宏观调节，兼顾利益的分配；为科学编制和执行政府财政预算收入、有效筹集财政资金和发挥财政收入政策调控经济的职能作用服务；同时，也为正确处理政府、经济组织、个人之间的财政分配关系，促进经济发展，开辟和培养财源，建立科学合理的财政收入结构，保证财政收入取之合理、取之有道提供理论依据。

二、财政收入结构分类

（一）财政收入的形式构成

按照财政收入的形式进行分类是当前最主要的分类方式，也是国家预算收入管理的主要依据。我国在 2007 年进行财政收支分类改革后，政府收支分类多次进行调整和改革。我国在 2014 年对《中华人民共和国预算法》（简称《预算法》）进行了修订。《2020 年政府收支分类科目》将我国的收入科目设类、款、项、目四级，并对相应的收入科目进行了调整。我国财政收入总体分为 4 类。

1. 税收收入

税收收入是政府以政治权力为依托取得的财政收入。税收收入是国家财政收入的主要来源。现代国家中，多数国家的财政收入的 90%以上要靠税收来保证，因此可以近似地用税收收入来分析观察整个财政收入的状况。

我国现行税种有 18 个，即：增值税、消费税、企业所得税、个人所得税、资源税、城市维护建设税、房产税、印花税、城镇土地使用税、土地增值税、车船税、船舶吨税、车辆购置税、关税、耕地占用税、契税、烟叶税、环境保护税。

2. 非税收入

非税收入包括政府性基金收入、专项收入、行政事业性收费收入、罚没收入、国有资本经营收入、国有资源（资产）有偿使用收入、其他收入等。表 6-2 为 2008—2020 年我国非税收入一览表。

表 6-2　2008—2020 年我国非税收入一览表　　单位：亿元

年份（年）	中央非税收入	地方非税收入	非税收入合计
2008	1 711.88	5 394.68	7 106.56
2009	2 551.56	6 445.15	8 996.71
2010	1 979.17	7 911.55	9 890.72
2011	2 695.67	11 440.37	14 136.04
2012	2 880.03	13 759.21	16 639.24
2013	3 558.66	15 120.28	18 678.94
2014	4 458.05	16 736.67	21 194.72
2015	7 006.92	20 340.11	27 347.03
2016	6 696.58	22 557.66	29 244.24
2017	5 426.21	22 796.69	28 222.90
2018	5 008.39	21 948.59	26 956.98
2019	7 386.56	25 003.87	32 390.43
2020	5 601.3	22 984.24	28 585.54

（数据来源：各年度《国家统计年鉴》）

非税收入在我国种类繁多，主要有以下几种：

（1）国有资本经营收入，它是指经营和使用国有财产取得的收入，含利润收入、股利、股息收入、产权转让收入、清算收入。

（2）国有资源（资产）有偿使用收入，它是指有偿转让国有资源（资产）使用权而取得的收入。例如海域使用金收入、场地和矿区使用费、特种矿产品出售收入、专项储备物资销售收入、利息收入、非经营性国有资产收入（行政单位国有资产的出租或出借收入、资产处置收入）、无居民海岛使用金收入等。

（3）行政性事业性收费收入，它是指中央和地方政府所属事业单位按照预算管理的要求向财政上缴的业务收入。

（4）罚没收入，它是指工商、税务、海关、公安、司法等国家机关和经济管理部门按规定依法处理的罚款和没收品收入，以及各部门、各单位依法处理追回的赃款和赃物变价收入。

(5) 专项收入，它是指国家为特定公共项目运营需要收取的费用、基金等，具有受益税或使用费的特征。

3. 债务收入

债务收入是政府凭借信用取得的财政收入，其最基本的特点是有偿使用。债务收入只是资金使用权从其他主体转移到政府手中，需要政府还本付息，其不能成为真正的经常性收入。在政府收入统计中，一般不将债务收入作为政府收入。

债务收入包括国内债务收入（国债发行收入、地方债发行收入）、国外债务收入（向外国政府借款收入、向国际组织借款收入、其他国外借款收入、地方向国外借款收入）等。2015 年的新收入分类中还有新的调整，即增设中央政府债务收入，以反映中央政府从国内取得债务收入；新设中央政府国外债务收入，反映中央政府从国外取得债务收入；增设地方政府性债务收入，反映地方政府取得债务收入情况，其中包含一般债券收入、地方政府向国外政府借款收入、地方政府向国际组织借款收入。

4. 转移性收入

转移性收入包括返还性收入、一般性转移支付收入、专项转移支付收入、政府性基金转移收入、上年结余收入、调入资金、债券转贷收入等。

（二）财政收入的层次构成

财政收入的层次构成反映一个国家不同层次政府财政收入的数量比例和相互关系。按征收财政收入的政府级别不同，我国财政收入可以分为中央财政收入和地方财政收入。

1. 中央财政收入

中央财政收入是指按照财政预算法律和财政管理体制规定的由中央政府集中和支配使用的财政资金。中央财政收入的主要来源是国家税收中属于中央税收、中央政府所属企业的国有资产权益、中央和地方共享税中的分成收入、地方政府向中央政府上缴收入以及国债收入等。

2. 地方财政收入

地方政府为履行其基本职能，必须依照法律法规的规定，在预算年度内，以一定的形式和程序，筹集归地方政府使用和支配的财政资金，即地方财政收入。地方财政收入的主要来源是地方税、中央和地方共享税中的分成收入、地方专项收入、地方行政事业性收费、地方罚没收入、地方国有资本经营收入、地方国有资源（资产）有偿使用收入、地方债务收入等。

课堂小思考

影响财政收入结构的因素有哪些？

专栏

我国财政收入规模发展趋势

财政收入规模的变化是有规律可循的。在正常的环境下，财政收入的绝对规模会随着财源的扩大而保持上升的势头。以我国为例，自 1978 年改革开放以来，财政收入的绝对规模持续增长，从 1978 年的 1 132.26 亿元，到 2004 年的 26 396 亿元，再到 2018 年的 183 359.84 亿元（见表 6－3），40 年间增长了约 161 倍。虽然在此期间物价上涨因素明显，但扣除物价因素影响，其增幅依然较大。

表 6－3　2008—2020 年我国财政收入一览表　　单位：亿元

年份	中央财政收入	地方财政收入
2008	32 680.56	28 649.79
2009	35 915.71	32 602.59
2010	42 488.47	40 613.04
2011	51 327.32	52 547.11
2012	56 175.23	61 078.29
2013	60 198.48	69 011.16
2014	64 493.45	75 876.58
2015	69 267.19	83 002.04
2016	72 365.62	87 239.35
2017	81 123.36	91 469.41
2018	85 456.46	97 903.38
2019	89 309.47	101 080.61
2020	82 771.08	100 123.84

（数据来源：国家统计局）

再来分析一下财政收入的相对规模。1978 年至 1995 年前后，财政收入占 GDP 的比重下降了 20 个百分点，最低时只有 10%左右，每年平均降幅超过 1 个百分点。但自 1995 年始，这种下降趋势开始逆转，到 2018 年时达到了 20.4%，每年平均增幅也超过了 1 个多百分点。财政收入规模出现这种变化规律，与我国在这一时期所进行的经济体制和财政体制改革等多种因素密不可分。

思考与练习

一、选择题

1. 世界各国财政收入的主要形式是（　　）。

A. 企业收入　　B. 债务收入　　C. 收费　　D. 税收

2.（多选）影响财政收入规模变动的经济因素有（　　）。

A. 经济发展水平　　B. 经济体制

C. 价格水平　　D. 分配政策

3. 从世界各国的情况来看，发达国家的财政收入规模水平比发展中国家（　　）。

A. 高　　B. 低　　C. 相等　　D. 无法判断

4.（多选）目前我国的非税收入包括（　　）。

A. 政府性基金收入　　B. 行政事业性收费收入

C. 罚没收入　　D. 债务收入

5.（多选）影响财政收入规模的主要因素包括（　　）。

A. 经济发展水平　　B. 技术水平

C. 收入分配政策和制度　　D. 价格

E. 税收制度与征管水平

二、判断题

1. 财政收入的绝对规模能够反映一国或一个地方政府在调控经济运行和影响社会发展等方面经济实力的大小。（　　）

2. 在经济发展水平和技术水平一定的条件下，影响财政收入规模的关键因素是收入分配政策和制度。（　　）

3. 税收与政府提供的商品和服务有关，一般不规定特定用途，由政府统筹安排使用。（　　）

4. 债务收入是政府凭借信用取得的财政收入，具有有偿性。（　　）

5. 税收是国家取得财政收入的主要形式。（　　）

三、简答题

1. 从财政收入结构角度分析增加我国财政收入的合理途径。

2. 简述财政收入结构的分类。

3. 试述我国财政收入占 GDP 比重的水平及与国际情况比较。

4. 简述财政收入规模的分类。

第七章

税收原理

学习目标

- 深入理解税收的内涵和特征，了解税收的产生与发展
- 准确把握税收职能的内容及其在社会经济生活中的表现形式
- 熟练掌握纳税人、课税对象、税率等常见税收术语的内涵与特征

案例导入

2018 年 6 月，群众举报范某某“阴阳合同”涉税问题后，国家税务总局高度重视，立即责成江苏等地税务机关依法开展调查核实。从调查核实情况看，范某某在电影《大轰炸》剧组拍摄过程中实际取得片酬 3 000 万元，其中 1 000 万元已经申报纳税，其余 2 000 万元以拆分合同方式偷逃个人所得税 618 万元，少缴营业税及附加 112 万元，合计 730 万元。此外，还查出范某某及其担任法定代表人的企业少缴税款 2.48 亿元，其中偷逃税款 1.34 亿元。对于上述违法行为，江苏省税务局依据《中华人民共和国税收征管法》，对范某某及其担任法定代表人的企业追缴税款并加收滞纳金处罚。

结合案例思考：税收具有哪些特征?

第一节 税收概述

政府履行职能需要大量的资金，资金主要来源于财政收入，而财政收入又主要来源于税收。税收原则是政府在税收制度的设计和实施方面所应遵循的基本指导思想，也是评价税收制度优劣及考核税务行政管理状况的基本标准。税收制度决定着纳税人税负的轻重，但在市场经济条件下，纳税人不一定就是税收负担人。税负转嫁与归宿是用来分析税收负担的转移过程及其结果的理论。研究税负转嫁与归宿的目的，在于认清税负转嫁的过程及其最终归宿，认清税收的实际负担人，以便正确地衡量税收是否适当，是否符合税收原则，从而有助于研究各种税收对经济的影响，优化税制结构。

一、税收的内涵

税收是一个古老的财政概念。早在奴隶社会，伴随着奴隶制国家的出现，税收就已经产生。随着社会生产力的发展、社会制度和国家形态的变迁，税收的形式、内容和性质也在不断地发展变化。在现代社会，税收不仅是政府取得财政收入最主要的形式，是国家和社会公共活动的经济基础，而且还是政府干预和调控经济的重要经济杠杆。

（一）税收的目的是满足国家职能的需要

国家为了实现其职能，必须要消耗一定的经济资源，这就是财政支出。财政支出如果仅仅依靠市场经济主体自愿出价的方式，是远远满足不了的。只有采取强制征税的方式筹集财政收入，财政支出的需要才能满足。换个角度说，只有税收才能满足国家履行其职能的需要。

在市场经济条件下，政府提供公共产品，市场提供私人产品。由于公共产品的非排他性和非竞争性特征，政府提供公共产品的资金来源也只能主要依赖于税收。因此，向社会全体成员提供公共产品，事实上已经成为市场经济体制下国家的基本职能。税收满足政府提供公共产品的需要，也就是满足国家实现职能的需要。

（二）政府征税的依据是国家的政治权力

政府征税，实质上是国家对一部分社会产品的无偿分配，这种强制地将一部分社会产品从社会成员手中转变为国家所有的行为，必然会改变社会成员各自占有的社会产品的份额，必须依据一定的权力来进行。正是凭借这种权力，税收才可以超越所有制形式向任何经济单位和个人征收，并渗透到社会经济生活的方方面面。因此，以政治权力为依据是税收区别于以财产权利为依据的其他财政收入形式的根本所在。

（三）税收体现了以国家为主体的分配关系

税收在社会再生产过程中属于分配范畴。税收作为一种分配形式，本质上体现着国家与纳税人之间的分配关系、如国家与企业之间的分配关系，国家与个人之间的分配关系，以及由于国家的征税，在企业与企业之间、个人与个人之间重新形成的分配关系。当国家用税收来调节分配不公的现象时，实际上就是因为征税不仅会直接引起国家与某一纳税人或纳税人阶层经济利益上的变化，而且会进一步引起相关纳税人之间经济利益关系的调整。此外，随着世界经济一体化格局的扩展，国家与纳税人分配关系的变化还会对国家与国家之间的分配关系产生影响。

（四）税收是财政收入的最主要形式

税收是人类社会发展到一定历史阶段的产物。具体来说，它是随着生产力的发展，当人类社会出现了剩余产品，并由此导致私有制、阶级和国家产生时而出现的一种财政收入形式。目前，税收是运用最为普遍的财政收入形式，发达国家的财政收入中，税收均占90%以上，即使是经济欠发达的国家，税收也在财政收入中占到60%～80%。可见，现代社会税收是政府财政收入的最主要形式。

综上所述，税收是国家为实现其职能，凭借其政治权力，并按照法律规定，强制地、无偿地、固定地取得财政收入的一种形式，体现着一定社会形态下的分配关系。

二、税收的特征

税收具有强制性、无偿性和固定性，这三个特征又通常被简称为税收的“三性”。

（一）强制性

税收的强制性，是指国家以社会管理者身份，凭借政治权力，以法律形式确定征纳双方的权利义务关系，并保证税收收入的实现。就征税者而言，法律规范是国家征税权力的后盾，当出现税务违法行为时，国家就可以依法进行制裁；就纳税人而言，一方面要依法纳税，另一方面纳税人的合法权益会得到法律的保护。

（二）无偿性

税收的无偿性是指国家征税以后，税款归国家所有，既不需要直接归还给纳税人，也不需要向纳税人支付任何报酬或代价。税收的无偿性是由社会费用补偿的性质决定的。由于公共需要的设施和服务大多是共享的，社会成员从中得到的利益无法直接计量，这就决定了国家对社会成员提供的公共服务只能是无偿的。相应地，国家要筹集满足公共需要的社会费用也只能采取无偿的形式。

（三）固定性

税收的固定性是指国家通过法律形式，预先规定了征税对象、纳税人和征税标准等征纳行为规则，征纳双方都必须遵守，不能随意改变。税法一经公布实施，征纳双方都要共同遵守。纳税人只要取得了应税收入，发生了应税行为或者拥有了应税财产，就必须按照预定标准如数缴纳税款。同样，国家对纳税人也只能按预定的标准征税，不能任意降低或提高预定的征收标准。并且，作为征税主体的国家有义务保证税法在一定时期内相对稳定，不能朝令夕改。

税收的三个特征是一个统一的整体。其中，无偿性是税收这种分配活动本质的体现，强制性是实现税收无偿征收的强有力的保障，固定性是无偿性和强制性的必然要求。这三个特征是税收区别于其他财政收入的基本标志。

三、税收的分类

（一）按征收目的和标准分类

由于研究和学习目的不同，对税收可采取不同目的和不同标准进行分类（部分详见表7－1）。通过对税收进行科学的分类，能够揭示各类税收的性质、特点、功能以及各类税收之间的区别与联系，对了解税源的分布、税收负担的归宿，以及中央与地方政府之间税收管理和支配权限的划分都具有重要的意义。

表7－1　按征收目的和标准的税种分类表（部分）

按征收目的和标准分类	精选税种明细
课税对象属性	流转税、所得税、财产税、资源税、行为税
征收管理权和收入支配权不同	中央税、地方税、中央地方共享税
计税标准	从价税、从量税、复合税
税收和价格的组成关系	价内税、价外税
税制的总体设计类型	单一税、复合税
税收负担的最终归宿	直接税、间接税
……	……

（二）OECD对税收种类的划分

OECD（经济合作与发展组织）的年度财政统计手册将成员国征收的税收分为6类：

一是所得税，包括对所得、利润和资本利得的课税；

二是社会保险税，包括对店员、雇主及自营人员的课税；

三是薪金及人员税；

四是财产税，包括对不动产、财富、遗产和赠予的课税；

五是商品与劳务税，包括产品税、销售税、增值税、消费税等，也包括对商品（劳务）进出口课征的关税；

六是其他税收。

（三）其他分类方法

1. 实物税和货币税

按税收缴纳形式分类，可分为实物税和货币税。实物税是以实物形式缴纳的税种，货币税是以货币形式缴纳的税种。税收最早是以实物形式缴纳的，随着商品货币经济的发展，以货币形式缴纳的税赋也出现了。在一段相当漫长的历史过程中，税收的缴纳形式是实物和货币两者兼有。目前世界各国都已普遍实行了货币税。

2. 一般税和目的税

按照税收用途分类，可分为一般税和目的税。一般税，又称普通税，是用于国家一般经费、没有专门用途的税，这种税的收入由国家统一支配使用。目的税，又称特别税，是具有专门用途的税。例如美国的社会保险税专门用于社会福利、救济，日本的地方道路税专门用于地方政府修建公路，我国的城市维护建设税也属于目的税。

3. 定率税和配赋税

按照税款的确定方法分类，可分为定率税和配赋税。定率税是国家事先在税法中按照征税对象规定固定税率计征的税种。配赋税是国家采取分摊税款办法征收的税种，即国家对某种税只规定应征税款总额，然后按照纳税人或征税对象进行分摊，所以又称为摊派税。配赋税是一种以支定收的征税方法，履行政府职能需要多少支出就征收多少税。在近代各国税制中，配赋税已基本由定率税所替代。定率税可使税收负担相对固定，有利于促进生产，方便纳税人。

四、税收的原则

税收的原则是国家制定税收政策、建立税收制度应遵循的理论准则和行为规范。它规定政府对什么征税（课税对象）、征收多少（课税规模）、怎样征税（课税方式和方法），既是政府在设计税制、税收立法过程中所应遵循的理论准则，也是税法实施的行为规范，同时还是评价税收制度优劣、考核税务行政管理状况的基本标准。税收的原则是制定评价税收制度和税收政策的标准，是支配税收制度废立和影响税收制度运行的深层次观念体系，反映一定时期、一定社会经济条件下的治税思想。在现代，税收的原则集中体现在效率、公平与中性等方面。

（一）税收的效率原则

税收的效率原则可分为税收的经济效率原则和税收的行政效率原则。从经济效率（资源配置）的角度讲，税收要有利于资源的有效配置，使社会从可用资源的利用中获得最大利益，有利于经济效益的提高和宏观经济稳定增长。从行政效率的角度讲，税收制度必须简便，征纳双方的费用（包括征税的行政管理费用和纳税人的从属费用）都要节省。

税收制度的设计应讲求效率，必须在税务行政、资源利用、经济运转的效应等方面尽可能讲求效率，以促进经济的稳定与发展。这包括以下两层含义：一是要尽量减少纳税人的超额负担。征税会给纳税人造成诸多负担。首先，会给纳税人造成相当于征税数额的负担；其次，征税会影响纳税人的经济活动，在一定程度上干扰纳税人的生产决策和消费决策，给纳税人和整个经济的运行造成征税数额之外的超额负担。效率原则就是将纳税人的超额负担降至最低，使税收活动尽量减少对经济运行的干扰，从而提高经济效率。二是要尽量降低征收费用。税收的效率原则要求征纳双方花费的费用尽量少，从而增加税收的实际收入。

（二）税收的公平原则

公平原则历来都是设计税制必须考虑的重要原则，而受益原则和纳税能力原则是公认的税收总额在所有社会成员之间公平合理地分配所必须坚持的原则。

1. 根据受益原则分配

衡量税收是否公平主要有“能力说”和“利益说”两种主张。受益原则强调纳税人的税收负担的大小，应根据个人从政府提供的服务中所享受到利益的多少来确定。也就是说，个人承担税收的数量应该与其从财政支出中的得益相联系。从政府提供的公共产品中获得利益多的多纳税，从政府提供的公共产品中获得利益少的少纳税。

2. 根据纳税能力原则分配

纳税能力原则要求根据纳税能力来确定税收总额在社会成员之间分配的比例。在此原则下，税收与纳税人的能力有关，而不再与财政支出发生联系。根据纳税能力，税收公平包含横向公平和纵向公平两方面的含义。横向公平指的是纳税能力相同的，缴纳同样的税收。纵向公平指的是能力不同者，缴纳不同的税收，能力强者多纳税，能力弱者少纳税。横向公平和纵向公平的含义容易理解，但要实施却并非易事，因为很难找到合适的标准来对人与人之间的纳税能力进行判断和比较。健康状况、受教育程度、家庭负担以及个人嗜好等因素，都可能将看似福利水平相同的人置于不同的境况。

（三）税收的中性原则

税收的中性原则是指对不同的产品或服务、不同的生产要素收入、不同性质的生产者课征应采取不偏不倚的税收政策，使不同产品、服务、生产要素的相对价格能反映其相对成本，保持市场自发调节所能达到的资源配置效率状态。税收若改变相对价格，就会在取得财政收入的同时改变消费者和生产者的选择，使已经处在效率状态的资源配置变得无效率。若税收能保持中性，不改变各种产品或要素的相对价格，那么税收仅仅为政府筹集财政收入，不会使产品与要素因税收而处在相对有利或不利的境况，不会使产品或要素的均衡组合因税收而发生变化。

知识拓展

税制要素

税收制度由多个税种组成，而构成税种的主要因素即为税制要素。任何一个完备的具体税种的税制，总是由一些基本要素构成，这些基本要素一般包括纳税人、课税对象、税率等。此外，由于课税技术上的需要，还要规定一些附属要素，如纳税环节、纳税期限、税收优惠等。

1. 纳税人

纳税人是税法规定的负有纳税义务的单位和个人。一般而言，法人纳税人大多是公司或企业。纳税人应与赋税人相区别。赋税人是指最终负担税款的单位和个人。在税收负担可以转嫁的条件下，纳税人与赋税人是分离的。与纳税人相关的另一个概念即扣缴税款义务人，简称扣缴义务人，是指税法上规定的负有扣缴税款义务的单位。

2. 课税对象

课税对象指税法规定的征税标的物，是征税的根据。课税对象用于确定对纳税人的哪些所有物或行为征税的问题，它是区别税种的主要标志。在现代社会，税收的课税对象主要包括商品、所得和财产等。

3. 税率

税率是相对于税基的比率。税基与税率的乘积就是税额。反过来说，税额与税基之比即为税率。税率是税收制度的核心和中心环节，税率的高低既是决定国家税收收入多少的重要因素，也是决定纳税人税收负担轻重的重要因素。因此，它反映了征税的深度，体现了国家的税收政策。从税法角度，税率可划分为比例税率、累进税率和定额税率三种类型。

4. 税源

税源是税收的经济来源或最终出处，从根本上说，税源是一个国家已创造出来并分布于各纳税人手中的国民收入。由于课税对象既可以是收入，可以是能带来收入的其他客体，也可以是仅供消费的财产，因此课税对象与税源未必相同。有些税种的课税对象与税源相同，如所得税的课税对象与税源都是纳税人的所得；有些税种的课税对象与税源不同，如财产税的课税对象是纳税人的财产，但税源往往是纳税人的财产收入或其他收入。

5. 课税标准

课税标准是税法规定的对课税对象的计量标准。课税对象的存在形态各异，有的以货币形态存在，如所得；有的以实物形态存在，如商品、房地产等。而实物形态的课税对象也是可以用货币加以计量的。

6. 税基

税基是按课税标准计量的课税对象的数量。由于国家为了实现一定的政治和经济目标，往往并不是对课税对象的全部数量都予以课税，如果没有法定税前减免或扣除项目，经济税基与法定税基在数量上是相同的。

7. 计税依据

计税依据是指计算应纳税额的依据，它是课税对象在数量上的具体化。计税依据从形态上看有两种：一种是价值形态，就是以课税对象的价值为计税依据，如商品的销售收入额、劳务收入额等；另一种是实物形态，是以课税对象的数量、容积、重量、面积等为计税依据。前者称为“从价计征”，后者称为“从量计征”。

8. 纳税环节

纳税环节是指在商品流通和非商品的劳务或其他交易过程中，税收予以课征的点或者说关节。在上述各税制要素分别解决了对谁征税、对什么对象征税，以及征多少税之后，纳税环节要解决在哪里征税的问题。根据纳税环节的多少和选择可以分为不同的课税制度：同一种税只在一个环节课征税收的，称为“一次课征制”；同一种税在两个或两个以上环节课征税收，或同种性质不同税种对同一种收入课以税收的，称为“多次课征制”。

9. 纳税期限

纳税期限是纳税人向国家缴纳税款的法定期限。各种税都明确规定了税款的缴纳期限。

10. 税收优惠

税收优惠分为狭义的税收优惠和广义的税收优惠。狭义的税收优惠是指减税和免税。减税和免税是对某些纳税人或征税对象给予鼓励和照顾的一种特殊规定，其中减税是对应纳税额少征一部分税额，免税是对应纳税额全部免征。广义的税收优惠是指减税、免税、优惠税率、出口退税、加速折旧、税项扣除、投资抵免、亏损弥补、税额抵扣、税收抵免等减轻或免除纳税人和征税对象税收负担的规定。

（资料来源：西南财经大学《财政学》中国大学 MOOC 慕课第八章）

课堂小思考

你身边有哪些与税收有关的现象？

第二节 税收负担

一、税收负担的内涵

税收负担（也称税负）是指纳税人因向国家缴纳税款而承受的收入损失和经济利益的牺牲。从绝对额考察，它是指纳税人缴纳的税款额，即税收负担额；从相对额考察，它是指纳税人缴纳的税额占计税依据价值的比重，即税收负担率。税收负担具体体现国家的税收政策，是税收的核心和灵魂，直接关系到国家、企业和个人之间的利益分配关系，也是税收发挥经济杠杆作用的着力点。

二、税收负担的分类

税收负担是一个总体概念，在实际运用中，依据一定的标准对纳税人的税收负担进行科学地划分和归类，可以从不同角度对税收负担进行研究和分析。

（一）按负担的层次划分

按负担的层次划分可分为宏观税收负担和微观税收负担。宏观税收负担是指一个国家的总体税负水平，通常用国内生产总值税收负担率来表示。研究宏观税收负担，可以比较国与国之间的税负水平，分析一国的税收收入与经济发展之间的关系。所谓微观税收负担，是指微观经济主体或某一征税对象的税负水平，可以用纳税人所得税收负担率或商品劳务税收负担率来表示。研究微观税收负担，便于分析企业之间、行业之间、产品之间的税负水平，为制定合理的税收政策提供决策依据。

（二）按负担的内容划分

按负担的内容划分可以分为名义税收负担和实际税收负担。名义税收负担是指由名义税率决定的负担，实际税收负担则是指缴纳税款实际承担的经济负担。名义负担与实际负担往往存在背离的情况，一般是后者低于前者，究其原因，主要是存在减免税、税基扣除，以及由于管理原因导致的征税不足。

三、税收负担的影响因素

一个国家在制定税收政策、确定总体税收负担时，必须综合考虑国家的总体经济发展水平，并根据不同的经济调控需要，来制定税收政策。一般来看，影响税收负担水平的主要因素如下。

（一）社会经济发展水平

一个国家的社会经济发展总体水平，可以通过国民生产总值和人均国民生产总值这两个综合指标来反映。特别是人均国民生产总值，最能反映国民的税收负担能力。国家的国民生产总值越大，总体负担能力越强。一般而言，在人均国民收入比较高的国家，社会经济的税负承受力较强。只有税收负担适应本国经济发展水平和纳税人的承受能力，税收才能在取得所需的财政收入的同时，刺激经济增长，同时提高社会未来的税负承受力。如果税收负担超出经济发展水平，势必会阻碍社会经济的发展。

（二）政府职能范围

政府职能范围的大小，决定了对资金需求的多少，从而也就决定了政府集中的财政资金的多少。随着经济的发展、社会的进步，政府的职能不断扩大，由只限于维护社会秩序、保护国家安全，发展到为社会提供全方位的公共产品和服务，如公共交通、环境保护、教育、医疗卫生等基础设施和基础产业、公共设施和公共事业等，而且要求越来越高，财政支出的规模不断膨胀，对财政资金需求日益扩大，社会税收负担水平逐渐提高。

（三）国家的宏观经济政策

任何国家为了发展经济，必须综合运用各种经济、法律以及行政手段，来强化宏观调控体系。国家会根据不同的经济情况，而采取不同的税收负担政策。如在经济发展过快、过热时，需要适当提高社会总体税负，以使国家集中较多的收入，减少企业和个人的收入存量，抑制需求的膨胀，使之与社会供给总量相适应。此外，还要根据经济情况的发展变化，在征税过程中实行某些必要的倾斜政策和区别对待办法，以利于优化经济结构和资源配置。

（四）税收征收管理能力

由于税收是由国家无偿征收的，因此税收征纳矛盾比较突出。因此，一个国家的税收征收管理能力，有时也对税收负担的确定有较大的影响。一些国家的税收征收管理能力强，在制定税收负担政策时，就可以根据社会经济发展的需要来确定，而不必考虑能否将税收征上来。而在一些税收征管能力较弱的国家，可选择的税种有限，勉强开征一些税种，也很难保证税收收入，想提高税收负担也较困难。

育人园地

近几年中央减税降负政策解读

2018年9月，为深入贯彻落实党中央、国务院关于优化营商环境和简政减税降负的系列部署，国家税务总局印发了《关于进一步落实好简政减税降负措施更好服务经济社会发展有关工作的通知》。该通知中提到，党中央、国务院高度重视简政减税降负工作，出台了一系列政策措施，对优化营商环境、促进经济高质量发展起到了非常重要的作用。2018年以来，我国经济保持了总体平稳、稳中向好的态势。同时，经济运行稳中有变，面临一些新问题、新挑战。在国内外经济形势错综复杂的情况下，加大简政减税降负力度，充分发挥税收职能作用，有利于稳就业、稳金融、稳外贸、稳外资、稳投资、稳预期，为我国经济长期向好发展提供持续有力的支持。号召各级税务机关要切实把思想和行动统一到党中央、国务院关于当前经济形势的判断上来，统一到党中央、国务院的各项决策部署上来，进一步加大工作力度，不折不扣、不拖不延地落实好各项简政减税降负措施，更好地营造稳定公平透明、可预期的税收营商环境，为市场主体添活力，为人民群众增便利。

2019年，国务院《政府工作报告》直击企业的痛点和难点，提出积极财政政策要加力提效，在落实个税优惠基础上，针对企业减税降费，明确2019年减税降费将达2万亿元规模。最终2019年全年累计新增减税降费超过2万亿元，占GDP比重超过2%，拉动全年GDP增长约0.8个百分点，所有行业税负均不同程度下降，有效激发了市场主体活力，增强了经济发展信心。特别是深化增值税改革后，月均净增一般纳税人8.88万户，相当于改革前的近两倍。

2021年1月8日，全国税务工作会议指出：2020年，全年新增减税降费超过2.5万亿元；“十三五”期间，全国新增减税降费累计超过7.6万亿元，为经济社会发展提供了坚实的财力保障。同时会议提出，2021年，要进一步巩固拓展减税降费成效促进完善现代税收制度，助力高质量发展。继续抓实抓细延续实施和新出台的税费优惠政策落实，持续优化推动政策红利直达市场主体的机制和做法。要扎实稳妥完成预算确定的收入任务，推动税费收入质优量增。妥善处理好减与收、质与量、条与块、近与远的关系，既要把该收的依法依规收上来，又要坚决守住不收“过头税费”的底线。此外，会议还提出，2021年，将稳妥实施发票电子化改革，推进信息化建设迈出实质性步伐。建成并上线全国统一的电子发票服务平台，逐步稳妥扩大改革试点范围。坚决防止和纠正粗放式、选择性、一刀切的随意执法，推广“首违不罚”清单制度。继续落实深化“放管服”改革和优化税收营商环境行动方案，深化办税缴费便利化改革。进一步做好对市场主体干扰最小化、监管效能最大化、为基层减负最实化等工作。

（资料来源：https://baijiahao.baidu.com/s?id=1735197114306322226&wfr=spider&for=pc）

课堂小思考

你觉得税收负担体现在哪些方面？

第三节
税负转嫁与归宿

一、税负转嫁与归宿的内涵

（一）税负转嫁的内涵

所谓税负转嫁，是指商品交换过程中，纳税人通过提高销售价格或压低购进价格的方法，将税负转嫁给购买者或供应者的一种经济现象。

依据转嫁的程度，税负转嫁可以分为全部转嫁和部分转嫁。全部转嫁是指纳税人通过一定方式将税收负担全部转嫁给税收负担者。而部分转嫁则是指纳税人通过一定方式只把部分税收负担转嫁给税收负担者。通常区分直接税与间接税的标准就是看税收能否被转嫁——不能被转嫁的就是直接税，而能被转嫁的就是间接税。当然这种区分并不是绝对的，在一般情况下，商品劳务税之所以被称为间接税，是因为这类税收在形式上具有转嫁税负的可能性；而所得税之所以被称为直接税，是因为它在形式上一般不具有转嫁税负的可能性。

（二）税负归宿的内涵

税负归宿是指税收负担在不同群体间的分配。它是税收负担的最后落脚点，即是税负运动的最后归宿环节，表明全部税负最后是由谁来承担的。税负归宿是税收负担的核心问题，即谁最终为税收“买单”。任何一种税收最终都要由一定的人负担，不同税种在不同经济条件下，其转嫁的方式、转嫁的过程和转嫁的结果是不同的。

二、税负转嫁的方式

税负转嫁的方式主要有前转、后转、混转、辗转转嫁、税收资本化和消转等。

前转又称顺转，是指纳税人在经济交易过程中，按照课税商品的流转方向，通过提高价格的办法，将所纳税款向前转移给商品或要素的购买者，即由卖方向买方转嫁。前转是税收转嫁最典型和最普遍的形式。当购买者属于经营者时，会发生辗转向前转嫁的现象，可称为滚动式前转。例如在生产环节对消费品课征的税款，生产厂商可以通过提高商品出厂价格，把税负转嫁给批发商，批发商再把税负转嫁给零售商，最后零售商再把税负转嫁给消费者。

后转又称逆转，是指纳税人用压低价格的办法把税款向后转嫁给商品或劳务的供应者。税收转嫁之所以可以表现为后转，一般是因为市场供求条件不允许纳税人以提高商品售价的办法向前转移税收负担。例如在零售环节对某商品课税，但该商品的市场价格因供求关系难以提高，此时零售商无法通过提高商品售价的方法把税负转移给消费者，只有设法压低进货价格把税负逆转给批发商，批发商再把税负逆转给生产厂商，生产厂商又通过压低原料价格、劳动力价格（工资）或延长工时等办法，把税负转嫁给原料供应者或雇员。后转和前转是税负转嫁的基本形式，其他形式皆依此衍生。

混转又称散转，就是将税款一部分向前转嫁给商品购买者，另一部分向后转嫁给商品供应者，其实质就是前转和后转的混合形式，是纳税人分别向卖方和买方的转嫁。

辗转转嫁，即通过价格机制发生多次的转嫁行为。

税收资本化又称为资本还原，是指生产要素购买者将所购买的生产要素（主要指土地、房屋、机器设备等）的未来应纳税款，通过从购入价格中预先扣除（即压低生产要素的购买价格）的方式，向后转移给生产要素出售者的一种形式。这是税负转嫁的一种特殊形式，主要发生在土地等某些能产生长久收益的资本品交易中。当应税物品（诸如土地、房屋等具有长期收益的资本品）交易时，买方将物品可预见的未来应纳税款按一定的贴现率折算为现值，从所购物品价格中一次性扣除。此后，税款名义上是由买方按期纳税，实际上是由卖方负担。因此，税收资本化其实是后转的一种特殊形式。

消转又称转化，是指纳税人用降低课税品成本的办法使税负从新增利润中得到抵补。这既不是提高销价的前转，也不是压低购价的后转，而是通过改善经营管理、提高劳动生产率等措施降低成本、增加利润而抵消税负。

课堂小思考

谁是增值税的税负归宿？

专栏

减税降费在行动，培育壮大新动能

李克强总理在2021年的国务院《政府工作报告》中指出，“十三五”时期，我国创新型国家建设成果丰硕。近年来，支持科技创新的税收政策不断优化完善，税收鼓励创新的力度不断加大，有力促进企业加大研发投入力度，引导创新资源向企业集聚，为落实创新驱动发展战略实施和创新型国家建设发挥了重要作用。

税收数据显示，“十三五”时期，我国鼓励科技创新税收政策减免金额年均增长28.5%，五年累计减税2.54万亿元。税收优惠更多惠及制造业和高技术服务业，制造业、信息传输和信息技术服务业、科学研究和技术服务业三大行业享受减税额合计占比近九成。

从细分数据来看，全国享受研发费用加计扣除政策的企业户数由2015年的5.3万户提升至2019年的33.9万户，五年间扩大了5.4倍；减免税额由726亿元提升至3 552亿元，2020年达到3 600亿元，年均增长37.8%。研发费用加计扣除力度持续加大，有效激发了企业研发投入力度和创新活力，全国研究与试验发展（R&D）投入经费从2015年的1.42万亿元增长至2020年的2.44万亿元，年均实现两位数增长，成为世界第二大研发经费投入国。

“十三五”时期，包括税收优惠在内的各项政策扶持力度的持续加大，有力促进了新经济新动能蓬勃发展，推动了现代产业体系加快构建。税收数据显示，数字经济相关行业快速成长，2016—2020年，税收年均增长7.2%，快于全国总体水平3个百分点。增值税发票数据显示，“十三五”时期，核心基础零部件、先进基础工艺、关键基础材料和产业技术基础等“四基”产业龙头企业销售收入从2017年的1.09万亿元增加至2020年的1.47万亿元，年均增长10.8%。我国高技术产业销售收入年均增长21.3%，高于全国总体水平5.1个百分点，其中高技术服务业销售收入年均增长28%，高于全国总体水平11.8个百分点。

思考与练习

一、单选题

1. 国家征税凭借的权力是（　　）。

A. 资产所有权　B. 政治权力　C. 财产权　D. 经济管理权

2. （多选）下列属于税制构成要素的是（　　）。

A. 纳税人　B. 课税对象　C. 税率　D. 计税依据

3. （多选）税收区别于其他财政收入形式的根本标志是其具有（　　）的特征。

A. 强制性　B. 可靠性　C. 无偿性

D. 固定性　E. 自愿性

4. （多选）我国现行税制的主体税类包括（　　）。

A. 流转税　B. 所得税　C. 资源税

D. 财产税　E. 行为税

5. 税收的主体是（　　）。

A. 税务机关　B. 国家　C. 海关　D. 工商机关

二、判断题

1. 税收的主体是税务机关。（　　）
2. 国家征税的依据是国家财产所有权。（　　）
3. 国家征税的目的是满足社会公共需要。（　　）
4. 纳税人就是负税人的税收负担称为直接负税。（　　）
5. 纳税人和负税人指的是同一人。（　　）

三、简答题

1. 简述税收负担的分类。
2. 税负转嫁的基本形式主要有几种?
3. 分析税收负担的影响因素。

第八章

税收制度

学习目标

- 了解各税种的内涵及特征
- 掌握各税种的计算方式

案例导入

广东省某市税务局稽查局根据举报信息，对某制造企业实施税收检查，通过核查“账实”差异、细审工资费用数据，查实该企业冒用他人身份信息，采取虚列人员、分解工资的方式逃避代扣代缴义务，偷逃个人所得税20多万元。最终该局依法对企业做出追缴税款、加收滞纳金，并处罚款，共计40多万元的处理决定，给企业带来名誉和纳税信用评级等多方面的损失。

结合案例思考：平时在生活中你缴纳过哪些税呢？

第一节
流转税制度

税收制度可以从两个不同的角度来理解。一种解释认为，税收制度是国家各种税收法令和征收管理办法的总称。一个国家为了取得财政收入或调节社会经济活动，必须以法律的形式确定征税对象、纳税主体、税率、纳税的时间及主管单位等，这些规定就构成了一个国家的税收制度。还有一种解释认为，税收制度是国家根据一定的政策原则组成的税收体系，其关键是主体税种的选择和各种税的搭配问题。前一种解释侧重于税收工作的规范与章程，后一种解释则是以税收活动的经济利益为中心。本章所提及的税收制度主要是指后一种含义。

课堂小思考

你认为我们平时在生活中应该缴纳哪些税呢？

一、流转税的内涵及特征

流转税是指以商品和劳务的流转额为征税对象的税收。在我国，现行流转税的税种主要有增值税、消费税和关税等。流转税与其他税种相比，其特征主要可概括为以下几个方面：

第一，流转税课征普遍。流转税是以产品出售或提供劳务而形成的销售收入为前提，产品或劳务通过交易形成流转税的课税对象——流转额。可以看出，流转税与商品经济有着本质的联系。在现代市场经济条件下，产品和劳务的交易转让是经济活动的基本方式，因此，流转税拥有广泛的课税基础，具有征集普遍、税源充裕的特点。

第二，流转税以商品和非商品流转额为计税依据。商品流转额是指商品销售收入额，非商品流转额是指交通运输、邮政电信以及各种服务的营业收入额。由于课税以流转额为计税依据，在税率既定的前提下，税额大小直接取决于商品和劳务流转的数量、次数和价格，一般不受成本和费用水平的影响。只要发生了应税交易经营行为，取得了收入，不管收入是否有盈利以及盈利多少，都必须照章纳税。

第三，流转税一般采用比例税率。流转税除了少数税种采用定额税率外，一般都采用比例税率。从企业公平竞争的角度看，比例税率最为恰当。由于课税以流转额为计税依据且采用比例税率，故而流转税计算、征收十分简便。

第四，流转税的税收负担容易转嫁。针对纳税人承担税负的情况而言，流转税是一种较为隐蔽的税种。因为我国流转税的纳税人大都是中间产品的消费者，所以他们在缴纳商品税后，都会将税款加在价格之中，转嫁给下一个生产环节的生产者或消费者来负担，无论是价内商品税（如消费税）或价外商品税（如增值税），其纳税人的税负都可以转嫁给其他人承担。最终负担税款的人却不一定清楚这种纳税人与负税人的不一致，因此他并不直接感到税收负担的压力，从而使流转税的课征与运行具有隐蔽性。

第五，流转税计税简便。流转税以流转额为计税依据，与商品成本和盈利水平无关，而且是实行比例税率课征，因此计税方法和过程都十分简便。

由于上述特征，流转税能有效地征集财政收入，同时还起到调节产品及劳务供求关系的作用。流转税征收普遍，税源宽广，可以及时、充分、稳定地获得财政收入。正因为此，流转税在历史上曾经是各国主要的财政收入形式；在收入水平较低的发展中国家，其重要性尤为显著。此外，流转税直接触及社会再生产活动的各个环节，通过对不同商品规定有区别的税收制度，自然可以达到调节商品供求的目的。即使是对全部商品征税，也可以采取一定的限制或鼓励政策。如对于某些有害于人体健康和社会利益的消费品，通常规定较高税率，以限制其生产和消费；对于奢侈品也可以课以重税，达到调节商品供求结构和引导消费的目的。

二、增值税

（一）增值税的内涵

增值税是指以商品在流转过程中产生的增值额作为计税依据而征收的流转税。按照《中华人民共和国增值税暂行条例》的规定，增值税是指对在我国境内销售产品或者提供加工、修理修配等应税劳务以及进口产品的企业单位和个人，就其产品销售或提供劳务的增值额和货物进口金为计税依据而课征的一种流转税。增值税的课税对象为纳税人销售货物、加工、修理修配以及进出口货物所产生的增值额。货物是指土地、房屋和其他建筑物等不动产之外的有形动产、电力、热力和气体。应税劳务指加工和修配，包括工业性的和服务性的。加工指接受来料承做货物，加工后的所有权仍应属委托者的业务。修理修配指对损伤和丧失功能的货物进行修复，使其恢复原状和功能的业务。进口货物指报关进口的货物。销售指有偿转让货物或提供应税劳务的行为，即以从受让方取得货币、货物或其他经济利益等代价为条件而转让货物及提供劳务的行为。

增值税的纳税义务人（增值税纳税人）是指在中国境内销售货物和服务，提供加工修理修配劳务以及进口货物的单位和个人。根据纳税人的经营规模以及会计核算的健全程度不同，增值税的纳税义务人分为一般纳税人和小规模纳税人。增值税小规模纳税人是指年销售额在规定标准以下，并且会计核算不健全，不能按规定报送有关税务资料的增值税纳税人。按照财政部、国家税务总局《关于统一增值税小规模纳税人标准的通知》的规定，增值税小规模纳税人标准为年应征增值税销售额500万元及以下。一般纳税人是指年应征增值税销售额（包括一个公历年度内的全部应税销售额）超过上述标准的其他增值税纳税人。

（二）增值税的特征

增值税的特征主要包括以下4个方面：

第一，增值税的征税对象为增值额。增值税只是对每一个环节因经营活动产生的增值额部分进行征税，因此增值税可以完全避免重复征税问题。

第二，增值税具有征收的广泛性。它坚持普遍征收的原则，只要生产经营活动中存在着增值额，在任何一个环节都要征收增值税。

第三，增值税具有征收的连续性和自我管理性。任何一件商品从生产到消费中间将经历很多环节。在所有的生产、加工、流通环节中，都须缴纳增值税。

第四，增值税是价外税。除增值税外的其他流转税都是价内税，只有增值税是价外税，即纳税人实现销售收入后，在计税时，作为增值税征税对象的商品价格不包含增值税税额本身。如果纳税人在销售商品时采用价税合一的做法，则应先将含税的销售额换算成不含税的销售额，然后再计算税额。

（三）增值税的类型

增值税包括三种类型：生产型增值税、收入型增值税和消费型增值税。通过选择不同类型的增值税，可以对经济活动起到调节作用。

1. 生产型增值税

生产型增值税是以纳税人的销售收入（或劳务收入）减去其耗用的外购原材料、燃料等物质资料价值（不包括纳税人购进的固定资产）后的余额为课税依据所计算的增值税。计算税值时，不允许扣除任何外购固定资产的价款，在这种条件下，法定增值额作为增值税的课税基础，除包括纳税人新创造的价值外，还包括当期计入成本的外购固定资产价款部分，其法定增值额相当于当期工资、奖金、利润、利息、股息、租金等理论增值额与折旧额之和。从整个国民经济来看，这一课税基础在统计口径上大致相当于国民生产总值，所以将这种类型的增值税称为生产型增值税。

2. 收入型增值税

收入型增值税是指除允许扣除外购物质资料的价值以外，对于购置用于生产、经营用的固定资产，允许将已提折旧的价值额予以扣除，即对于购入的固定资产，可以按照折旧程度给予扣除。这种类型的增值税既鼓励了投资，又保证了财政收入。计算税值时，不允许将当期购入固定资产的价款一次全部扣除，只允许扣除纳税期内应计入产品价值的折旧费部分。即这种类型增值税课税基础的法定值额，大体相当于纳税人当期工资、奖金、利润、利息、租金、股息等各个增值项目之和。从整个国民经济来看，这一课税基础相当于国民收入，所以这种类型的增值税又叫作收入型增值税。

3. 消费型增值税

消费型增值税是指允许将购置物质资料的价值和用于生产、经营的固定资产的价值中的税款，在购置当期全部一次扣除。消费型增值税对于促进投资的作用是相当明显的，欧盟及许多发达国家和发展中国家都在采用，是各国实施的主流型增值税。这种类型增值税的法定增值额为纳税人当期的销售收入总额和扣除外购的全部生产资料（流动资产与固定资产）价款后的余额。从国民经济的整体上来看，这一课税基础相当于只对消费资料征税，即其税基相当于全部消费品的价值，故称为消费型增值税。

(四) 增值税的计算方式

增值税的计算方式从理论上讲有三种：

一是“加法”。将纳税单位纳税期内新创造的价值（如工资、利润、利息和其他增值项目）逐项相加作为增值额，然后按适用税率求出增值税额。在实践中，由于“加法”计算复杂，误差较大，很少被采用。

二是“减法”。又称扣额法，指从企业单位纳税期内的销售收入额中减去法定扣除额（如原材料、燃料、动力、零配件等）后的余额作为增值额，然后按适用税率求出增值税额。

三是“扣税法”。不直接计算增值额，而是从按销售收入额计算的税额中，扣除法定外购商品的已纳税金，以其余额作为增值税应纳税额。

本节以一般纳税人为例介绍增值税具体计算方法。一般纳税人应纳增值税的计算采用“扣税法”，其计算公式如下：

应交增值税税额＝当期销项税额－当期进项税额

如果当期销项税额小于当期进项税额，则其差额可以结转下期抵扣。

当期销项税额＝销售应税货物或提供应税劳务的收入×适用增值税税率

销项税额是企业向购货方收取的增值税额，进项税额则是企业购买货物或接受应税劳务时向销售方支付的增值税额。由此可见，增值税是价外税，实行价税分离。公式中的“销售应税货物或提供应税劳务的收入”应为不含增值税的收入。如果一般纳税人将销售应税货物或提供应税劳务采用销售额和销项税额合并定价的方法，在计算应纳税额时应将含税的销售额换算为不含税的销售额，其计算公式如下：

不含税销售额＝含税销售额÷(1＋增值税税率)

课堂小思考

符合小规模纳税人标准的企业能否申请成为一般纳税人？

三、消费税

（一）消费税的内涵

消费税是对特定的消费品和消费行为征收的一种税。对消费品课税有着悠久的历史，在我国可追溯到西汉时期对酒的课税，在国外可追溯到古罗马时代。消费税是世界各国普遍采用的一个税种。据不完全统计，目前世界上有120多个国家和地区征收消费税。

我国消费税的纳税人是指在中华人民共和国境内生产、委托加工和进口税法规定的消费品的单位和个人。

消费税的征税对象是指税法所规定的应税消费品的销售额或销售数量。销售额包括纳税人销售应税消费品向购买方收取的全部价额和价外费用，价外费用同前述增值税的规定。销售额不包括向购货方收取的增值税税款。如果纳税人应税消费品的销售额中未扣除增值税税款，或者因不得开具增值税专用发票而发生的价款和增值税税款合并收取的情况，在计算消费税时，应当换算为不含增值税税款的销售额。

消费税采用有差别的比例税率（从价定率）和定额税率（从量定额），我国消费税属于价内税。

（二）消费税的特征

我国现行的消费税是1994年新设置的税种，设置消费税的宗旨是调节我国消费结构，正确引导消费方向，抑制超前消费需求，增加国家财政收入。因此，消费税作为国家对经济活动进行宏观调控的一个手段，集中体现了国家的产业政策和消费政策。现行的消费税是对增值税的补充。增值税作为对生产经营活动实行普遍征收的税种，需要消费税作为特殊调节目来选择部分消费品实行交叉征收的双层调节。我国现行的消费税不是针对所有的消费品征税，只是对若干种消费品征收。消费税的主要特点如下：

1. 课税对象具有选择性

消费税只选择一部分消费品和消费行为征收，选择征收消费税的消费品一般为特殊消费品、奢侈品、非生活必需品。选择负担税负的消费者一般为具有较高消费和收入水平的单位和个人。

2. 征收环节具有单一性

消费税只是在消费品生产、流通或消费的某一环节一次性征收，而不是实行多环节、多次征收。我国除金银首饰及小汽车选择在零售或销售环节之外征收消费税，其他应税消费品均规定在产制环节征收消费税。

3. 平均税率较高，税负具有差异性

消费税是为调节消费结构和收入水平，引导消费方向，保证财政收入，实施“寓禁于征”政策所设立的一个税种。因此，消费税根据不同消费品的种类、结构、档次、功能或消费品中某一成分的含量及市场供需状况、价格水平等情况，制定高低不同的税率、税额，平均税率较高，税负具有较大差异性。

4. 征收方法具有灵活性

消费税依据课税对象的不同特点和情况确定不同的征收方法。对一些供需平衡、市场价格差异不大但计量单位比较规范的应税消费品制定单位税额，依消费品的数量实行从量定额；对一些供求矛盾突出、价格差异较大、计量单位不规范的应税消费品或消费行为制定税率，依消费品的价格实行从价定率计征。

5. 税负具有转嫁性

消费税是对最终消费品课征的税，不论在哪一环节征收，也不论是价内征收还是价外征收，消费品中所含的消费税款最终都会转嫁到消费者身上，由消费者负担。

（三）消费税的计征方式

消费税征收采取从价定率和从量定额两种办法。这主要是根据课税对象的具体情况来考虑的。对一些供求基本平衡、价格差异不大、计量单位规范的消费品，实行从量定额征收办法，如黄酒、啤酒、汽油、柴油等。而对一些供求矛盾突出、价格差异较大、计量单位不规范的消费品则采用从价定率征收的办法，如卷烟、雪茄烟、烟丝、白酒、贵重首饰及珠宝玉石、高档化妆品等。表 8－1 展示了我国现行税制下不同类消费税税目所对应的税率。

表 8－1　消费税税目税率表

税目	税率（税额）
一、烟	
1. 卷烟	
（1）甲类卷烟（生产或进口环节）	56%加 0.003 元/支
（2）乙类卷烟（生产或进口环节）	36%加 0.003 元/支
（3）批发环节	11%加 0.005 元/支
2. 雪茄烟	36%
3. 烟丝	30%
二、酒	
1. 白酒	20%加 0.5 元/500 克（或 500 毫升）
2. 黄酒	240 元/吨
3. 啤酒	
（1）甲类啤酒	250 元/吨
（2）乙类啤酒	220 元/吨
4. 其他酒	10%
三、高档化妆品	15%

续前表

税目	税率（税额）
四、贵重首饰及珠宝玉石 （1）金银首饰、铂金首饰和钻石及钻石饰品 （2）其他贵重首饰和珠宝玉石	 5% 10%
五、鞭炮焰火	15%
六、成品油 1. 汽油 2. 柴油 3. 航空煤油 4. 石脑油 5. 溶剂油 6. 润滑油 7. 燃料油	 1.52元/升 1.2元/升 1.2元/升 1.52元/升 1.52元/升 1.52元/升 1.2元/升
七、小汽车 1. 乘用车 （1）气缸容量（排气量，下同）在1.0升（含1.0升）以下的 （2）气缸容量在1.0升以上至1.5升（含1.5升）的 （3）气缸容量在1.5升以上至2.0升（含2.0升）的 （4）气缸容量在2.0升以上至2.5升（含2.5升）的 （5）气缸容量在2.5升以上至3.0升（含3.0升）的 （6）气缸容量在3.0升以上至4.0升（含4.0升）的 （7）气缸容量在4.0升以上的 2. 中轻型商用客车 3. 超豪华小汽车（零售环节）	 1% 3% 5% 9% 12% 25% 40% 5% 10%
八、摩托车 1. 气缸容量为250毫升的 2. 气缸容量在250毫升以上的	 3% 10%
九、高尔夫球及球具	10%
十、高档手表	20%
十一、游艇	10%
十二、木制一次性筷子	5%
十三、实木地板	5%
十四、电池	4%
十五、涂料	4%

不同类消费品消费税的计算方式如下：

1. 生产销售应税消费品应纳消费税的计算

实行从价定率计征消费税的：

应纳税额＝销售额×消费税比例税率

实行从量定额计征消费税的：

应纳税额＝销售数量×消费税比例税率

实行从价定率和从量定额复合方法计征消费税的：

应纳税额＝销售额×消费税比例税率＋销售数量×消费税定额税率

2. 委托加工应纳消费税的计算

实行从价定率办法计征消费税的，其计算公式为：

组成计税价格＝(材料成本＋加工费)÷(1－消费税比例税率)

应纳税额＝组成计税价格×消费税比例税率

实行复合计税办法计征消费税的，其计算公式为：

组成计税价格＝(材料成本＋加工费＋委托加工数量×消费税定额税率)
÷(1－消费税比例税率)

应纳税额＝组成计税价格×消费税比例税率＋委托加工数量×消费税定额税率

3. 进口环节应纳消费税的计算

从价定率计征消费税的，其计算公式为：

组成计税价格＝(关税完税价格＋关税)÷(1－消费税比例税率)

应纳税额＝组成计税价格×消费税比例税率

实行复合计税办法计征消费税的，其计算公式为：

组成计税价格＝(关税完税价格＋关税＋进口数量×消费税额定税率)
÷(1－消费税比例税率)

应纳税额＝组成计税价格×消费税比例税率＋进口数量×消费税额定税率

四、关税

(一) 关税的内涵

关税是对进出关境的货物和物品征收的税。关境是海关征收关税的界域，是指一个国家的关税法、关税税则等各项关税法令、规章实施的区域。进出关境的货物是指以贸易为目的的进出口的商品物资。物品是指出入境旅客携带的、个人邮递的、运输工具和服务人员携带的以及其他方式进出关境的属于个人自用的非商品物资。

关税的纳税人是指进口货物的收货人、出口货物的发货人、进出口货物的代理人以及出入境行李和邮递物品的所有人和收件人。

关税的征税对象是指进出关境的货物和物品的流转额。根据《中华人民共和国进出口关税条例》规定，进出境的货物和物品分为应税品和免税品两类，关税主要是以应税品的流转额为计征依据。

（二）关税的计税方式

关税实行有差别的比例税率，可划分为进口税率和出口税率、普通税率和优惠税率两类。一般而言，除了国家控制出口的商品，出口关税税率普遍比进口关税税率要低。进口关税税率的高低，主要视对国内资源稀缺性和建设需要的程度决定。就相同商品而言，优惠税率要低于普通税率。我国对有互惠贸易协定的国家采用优惠税率，对无互惠贸易协定的国家采用普通税率。

关税应纳税额的基本计算公式为：

进出口商品应纳税额＝进出口商品的完税价格×进出口货物量×关税税率

完税价格分进口和出口两类价格，进口和出口完税价格分别以到岸价格和离岸价格为基准。

关税以海关核定的不含税的完税价格为计税依据。进口货物关税以海关审定的正常成交价格为基础的到岸价格为完税价格。出口货物以海关审定的货物与境外的离岸价格扣除出口税后作为计税依据。一般而言，到岸价格即为完税价格。到岸价格包括进口货物的离岸价格、运输费、包装费和保险费等，当然还包含成交时付给国外的佣金和外国违反合同期交货的罚金等非商品费用。

（三）关税税收优惠

关税的税收优惠可分为两类，即税收减免和保税制度，具体有以下 4 种。

一是法定减免。这是指对一般性货物和物品所规定的减免，例如外国政府赠送的物品、旅客入境携带的自用品等。

二是特定减免。这是指对有某些特定目的的货物和物品规定的减免，主要是对外商企业、引进先进技术方面的一些货物，以及进口的科教用品等。

三是临时减免。因特殊原因（如天灾人祸等不可抗拒的原因）而使纳税人无力承担纳税义务时，在货物进出口之前，由纳税人向当地海关提出书面申请，当地海关审核后转报海关总署，由后者或后者会同财政部、国家税务总局审核批准。

四是保税制度。保税制度是海关对进口货物暂不征收进口税，规定其存放于指定地点（包括保税区、保税工厂、保税集团等）而保留征税权的一种海关管理制度。该批货物在规定期限内复运出口不征税，如果进入国内市场则要补征关税。

课堂小思考

你知道哪些主体需要缴纳增值税吗？

第二节
所得税制度

一、所得税的内涵及特征

所得税是以纳税人的所得额为征税对象的税类。所得额也称收益额，一般是指自然人、法人和其他经济组织从事生产经营活动获得的总收入，减去相应的成本、费用之后的余额。但是，在特殊情况下，不做扣除的总所得也可以作为征税对象。我国所得税的主要税种有个人所得税、企业所得税。所得税具有以下五个方面的特征。

（一）征税对象的净收益特征

纳税人的收益额分为总收益和净收益。总收益是指纳税人的全部收入，净收益则是指纳税人扣除相关成本费用后的净得收入。一般而言，所得税的对象是纳税人的净收益。以净收益作为课税对象，不仅能够在宏观上比较准确地反映国民收入的增减变化情况，而且便于根据纳税人的实际负担能力来确定税负水平，易于体现税负公平原则。同时，所得税往往规定起征点、免征额及扣除项目，可以在征税时照顾低收入者，不会影响纳税人的基本生产与生活。

（二）税负的不易转嫁性

所得税是以纳税人的总收入减去准予扣除项目后的应税所得额为课征对象，征税环节单一且清晰。应税所得额不构成商品价格的追加。因此所得税的税负不易转嫁，征纳双方的关系比较明确，税负的落点比较清晰。当然，在某些特定情况下（如价格与价值发生背离时），所得税的税负也可能以某种形式转嫁。

（三）调节利益及收入分配格局的特征

所得税的对象是纳税人的收益，通过所得税制的设计，采用税率、税目及税收优惠等手段，对不同纳税人的初次分配收益进行调节，体现出国民收入再分配的效应。所得税的调节具有直接性和不易转嫁性，对纳税人而言，产生的收益再配置的影响将会形成他们最终的利益格局。

所得税可以通过累进税率制度，缩小社会贫富和企业之间实际收入水平的差距；还可以通过其减税免税的规则，对特殊困难的纳税人给以种种照顾，起到公平税负、缓解社会矛盾、保持社会安宁的作用。

（四）税源的广泛性及稳定性

所得税以纳税人实现的收益为征税对象，而一定时期各微观经济主体实现所得的总和表现为一个国家的国民生产总值，只要经济正常发展，国民生产总值就会不断增长，就会为所得税提供广泛的税源。

由于所得税来源于经济资源的利用和剩余产品的增加，随着资源利用效率的提高，剩余产品也会不断增长，因此从长远看，所得税的税源基础是稳定且可靠的。

（五）税收收益的国际化特征

在经济全球化的背景下，国际经济交往与合作不断扩大，跨国投资和经营的情况极为普遍，各国人员的往来日益频繁，出现了大批所谓跨国的纳税人，因此对这些跨国纳税人的跨国所得课税问题就不单纯是一国政府内部的税收权益问题，而是税收权益国际化的问题。根据这一特征，首先要明确对跨国所得征税是任何一个主权国家应有的权益；其次，要与他国以及相关国际组织充分协调，处理好税收权益的国际配置问题。

二、企业所得税

（一）企业所得税的内涵

所得税的纳税人有法人和自然人，因此主要税种就是企业所得税和个人所得税。我国征收企业所得税是从改革开放以后开始的。起初税制建立和改革是按照内外资企业分开进行的。20 世纪 80 年代初期针对不同的外资企业分别开征了不同的所得税税种，1991 年对外商投资企业征收的所得税税种合并为外商投资企业和外国企业所得税。1994 年税制改革之前，我国的内资企业按照生产经营规模的大小和企业性质的不同，缴纳各种各样的企业所得税；1994 年税制改革统一了内资企业的所得税税种，统一征收企业所得税。2008 年开始合并内外资企业所得税税种，统一征收企业所得税。

在中华人民共和国境内，企业和其他取得收入的组织（以下统称企业）为企业所得税的纳税人。企业分为居民企业和非居民企业。居民企业，是指依法在中国境内成立，或者依照外国（地区）法律成立但实际管理机构在中国境内的企业。非居民企业，是指依照外国（地区）法律成立且实际管理机构不在中国境内，但在中国境内设立机构、场所的，或者在中国境内未设立机构、场所，但有来源于中国境内所得的企业。

居民企业应当就其来源于中国境内、境外的所得缴纳企业所得税，包括销售货物所得、提供劳务所得、转让财产所得、股息红利等权益性投资所得、利息所得、租金所得、特许权使用费所得、接受捐赠所得和其他所得。

非居民企业在中国境内设立机构、场所的，应当就其所设机构、场所取得的来源于中国境内的所得，以及发生在中国境外但与其所设机构、场所有实际联系的所得，缴纳企业所得税。非居民企业在中国境内未设立机构、场所的，或者虽设立机构、场所但取得的所得与其所设机构、场所没有实际联系的，应当就其来源于中国境内的所得缴纳企业所得税。

当前我国企业所得税基本税率为25%，符合国家相关规定的小微型企业或重点扶持企业按相关优惠税率缴纳企业所得税。

（二）企业所得税税收优惠

国家对重点扶持和鼓励发展的产业和项目，给予企业所得税优惠。企业的下列所得，可以免征、减征企业所得税：从事农、林、牧、渔业项目的所得，从事国家重点扶持的公共基础设施项目投资经营的所得，从事符合条件的环境保护、节能节水项目的所得，企业符合条件的技术转让所得，《中华人民共和国企业所得税法》规定的其他所得。

企业所得税的税收优惠包括减免优惠和税率优惠两方面。凡实行民族区域自治的民族地区，经省级政府批准，可对该区域内企业定期减税或者免税。其他情况的所得税减免须经国务院下文规定或者经财政部报经国务院批准同意。

（三）企业所得税的计税方式

根据企业的类型和税收优惠政策等因素，计算企业所得税的适用税率有不同区分，但从整体来说，企业所得税的计算方式如下：

$$\text{应纳税额}=\text{应纳税所得额}\times\text{适用税率}-\text{减免税额}-\text{抵免税额}$$

企业每一纳税年度的收入总额，减除不征税收入、免税收入、各项扣除以及允许弥补的以前年度亏损后的余额，为应纳税所得额。公式中的减免税额和抵免税额，是指依照企业所得税法和国务院的税收优惠规定减征、免征和抵免的应纳税额。

收入包括：销售货物收入，提供劳务收入，转让财产收入，股息、红利等权益性投资收益，利息收入，租金收入，特许权使用费收入，接受捐赠收入，其他收入。

不征税收入包括：财政拨款，依法收取并纳入财政管理的行政事业性收费、政府性基金，国务院规定的其他不征税收入。

企业实际发生的与取得收入有关的、合理的支出，包括成本、费用、税金、损失和其他支出，准予在计算应纳税所得额时扣除。企业发生的公益性捐赠支出，在年度利润总额12%以内的部分，准予在计算应纳税所得额时扣除。在计算应纳税所得额时，企业按照规定计算的固定资产折旧，准予扣除；企业按照规定计算的无形资产摊销费用，准予扣除；企业纳税年度发生的亏损，准予向以后年度结转，用以后年度的所得弥补，但结转年限最长不得超过五年。

抵免限额，是指企业来源于中国境外的所得，依照规定计算的应纳税额。计算公式如下：

抵免限额＝中国境内、境外所得依照企业所得税法的规定计算的应纳税总额
×来源于某国（地区）的应纳税所得额÷中国境内、境外应纳税所得总额

三、个人所得税

（一）个人所得税的内涵

个人所得税是以个人所得为征税对象的税种。在我国，随着经济的发展，特别是在转向市场经济体制后，居民收入水平不断提高，个人所得税一直保持高增长，成为我国税收体系中极具发展潜力的一个税种。

在中国境内有住所或者无住所但在境内居住满183天的个人，以及在中国境内无住所或者在境内居住不满183天但有来自境内所得的个人，为个人所得税的纳税人。

个人所得税的征税对象是指个人的收益。从征收范围看，个人所得税的征税对象一般涉及面较广，包括工资薪金所得、个体工商户生产经营所得、承包承租经营所得、利息、股息、红利、财产转让所得、特许权使用费所得、财产租赁所得、劳务报酬所得、稿酬所得和偶然所得等。我国采用的是分类所得税制，个人不同的所得按不同方式计征。

个人所得税税率根据征税对象不同，设立了两种税率，即超额累进税率和比例税率。个人的工资、薪金以及个体工商户的所得适用超额累进税率，劳务、稿酬等其他所得适用比例税率。

（二）个人所得税的特征

我国个人所得税制度的设计既借鉴了国际通行做法，又立足于本国国情，与我国现阶段的税收征管水平相适应，因此它体现了以下几个特征：

第一，实行分类课征制。对工薪所得，个体工商户的生产经营所得，企事业单位的承包经营、承租经营所得，按照超额累进税率征收；对其他所得按20%的比例税率征收。

第二，实行定额与定率相结合的费用扣除方法。我国个人所得税对纳税人的各项所得视不同情况分别采用定额扣除和定率扣除的办法。根据2018年8月31日第十三届全国人民代表大会常务委员会第五次会议《关于修改〈中华人民共和国个人所得税法〉的决定》（第七次修正），具体的扣除金额和税率见表8-2和表8-3。

表8-2　我国个人所得税税率表（综合所得适用）

级数	全年应纳税所得额	税率（%）	速算扣除数（元）
1	不超过36 000元的	3	0
2	超过36 000元至144 000元的部分	10	2 520
3	超过144 000元至300 000元的部分	20	16 920
4	超过300 000元至420 000元的部分	25	31 920
5	超过420 000元至660 000元的部分	30	52 920

续前表

级数	全年应纳税所得额	税率（%）	速算扣除数（元）
6	超过 660 000 元至 960 000 元的部分	35	85 920
7	超过 960 000 元的部分	45	181 920

（注 1：本表所称“全年应纳税所得额”是指依照《中华人民共和国个人所得税法》第六条的规定，居民个人取得综合所得以每一纳税年度收入额减除费用 6 万元以及专项扣除、专项附加扣除和依法确定的其他扣除后的余额。

注 2：非居民个人取得工资、薪金所得，劳务报酬所得，稿酬所得和特许权使用费所得，依照本表按月换算后计算应纳税额。）

表 8-3　个人所得税税率表（经营所得适用）

级数	全年应纳税所得额	税率（%）	速算扣除数（元）
1	不超过 30 000 元的	5	0
2	超过 30 000 元至 90 000 元的部分	10	1 500
3	超过 90 000 元至 300 000 元的部分	20	10 500
4	超过 300 000 元至 500 000 元的部分	30	40 500
5	超过 500 000 元的部分	35	65 500

（注：本表所称“全年应纳税所得额”是指以每一纳税年度的收入总额减除成本、费用以及损失后的余额。）

第三，以个人为计税单位。国际上个人所得税的计税单位有家庭和个人两种，我国以个人为单位来计算缴纳所得税，通常不考虑取得收入的个人的家庭人口情况。

第四，计算简便，计税时间多样化。现行个人所得税的适用税率和费用扣除方法的规定都较为简明，便于计算。征收方法实行源泉扣缴和个人申报两种，但以源泉扣缴为主，这样便于征管。计税缴税时间针对各项所得核算的不同特点而定，有按月计税缴税、按年计税、分月预缴、按次计税缴税多种。

（三）个人所得税的计税方式

在计算个人所得税的应纳税额时，首先要确定应纳税所得额，因为个人的总所得并不一定是完全的征税对象，需要对不同纳税人的各种所得分别计算应纳税所得额。

根据相关法律法规，确定了各类纳税人的应纳税所得额后，再乘上适用税率，便得到个人所得税的应纳税额。

居民个人的综合所得，以每一纳税年度的收入额减除费用 6 万元以及专项扣除、专项附加扣除和依法确定的其他扣除后的余额，为应纳税所得额。

非居民个人的工资、薪金所得，以每月收入额减除费用 5 000 元后的余额为应纳税所得额；劳务报酬所得、稿酬所得、特许权使用费所得，以每次收入额为应纳税所得额。

经营所得，以每一纳税年度的收入总额减除成本、费用以及损失后的余额，为应纳税所得额。

财产租赁所得，每次收入不超过 4 000 元的，减除费用 800 元；4 000 元以上的，减除 20%的费用，其余额为应纳税所得额。

财产转让所得，以转让财产的收入额减除财产原值和合理费用后的余额，为应纳税所得额。

利息、股息、红利所得和偶然所得，以每次收入额为应纳税所得额。

劳务报酬所得、特许权使用费所得以收入减除20%的费用后的余额为收入额。

稿酬所得的收入额减按70%计算。

个人将其所得对教育、扶贫、济困等公益慈善事业进行捐赠，捐赠额未超过纳税人申报的应纳税所得额30%的部分，可以从其应纳税所得额中扣除；国务院规定对公益慈善事业捐赠实行全额税前扣除的，从其规定。

专项扣除，包括居民个人按照国家规定的范围和标准缴纳的基本养老保险、基本医疗保险、失业保险等社会保险费和住房公积金等；专项附加扣除，包括子女教育、继续教育、大病医疗、住房贷款利息或者住房租金、赡养老人等支出，具体范围、标准和实施步骤由国务院确定，并报全国人民代表大会常务委员会备案。

课堂小思考

你知道现行个人所得税税率是多少吗？

第三节
财产与资源税制度

财产和资源是人类拥有的两大财富。财产是指人类利用资源创造出的社会财产，如房屋、机器设备股票证券等。资源是指大自然赐予的各种资源，如土地、河流、矿山等。两大财富有时是很难截然分开的，如土地，既是一种自然资源，又是种社会财产。财产和资源所具有的相同或类似的性质，决定了两类财富的课税也有某些相同的特点和作用。

一、财产税

（一）财产税概述

财产税是以财产所有人、占有人或使用人等纳税人所拥有或支配的应税财产为课税对象，就其数量或价值依法征收的税类。财产税是一个古老的税种，也是一个世界性的税种，是现代国家三大税收体系之一，具有其他税种不可替代的作用。征收财产税，主要是为了运用税收杠杆加强对财产的管理，调节纳税人的收入，均衡社会财富，筹集地方财政收入，为建立完善的地方税制度、实行按税种划分中央与地方的财政收入管理体制创造条件。

财产税按课税对象和范围不同，可分为一般财产税和个别财产税。一般财产税又称综合财产税，是以纳税人拥有的各类财产为课税对象实行综合课征的税收；个别财产税又称单项财产税，是以纳税人拥有的土地、房屋、资本或其他财产分别为课税对象课征的税收。我国目前开征的财产税基本上属于个别财产税。

财产税按应税财产的不同运动形态，可分为静态财产税和动态财产税。静态财产税是以一定时点上纳税人所拥有或支配的财产占用额为课税对象的税收；动态财产税是以财产所有权或使用权等权益发生转移时的转移价值为课税对象的税收，如遗产税、继承税和赠予税。

（二）财产税的特征

第一，税源广泛，课征具有选择性。财产的种类繁多，且有些财产易于转移和隐藏，因此很难做到对所有财产都征税，通常只能选择那些易于掌握和控制又便于管理的财产征税，如房屋、车船等。

第二，税负难以转嫁，课征较公平。财产税属直接税，税负难以转嫁，因此课税会直接加重纳税人的负担。同时，占有财产的量可以反映纳税能力，对财产课税符合量能纳税原则，有利于税负公平。

第三，财产税具有较强的地域性特征，是地方政府的重要收入来源。

第四，财产税征管较为复杂。财产的价值会随着时间的推移发生变化，因此征税时需要对财产价值进行评估。征收工作繁重且估值难以准确，从而导致财产税征收管理复杂，成本较高。

育人园地

房产税改革与发展

我国自1994年实施分税制以来，地方财政的主要来源是土地使用权出让，造成地方财政收入过于依赖土地出让。从国际上征收房产税国家的实践看，地方财政收入的主要传统支柱就是房产税，如美国房产税占地方各州财政收入的比例在50～80%之间，法国为69%，加拿大为85%，南非为57%，日本为32%。可见，房产税是许多国家地方财政的主要构成部分，这使地方财政有了长期的稳定来源，进而促使地方政府的行政实现从短期行为向长期可持续行为的转变。近年来，我国房产税的改革主要经历了三个阶段。下面以上海市为例进行说明。

一、第一阶段

2010年9月29日，国家有关部委出台巩固楼市调控5项成果措施（“国五条”），正式提出“加快推进房产税改革试点工作，并逐步扩大到全国”，标志着房产税改革从“加快研究政策”进入了“加快推进试点”层面。2011年1月27日，“新国八条”发布，上海、重庆《房产税试点细则》正式出台，宣布从1月28日开始向个人住房征收房产税，房产税改革试点正式启动。根据《上海市开展对部分个人住房征收房产税试点的暂行办法》和《重庆发布房产税改革试点暂行办法及实施细则》，两试点城市的主要规定有以下区别。

一是试点征收范围。上海规定为全市行政区域，重庆规定为主城九区。

二是征收对象。上海细则主要针对多套住房和外地人购房实施，重庆细则主要针对高档住房和投机住房实施。

三是计税依据。两市均规定当时暂按房产市场交易价格作为计税依据，待条件成熟后按市场评估值作为计税依据。同时，上海规定暂征税按住房市场交易价格70%执行；重庆规定独栋商品住宅和高档住房一经纳入应税范围，计税交易价和税率将不随产权变动。

四是税率。上海规定税率暂定为0.6%，同时规定市场交易单价低于评价销售价格2倍以上的，税率暂定为0.4%。重庆规定独栋商品住宅和高档住房交易单价高于商品住房均价3倍以下的税率为0.5%，3～4倍的税率为1%，4倍以上的税率为1.2%，"三无"人员二套住房普通住房的税率为0.5%。

五是主要税收减免。上海规定对购买第二套及以上住房的，合并计算的家庭全部住房面积人均不超过60平方米，其新购的住房暂免征收房产税，对超出部分征税；同时规定对引进人才和持居住证满三年并作为唯一住房的免税。重庆规定存量独栋商品住宅，免税面积为180平方米，新购的独栋商品住宅，高档住宅免税面积为100平方米，并且一个家庭只能对一套应税住房扣除免税面积。

二、第二阶段

2016年，上海市财政局发布关于《关于本市开展对部分个人住房征收房产税试点若干问题的通知》继续有效的通知。但由于税务系统机构改革，省级和省级以下国税地税机构已合并，在此次印发的通知对其中涉及税务机关及区县的表述进行了调整，其余内容未发生变化。

三、第三阶段

2020年12月22日，沪府规〔2020〕33号文明确了在上海市延长房产税改革的试点。其后的沪财发〔2020〕18号文进一步规范了现对部分个人住房征收房产税试点的具体事项，包括居民家庭住房套数和面积的计算、房产税计税价格的核定、应纳税额的计算、税收优惠、纳税申报期等。

二、资源税

（一）资源税的内涵

资源税是以自然资源为课税对象的税类。资源的含义十分广泛，一般是指存在于自然界的未经人类加工就可以利用的天然物质财富，包括矿产资源、土地资源、水资源、动物资源、植物资源、海洋资源、太阳能资源、空气资源等。资源税的课税范围本应包括一切开发和利用的资源，但受条件制约，我国现行资源税的课税对象既非全部自然资源，也非全部具有商品属性的自然资源，而只是选择了部分具有商品属性的自然资源，如矿产资源、土地资源等。世界上其他开征资源税的国家也都对课税对象有所选择。

资源税按调节收入内容的不同可分为一般资源税和级差资源税两种类型。一般资源税是以自然资源的开发和利用为前提，而不论资源的优劣和收益的多少，其课税对象是绝对地租收入，带有资源补偿性质的征税，目的在于加强对自然资源的保护和管理；级差资源税是依据开发和使用自然资源的等级及收益的多少而课征的税，其课税对象是级差地租收入，目的是能够对因资源条件差异而产生的级差收入进行调节，为企业间公平竞争创造条件。目前，世界各国在税收实践中大都将两种类型的资源税结合在一起征收。

（二）资源税的特征

一是征税范围较窄。我国的资源税征税范围较窄，仅选择了部分级差收入差异较大、资源较为普遍、易于征收管理的矿产品和盐列入征税范围。随着我国经济的快速发展，对自然资源的合理利用和有效保护将越来越重要，因此，资源税的征税范围应逐步扩大。

二是实行从量或从价征收。2020 年 8 月 26 日第十三届全国人民代表大会常务委员会第十二次会议通过《中华人民共和国资源税法》，规定实行从价计征或者从量计征资源税。

三是实行源泉课征。不论采掘或生产单位是否属于独立核算，资源税均规定在采掘或生产地源泉控制征收，既照顾了采掘地的利益，又避免了税款的流失。这与其他税种由独立核算的单位统一缴纳不同。

（三）资源税的计算

我国资源税按照资源税税目税率表（详情见表 8－4）实行从价计征或者从量计征。资源税税目税率表中规定可以选择实行从价计征或者从量计征的，具体计征方式由省、自治区、直辖市人民政府提出，报同级人民代表大会常务委员会决定，并报全国人民代表大会常务委员会和国务院备案。

实行从价计征的，应纳税额按照应税资源产品（以下称应税产品）的销售额乘以具体适用税率计算。实行从量计征的，应纳税额按照应税产品的销售数量乘以具体适用税率计算。应税产品为矿产品的，包括原矿和选矿产品。

表 8－4　资源税税目税率表（2020 年 9 月 1 日开始执行）

税目			征税对象	税率
能源矿产		原油	原矿	6%
		天然气、页岩气、天然气水合物	原矿	6%
		煤	原矿或者选矿	2%～10%
		煤成（层）气	原矿	1%～2%
		铀、钍	原矿	4%
		油页岩、油砂、天然沥青、石煤	原矿或者选矿	1%～4%
		地热	原矿	1%～20%或者 每立方米 1～30 元
金属矿产	黑色金属	铁、锰、铬、钒、钛	原矿或者选矿	1%～9%
	有色金属	铜、铅、锌、锡、镍、锑、镁、钴、铋、汞	原矿或者选矿	2%～10%
		铝土矿	原矿或者选矿	2%～9%
		钨	选矿	6.50%
		钼	选矿	8%

续前表

税目			征税对象	税率
金属矿产	有色金属	金、银	原矿或者选矿	2%～6%
		铂、钯、钌、锇、铱、铑	原矿或者选矿	5%～10%
		轻稀土	选矿	7%～12%
		中重稀土	选矿	20%
		铍、锂、锆、锶、铷、铯、铌、钽、锗、镓、铟、铊、铪、铼、镉、硒、碲	原矿或者选矿	2%～10%
非金属矿产	矿物类	高岭土	原矿或者选矿	1%～6%
		石灰岩	原矿或者选矿	1%～6%或者每吨（或者每立方米）1～10元
		磷	原矿或者选矿	3%～8%
		石墨	原矿或者选矿	3%～12%
		萤石、硫铁矿、自然硫	原矿或者选矿	1%～8%
		天然石英砂、脉石英、粉石英、水晶、工业用金刚石、冰洲石、蓝晶石、硅线石（矽线石）、长石、滑石、刚玉、菱镁矿、颜料矿物、天然碱、芒硝、钠硝石、明矾石、砷、硼、碘、溴、膨润土、硅藻土、陶瓷土、耐火黏土、铁钒土、凹凸棒石黏土、海泡石黏土、伊利石黏土、累托石黏土	原矿或者选矿	1%～12%
		叶腊石、硅灰石、透辉石、珍珠岩、云母、沸石、重晶石、毒重石、方解石、蛭石、透闪石、工业用电气石、白垩、石棉、蓝石棉、红柱石、石榴子石、石膏	原矿或者选矿	2%～12%
		其他黏土（铸型用黏土、砖瓦用黏土、陶粒用黏土、水泥配料用黏土、水泥配料用红土、水泥配料用黄土、水泥配料用泥岩、保温材料用黏土）	原矿或者选矿	1%～5%或者每吨（或者每立方米）0.1～5元
	岩石类	大理岩、花岗岩、白云岩、石英岩、砂岩、辉绿岩、安山岩、闪长岩、板岩、玄武岩、片麻岩、角闪岩、页岩、浮石、凝灰岩、黑曜岩、霞石正长岩、蛇纹岩、麦饭石、泥灰岩、含钾岩石、含钾砂页岩、天然油石、橄榄岩、松脂岩、粗面岩、辉长岩、辉石岩、正长岩、火山灰、火山渣、泥炭	原矿或者选矿	1%～10%
		砂石	原矿或者选矿	1%～5%或者每吨（或者每立方米）0.1～5元
	宝玉石类	宝石、玉石、宝石级金刚石、玛瑙、黄玉、碧玺	原矿或者选矿	4%～20%

续前表

税目		征税对象	税率
水气矿产	二氧化碳气、硫化氢气、氦气、氡气	原矿	2%～5%
	矿泉水	原矿	1%～20%或者每立方米 1～30 元
盐	钠盐、钾盐、镁盐、锂盐	选矿	3%～15%
	天然卤水	原矿	3%～15%或者每吨（或者每立方米）1～10 元
	海盐		2%～5%

（资料来源：http://www.npc.gov.cn/npc/c30834/202008/d80a55c3e81d48ec861399d2c73fe0f6.shtml 2020-08-06/2020-09-24.）

课堂小思考

你怎么看待房产税改革？

专栏

增值税和个人所得税改革的基本情况

一、增值税改革与发展

1994年实施的税制中，增值税与营业税并存，诸多问题由此产生：两税并存破坏了增值税的抵扣链条，影响增值税作用的发挥；部分第三产业排除在增值税的征税范围之外，对服务业的发展造成了不利影响，同时也存在重复征税问题；混合领域的混合征税导致纳税人普遍进行“合法”避税，税款流失严重。

为了解决两税并存带来的问题，实行增值税代替营业税成为完善税制的必然选择。从2009年起，我国增值税进行改革，《中华人民共和国增值税暂行条例》中有关税制的改革主要体现在类型的调整上：将生产型增值税改为消费性增值税，降低小规模纳税人的税率至3%。

首先是“营改增”（营业税改征增值税）的试点工作。为进一步解决货物和劳务等在第三产业领域存在的重复征税问题，完善税收制度，支持现代服务业发展，国务院决定从2012年1月1日起，在上海市交通运输业和部分现代服务业开展“营改增”试点工作，条件成熟时可选择部分行业在全国范围进行试点。根据《营业税改征增值税试点方案》，改革试点的主要内容如下：在实行增值税17%标准税率和13%低税率基础上，新增11%和6%两档低税率。租赁有形动产等适用17%税率，交通运输业、建筑业等适用11%税率，其他部分现代服务业适用6%税率。交通运输业、建筑业、邮电通信业、现代服务业、文化体育业、销售不动产和转让无形资产，原则上适用增值税一般计税方法。金融保险业和生活性服务业，原则上适用增值税简易计税方法。

之后，我国“营改增”的工作范围进一步扩大。自2012年8月1日起至年底，将交通运输业和部分现代服务业营业税改征增值税试点范围，由上海市分批扩大至北京、天津、江苏、浙江、安徽、福建、湖北、广东和厦门、深圳10个省（直辖市、计划单列市）。2013年继续扩大试点地区，并选择部分行业在全国范围试点。2013年8月1日起，将交通运输业和部分现代服务业“营改增”试点在全国范围内推开，适当扩大部分现代服务业范围，将广播影视作品的制作、播映、发行等纳入试点。

最终全面实行“营改增”。经国务院批准，自2016年5月1日起，在全国范围内全面实施营业税改征增值税的税制改革。建筑业、房地产业、金融业、生活服务业等行业，由缴纳营业税改为缴纳增值税。但增值税改革并没有就此止步，在之后很长一段时间国家相应部门都在对增值税的实施细则进行不断地更新和完善。

全面“营改增”后，增值税的变动与调整主要体现在：税率简并且大幅下调；增值税进项抵扣增加，不动产、旅客运输等纳入；部分行业企业增值税留抵税额的增量部分，允许部分退税。其中一大重点是税率减并与降低，其中一般纳税人的税率 2017 年由四档（6%、11%、13%、17%）简并为三档（6%、11%、17%），2018 年 17%税率降至 16%、11%税率降至 10%，2019 年进一步降至 13%和 9%，现行增值税税率维持三档（6%、9%、13%）。增值税小规模纳税人的征收率也有所下调，2022 年 4 月 1 日至 2022 年 12 月 31 日，其适用 3%征收率的应税销售收入，免征增值税，适用 3%预征率的预缴增值税项目，暂停预缴增值税。进项抵扣方面，除了新增部分可抵扣行业，自 2019 年 4 月 1 日至 2021 年 12 月 31 日，还允许生产、生活性服务业纳税人按照当期可抵扣进项税额加计 10%抵减应纳税额，2022 年将生活性服务业纳税人加计抵减的比率提升至 15%。留抵退税方面，2018 年以前，我国对增值税留抵税款当期不退，结转下期抵扣，这样做相当于企业预缴税款占用了企业现金流，增加企业负担。为了减轻企业负担，2018 年我国开始对部分先进制造业等行业试点退还部分增值税留抵退税，2019 年继续试行该政策，符合条件的企业可以向主管税务机关申请退还增量留抵税额，2022 年加大了制造业等行业以及小微企业的增值税期末留抵退税力度。另外，“营改增”之后，增值税收入中央与地方的分成比例，从此前的 75：25 改为 50：50，此调整有利于地方财政平稳运行。

现行增值税仍以国务院暂行条例形式存在，为落实税收法定原则，增值税已经启动立法程序，2019 年底增值税法征求意见稿对外公开，2021 年增值税草案已提请全国人大常委审议。专家普遍认为“十四五”期间增值税立法能够完成。但增值税立法并不意味着改革的“冻结”，两者需要协同推进。在经济数字化的背景下，将有更多新形式、新业态出现，因此增值税在征税对象及避免重复征税的规则上需要调整以适应环境的变化；同时，还需要考虑到，随着国家治理水平的提高及征管现代化技术的推进，如何降低增值税的管理成本以促进交易成本的降低。

二、个人所得税改革与发展

个人所得税制度在调节收入分配、缩小贫富差距、增加财政收入等方面起到积极的作用。伴随着经济体制改革的深入、经济发展和人们收入水平、支出结构的变化，需要对原税制中一些不合理的因素进行调整与改革。我国个人所得税税制的改革与调整主要有 4 次，4 次的免征额调整情况如表 8-5 所示。

表 8-5　个人所得税工资、薪金所得免征额调整情况　单位：元

改革年份（年）	工资薪金所得免征额
2006	1 600
2008	2 000
2011	3 500
2018	5 000

1. 2006 年

2006 年 1 月 1 日起，个人所得税月工资免征额上调至 1 600 元。

2. 2008 年

2008 年 3 月起，个人所得税月工资免征额提高至 2 000 元。

3. 2011 年

2011 年个人所得税改革主要从 4 个方面对《中华人民共和国个人所得税法》进行了修订：

(1) 工薪月所得扣除标准提高到 3 500 元。

(2) 调整工薪所得税率结构，由 9 级调整为 7 级，取消了 15%和 40%两档税率，将最低的一档税率由 5%降为 3%。

(3) 调整个体工商户生产经营所得和承包承租经营所得税率级距。生产经营所得税率表第一级级距由年应纳税所得额 5 000 元调整为 15 000 元，其他各档的级距也相应做了调整。

(4) 纳税期限由 7 天改为 15 天，比原政策延长了 8 天，进一步方便了扣缴义务人和纳税人纳税申报。

4. 2018 年

2018 年 8 月 31 日第十三届全国人民代表大会常务委员会第五次会议表决通过了《关于修改〈中华人民共和国个人所得税法〉的决定》(第七次修正)(简称“新个税法”)。新个税法中，在提高个人所得税费用扣除标准的基础上，减税向中低收入倾斜，税率级距进一步调整优化，3%、10%、20%这三档低税率的级距扩大，25%税率的级距缩小，30%、35%、45%三档高税率级距不变。此外，新增了多项支出抵税，在扣除基本减除费用标准，如养老保险等保险及公积金等专项扣除外，还新增了专项附加扣除项目，包括子女教育、本人的继续教育、大病医疗、住房贷款利息或者住房租金、赡养老人等支出，合理减负，使广大纳税人都能不同程度享受到减税红利，实现了“照顾低收入，培育中收入，调节高收入”，向中低收入倾斜减税，尤其对于中低收入群体而言，他们的获益最大。

思考与练习

一、选择题

1. 在缴纳消费税时，采用定额税率的是（　　）。

A. 高档化妆品　　B. 高档手表　　C. 啤酒　　D. 小汽车

2. 关税是对（　　）我国关境的货物和物品征收的税。

A. 进入　　B. 出口　　C. 进出　　D. 流入

3. 企业所得税税率一般为（　　）。

A. 33%　　B. 25%　　C. 20%　　D. 15%

4. 目前我国税收制度中，最大的税类是（　　）。

A. 商品税类　　B. 财产税类　　C. 资源税类　　D. 所得税类

5. 增值税不属于（　　）。

A. 直接税　　B. 间接税　　C. 商品税　　D. 流转税

二、判断题

1. 我国目前增值税采用的是价外计税的办法。（　　）
2. 企业购买的国债的利息应缴纳企业所得税。（　　）
3. 个人所得税专项附加扣除包括住房公积金。（　　）
4. 房产税属于财产税。（　　）
5. 资源税是对所有矿产资源征收的。（　　）

三、简答题

1. 流转税有哪些特点？
2. 阐述增值税的内涵与特征。
3. 简述流转税和所得税的区别。

第九章

公　债

学习目标

- 掌握公债的内涵、特征、功能
- 了解国债的内涵、发行、流通和偿还方式
- 掌握地方债的内涵
- 了解地方债的成因及风险预防

案例导入

2022 年 2 月 22 日，在国新办新闻发布会上，财政部部长刘昆表示，2021 年，财政部门加强了财政政策调节，新增地方政府专项债券 3.65 万亿元，新增减税降费约 1.1 万亿元；2.8 万亿元资金直达基层、惠企利民；同时，落实党政机关坚持过紧日子要求。这些政策对稳定宏观经济大盘发挥了重要作用。2022 年，积极的财政政策要提升效能，更加注重精准、可持续。比如在地方政府专项债券方面，发行进度要明显快于 2021 年同期。2021 年年底，财政部向各地提前下达了 2022 年部分新增专项债券额度 1.46 万亿元。2022 年 1 月完成发行 4 844 亿元，占提前下达限额的 1/3，全部用于交通、市政、产业园区基础设施、保障性安居工程等重点领域。“地方政府专项债券作为积极财政政策的一个重要工具，发行的节奏要根据经济形势、宏观调控的需要等合理把握。提前下达，加快专项债券发行和使用进度，能尽早发挥对有效投资的拉动作用。”财政部副部长许宏才进一步指出。

结合案例思考：发行地方政府专项债券有什么作用?

第一节 公债概述

一、公债的内涵与特征

（一）公债的内涵

公债是国家各级政府的债务或负债，是国家或政府采用信用方式以债务人的身份取得的一种债务收入。其中，中央政府的负债或债务称为中央债，又称国债；地方政府的负债或债务称为地方债。

（二）公债的特征

1. 公债是一种借贷资本

公债体现了债权人（认购者）与债务人（政府）之间的债权债务关系。公债在发行期间是由认购者提供闲置资金，在偿付阶段由政府主要以税收收入进行还本付息，因而公债具有有偿、自愿的特征，表现为一种借贷资本。公债影响整个社会资本的融通，但不会引起社会资本量的变化。对公债持有者来说，资金的使用权已经转移到政府手中，换得的仅仅是一张债权证明。

2. 公债体现了一定的分配关系

公债的发行，是政府用信用方式将一部分已作分配且已有归宿的国民收入集中起来。公债资金的运用，是政府将集中起来的资金，通过财政支出的形式进行再分配。因为政府本身不创造价值，所以公债的还本付息主要由国家的经常收入——税收来承担。从一定意义上讲，公债是对国民收入的再分配。

二、公债的作用

公债的经济效应是通过以下两类机制实现的：第一类是财政效应，即通过政府支出和税收的变化，引起社会商品和服务的供求关系变化，对整个经济体系产生影响；第二类是流动性效应，即通过公债余额规模和构成变化，引起货币和其他资产的供求关系变化，对整个经济体系产生影响。具体可以从财政角度和经济角度两方面来进行考察。

首先，公债是弥补财政赤字、筹集建设资金、平衡预算、解决财政困难的最可靠、最迅速的手段。相对于增加税收、向银行透支等其他弥补赤字的办法，发行公债的副作用最小。这是因为：(1) 发行公债只是部分社会资金使用权的暂时转移，一般不会导致通货膨胀；(2) 公债的认购通常遵循自愿的准则，基本上是社会资金流动中游离出来的资金，一般不会对经济发展产生不利的影响。

其次，公债具有调节经济的作用，主要体现在：(1) 调节积累与消费，促进两者比例关系合理化；(2) 调节投资结构，促进产业结构优化；(3) 调节社会总需求，促进社会总供给和总需求的平衡；(4) 调节金融市场，维持经济稳定。

知识拓展

税收与公债的区别

税收与公债都是国家取得财政收入的形式，但二者的区别在于以下两个方面。

第一，财政作用不同。国家通过信用方式筹集资金虽然可以暂时解决一定时期的财政困难，表现为该时期的财政收入，但必须用以后年度的收入来偿还，实际上是税收的预支，马克思称之为“税收的预征”。而税收则不同，税收是国民收入的一部分，是当年财政的实际收入，不存在“寅吃卯粮”的问题，税收反映的是国家的真实财力。

第二，形式特征不同。公债的认购是有偿的，国家作为债务人，到期要还本付息。与税收的无偿性显然不同，公债作为一种信用关系，发行公债者与认购公债者双方在法律上处于平等地位，只能坚持自愿认购的原则，不能强制推销。而税收是国家凭借其政治权力的强制征收，国家与纳税人双方在法律上分别处于执法者与守法者的不同地位，不管纳税人是否自愿，都必须依法纳税，否则要受到法律的制裁。此外，认购公债出于自愿，债权人与债务人双方本着协商办事的原则，因此不可能像税收那样具有固定性。

三、公债的发展历程

公债的起源晚于税收。恩格斯说：“随着文明时代的向前进展，甚至捐税也不够用了。国家就发行期票，借债，即发行公债。”可见，公债的产生与国家职能的扩展密切相关。公债在奴隶社会就已经开始萌芽了。到了封建社会，公债有了更进一步的发展。但公债真正大规模的发展，是在资本主义时期。资本主义社会公债大规模发展的原因主要有 4 个方面：(1) 从支出需求看，国家对外扩张等职能引起了财政支出的过度膨胀，迫使资本主义国家不得不扩大公债的规模；(2) 从发行条件看，经济增长促使闲置资本规模扩大，给公债发行提供了大量的、稳定的资金来源；(3) 从利益分配角度看，从公债中获利最大的是资产阶级，新兴资产阶级通过大量认购公债而获得巨额利息，并不断地同封建王室和地主贵族集团争夺国家的政治权利；（4）从经济理论和财政实践看，赤字财政理论和赤字财政政策在西方各国的流行和推广，为公债的发展提供了理论上的诠释和制度上的保证。在20世纪30年代之后，凯恩斯主义在西方盛行，为刺激总需求，缓和经济危机，不少发达国家纷纷推行赤字财政政策。

课堂小思考

你知道世界上最早的公债出现在哪个国家吗？

第二节 国 债

一、国债的内涵与功能

（一）国债的内涵

国债，是国家为筹措资金而向投资者出具的借款凭证，承诺在一定的时期内按约定的条件，按期支付利息和到期归还本金。我国的国债专指财政部代表中央政府发行的国家公债，由国家财政信誉作担保，信誉度非常高，历来有“金边债券”之称。稳健型投资者喜欢投资国债。

（二）国债的功能

1. 弥补财政赤字

弥补财政赤字是国债最基本的功能。政府财政赤字一旦发生，就必须想办法予以弥补。在市场经济体制下，弥补财政赤字的方式主要有三种，即增加税收、向中央银行透支和发行国债。增加税收会使生产、投资和消费减少，进而使国民经济趋于收缩，税基减少，赤字有可能会更大；而向中央银行透支（即财政部向中央银行借款）则会增加基础货币的投放，再经货币乘数效应大幅增加货币的供应量，导致通货膨胀，并会打乱整个国民经济的运行；发行国债是一种自愿、有偿、灵活的方式，国债的发行只涉及资金使用权的让渡，是对社会资金和国民收入的一种临时分配，流通中的货币总量没有改变，在正常情况下不会增加需求总量，不会导致通货膨胀，而且有利于供求平衡。用发行国债的方式筹集资金弥补财政赤字，是各个国家的通常做法。

2. 筹集建设资金

发行国债遵循的是自愿认购、有借有还的信用原则，而且以国家信用作担保，容易被社会大众所接受。社会资金的运动是一个连续不断的过程，在这个过程中经常出现部分闲置资金，它就是保证国债发行的基础。由此可见，通过国债筹集的财政资金是一个长期、稳定的财政收入来源，政府可以将这部分资金用于建设周期长、投资额大的基础设施以及基础产业。

3. 形成市场基准利率

利率是整个金融市场的核心价格，对股票市场、期货市场、外汇市场等市场上金融工具的定价均会产生重大影响。国债是一种收入稳定、风险极低的投资工具，这一特性使得国债利率处于整个利率体系的核心环节，成为其他金融工具定价的基础。国债的发行与交易有助于形成市场基准利率。国债的发行将影响金融市场上的资金供求状况，从而引起利率的升降。在国债市场充分发展的条件下，某种期限国债发行时的票面利率就代表了当时市场利率的预期水平，而国债在二级市场上交易价格的变化又能够及时地反映出市场对未来利率预期的变化。

4. 作为财政政策和货币政策配合的结合点

首先，扩大国债的发行规模是国家实施积极的财政政策的主要手段。其次，国债，特别是短期国债，是中央银行进行公开市场操作唯一合适的工具。国债的总量、结构对公开市场操作的效果有重要的影响。如果国债规模过小，中央银行在公开市场上的操作对货币供应量的控制能力就非常有限，不足以使利率水平的变化达到中央银行的要求；如果国债品种单一，持有者结构不合理，中小投资者持有国债比例过大，公开市场操作就很难进行。

5. 作为机构投资者短期融资的工具

国债的信用风险极低，机构投资者可以利用国债这种信誉度极高的标准化证券进行回购交易，以达到调节短期资金的余缺、套期保值和加强资产管理的目的。

育人园地

2020年抗疫特别国债发行过程

2020年5月22日，国务院总理李克强代表国务院向十三届全国人大三次会议做2020年国务院政府工作报告时提出：中央财政发行抗疫特别国债1万亿元，不计入财政赤字。李克强强调，这是特殊时期的特殊举措。新增资金全部转给地方，建立特殊转移支付机制，资金直达市县基层、直接惠企利民，主要用于保就业、保基本民生、保市场主体，包括支持减税降费、减租降息、扩大消费和投资等，强化公共财政属性，决不允许截留挪用。

2020年6月15日，财政部发布通知明确，为筹集财政资金，统筹推进疫情防控和经济社会发展，决定发行2020年抗疫特别国债（一期）和2020年抗疫特别国债（二期）。根据通知，一期国债为5年期固定利率附息债，竞争性招标面值总额500亿元；二期国债为7年期固定利率附息债，竞争性招标面值总额500亿元。两期国债定于6月18日招标，6月19日开始计息，招标结束至6月19日进行分销，6月23日起上市交易。

2020年6月16日，为筹集财政资金，统筹推进疫情防控和经济社会发展，财政部决定发行2020年抗疫特别国债（三期），以财办库〔2020〕112号发布《关于2020年抗疫特别国债（三期）发行工作有关事宜的通知》。三期国债为10年期固定利率附息债，竞争性招标面值总额700亿元，定于2020年6月23日招标，6月24日开始计息。

2020年6月18日，财政部采取市场化方式，公开招标发行首批1 000亿元抗疫特别国债。个人投资者也可参与，且免征利息所得税。根据要求，抗疫特别国债资金将直达市县，支持地方落实帮扶受新冠肺炎疫情冲击最大的中小微企业、个体工商户和困难群众的措施，加强公共卫生等基础设施建设和用于抗疫相关支出等。

（资料来源：财政部官方网站）

二、国债的发行、流通与偿还

（一）国债发行

国债发行指国债售出或被个人和企业认购的过程。它是国债运行的起点和基础环节，其核心是确定国债发行方式。

国债发行方式主要有：固定收益出售、招标拍卖、连续经销、直接推销以及综合方式等。

1. 固定收益出售方式

固定收益出售方式是一种在金融市场上按预先确定的发行条件发行国债的方式。其特点是认购期限较短，发行条件固定，发行机构不限，主要适用于可转让的中长期债券的发行。在金融市场利率稳定的条件下，采用这种方式是比较有利的。政府既可据此预测市场容量，确定国债的收益条件和发行数量，也可灵活选择有利的推销时间。但是在金融市场利率易变或不稳定的条件下，采用这种方式就会遇到一定的困难，主要是因为政府不易把握金融市场行情并据此确定国债的收益条件及发行数量；即使勉强确定，也会因金融市场行情在国债推销时发生变动而与市场需求不相适应，难以保证预定国债发行任务的完成。

2. 招标拍卖方式

招标拍卖方式是指通过招标、投标的方式来确定记账式国债的发行价格、票面利率和承销商。记账式国债的发行通常采用“荷兰式”“美国式”进行招标，招标标的为价格或利率等，通常短期贴现国债采取价格招标的方式，中长期附息国债采取利率招标的方式。下面以发行价格为例介绍这两种招标形式。

（1）“荷兰式”招标。“荷兰式”招标是指中标价格为单一价格，所有中标的承销者都按照这个单一价格分得各自的国债发行份额，全场最低中标价格为当期国债发行价格，各中标机构均按发行价格承销，然后在证券交易所自定价格向其他各类投资者进行分销和零售。

(2)“美国式”招标。“美国式”招标是指中标价格为多个价格，中标方以自己报出的价格分得各自的国债发行份额，全场加权平均中标价格为当期国债发行价格，各中标机构按各自中标标位的价格承销，然后在证券交易所自定价格向其他各类投资者进行分销。

3. 连续经销方式

连续经销方式是指发行机构（包括经纪人）受托在金融市场上设专门的柜台经销，这是一种较为灵活的发行方式。其特点是经销期限不定，发行条件也不定，即不预先规定债券的出售价格，而由财政部或其代销机构根据推销中的市场行情相机确定，且可随时进行调整，主要通过金融机构和中央银行以及证券经纪人经销。这种方式主要适用于不可转让债券，特别是对居民家庭发行的储蓄债券。其主要优点是可灵活确定国债的发行条件及发行时间，从而确保国债发行任务的完成。

4. 直接推销方式

直接推销方式是一种由财政部门直接与认购者举行一对一谈判出售国债的发行方式。其主要特点是发行机构只限于政府财政部门，而不通过任何中介或代理机构；认购者主要限于机构投资者，主要是商业银行、储蓄银行、保险公司、各种养老基金和政府信托基金等。这种方式的发行条件通过直接谈判确定。这种方式主要适用于某些特殊类型国债的推销，如比利时和瑞士的专门用于吸收商业银行资金的特殊可转让债券，以及有些国家对特定金融机构发行的专用债券等。这种方式的优点是可以充分挖掘各方面的社会资金。

5. 综合方式

综合方式是一种综合上述各种方式的特点而加以结合使用的国债发行方式。在某些国家的国债发行过程中，有时可能不单纯使用上述的任何一种方式，而是将这些方式的其中一些特点综合起来，各取所长，结合运用。例如，英国国债的发行往往采取先拍卖后连续经销的方式，即最初先将国债以招标拍卖的方式出售，由于拍卖期限较短，且附有最低标价规定，难以避免投标数量不足，拍卖余额由英格兰银行（中央银行）负责购入，然后再以连续经销的方式继续出售，直到完成预定的发行任务。英国的这种发行方式就是综合了招标拍卖和连续经销两种方式的特点，取各自之长，弥补各自的不足，具有相当的灵活性。

（二）国债流通

国债流通是指国债的转让、变现。作为一种有价证券，国债的转让、变现能为持有者带来一定的收益。但是国债要过一定期限才能偿还兑付，在未偿还兑付之前国债是一种“死钱”，要把“死钱”变成“活钱”，必须通过国债的流通来实现。

国债流通是通过专门的市场进行的。国债流通转让市场，也称国债二级市场，是以国债转让中介机构为媒介，在国债的买者与卖者之间形成的一种买卖关系。国债流通不仅可以满足国债持有者变现资金的需要，也为资金拥有者提供了新的投资对象，因而国债流通市场也是一种投资市场。我国自 1981 年恢复国债发行后，在很长时间内没有形成国债流通市场，这在一定程度上限制了国债的发行。1988 年 4 月，国家决定在上海、深圳、广州、武汉、沈阳、哈尔滨、重庆七大中心城市建立国债流通市场的试点，后分两批将试点城市增加到 400 个。随着国债流通市场试点的成功，国家决定自 1991 年 3 月起，在全国地市级以上城市和地区所在的县级市全面开放国债转让市场，这标志着我国的国债流通市场初步形成。目前，国债除了可以在各证券金融机构进行柜台交易外，还可以在上海、深圳两家证券交易所进行交易。同时，国家还建立了银行间债券市场，并允许经批准的保险公司参与国债交易。可以说，我国的国债流通市场已经建立。

国债流通转让的主要方式有：

1. 国债贴现

国债贴现是指国债持有者将未到期国债拿到原购买机构或国债服务机构贴现，这些机构将该国债再转售给其他购买者，从而完成国债流通。在这种流通方式下，国债的买卖不一定在同一时间或地点进行。

2. 国债现货交易

国债现货交易是指将持有的真实国债（包括实物债券和非实物债券）进行买卖转让的交易，是我国国债流通的最主要方式。国债现货交易必须在国家批准的证券交易场所和国债流通服务机构内进行，交易价格一般通过市场竞价的方式确定。

3. 国债期货交易

国债期货交易是指通过有组织的交易场所，按预先确定的买卖价格，在未来特定时间内进行券款交割的国债交易方式。即交易者只需支付一定数量的保证金，就可以通过交易场所，按规定的标准化合约来买卖远期的国债。我国于 1994 年开展国债期货交易的试点。由于国债期货合约的卖方不一定持有真实的国债，国债期货交易的结果极易导致国债的买空卖空，助长投机行为，引起金融秩序的混乱，因而需要有较完善的监管机制。但在我国实际试点过程中，国债期货市场屡次发生的严重违规交易表明我国尚不具备开展国债期货交易的基本条件。为了保证金融市场的健康发展，国家决定自 1995 年 5 月 18 日起暂停国债期货交易试点。时隔 18 年，2013 年 9 月 6 日，国债期货在上海重新上市交易。

4. 国债回购业务

国债回购业务是指国债的持有者在卖出一笔国债的同时，与买方签订协议，约定一定的期限和价格，将同一笔国债再购回的交易活动。国债回购业务使得国债的持有者在一定期限内取得了资金的使用权，因而属于一种融资活动。

（三）国债偿还

国债到期之后，就要依发行时的规定，按期如数还本。国债偿还中的一个重要任务，就是慎重地选择偿还方式。国债本金的偿还数额虽然是固定的，但政府在偿还方式上却有很大的选择余地。不论采取什么偿还方式，国债的还本总是会形成财政的一个负担；同时，还本是否能如约进行，既会影响到期国债的行市，也会影响其他国债的行市，对国债持有者和政府都是利害攸关的。这就要求国债的偿还有较为稳定且充足的资金来源。国债发行之后，除短期国债外（已通过折价发行预扣利息），在其存在的期间内必须付息；由于国债在发行时已经规定了利息率，每年应付的利息支出是固定的，政府在国债付息方面的主要任务，便是对付息方式，包括付息次数、付息时间等做出相应的安排。

国债偿还主要包括本金偿还和利息支付。

1. 本金偿还方式

（1）分期逐步偿还法。分期逐步偿还法即对一种国债规定几个还本期，每期偿还一定比例，直至国债到期时，本金全部偿清。这种偿还方式，还本越迟，利率就越高，以鼓励国债持有人推迟还本期，有利于分散还本对国库的压力，避免集中偿还给财政带来的困难，但国债偿还工作的复杂程度和工作量将会因此而加大。

（2）抽签轮次偿还法。抽签轮次偿还法即在国债偿还期内，通过定期按国债号码抽签对号以确定偿还一定比例的国债，直至偿还期结束全部国债皆中签偿清为止。这种偿还方式的利弊与分期逐步偿还法大致类似。

（3）到期一次偿还法。到期一次偿还法即实行在国债到期日按票面额一次性全部偿清。其优点是国债还本管理工作简单、易行，且不必为国债的还本而频繁地筹措资金；缺点则是集中一次性偿还国债本金，有可能造成政府财政支出的急剧上升，给国库带来较大压力。

（4）市场购销偿还法。市场购销偿还法即在国债期限内通过定期或不定期地从证券市场上赎回（或称买回）一定比例的国债，赎回后不再卖出，使这种国债期满时，已全部或绝大部分被政府所持有。这种方式的优点是给投资者提供了中途兑现的可能性，并会对国债的价格起支持作用；其缺点是政府需为市场购销进行大量繁杂的工作，对从事此项业务的工作人员也有较高的素质要求，因而不宜全面推行。

（5）以新替旧偿还法。以新替旧偿还法即通过发行新国债来兑换到期的旧国债，以达到偿还国债的目的。

2. 利息支付方式

（1）按期分次支付法。按期分次支付法即将国债应付利息，在国债存在期限内分作几次（如每一年或半年）支付，一般附有息票，国债持有者可按期剪下息票兑付息款，亦称“剪息票”的方式。这种方式往往适用于期限较长或在持有期限内不准兑现的国债。这是因为，在较长的期限内，如能定期支付一定数额的利息，不仅能激发持券人认购国债的积极性，而且也可避免政府债息费用的集中支付，从而使债息负担均匀、分散化。

（2）到期一次支付法。到期一次支付法即将国债应付利息同偿还本金结合起来，在国债到期时一次支付的方法。这种方式多适用于期限较短或超过一定期限后随时可以兑现的债券。这是因为，在较短的期限内，债息的分次支付是没有必要的。如在国债到期时将息款连同本金一次支付，则可大大简化政府的国债付息工作，对国债持有者来说也是可以接受的。由于付息方式上的不同，政府在每一年度应付的利息和实付的利息并不完全一样。通常情况下，应付额会大于实付额而形成一笔利息上的债务。因此，在国债的付息工作中，中央政府要恰当地选择付息方式，处理好应付额和实付额的关系，以期与财政状况和经济形势的需要保持一致。

三、国债的管理

国债的管理是政府围绕国债运行过程进行的决策、组织、规划、指导、监督和调节等一系列经济活动的总称。它以国债发行、转让、市场运营和兑付过程中的经济关系及其协调方式为研究对象，包括政府为控制国债的规模和构成、调整国债购买主体的结构、选择适当的国债期限结构和利率水平等而采取的一系列措施。国债管理已成为财政政策工具。

（一）国债的规模管理

国债的规模一般是指国债的最高额度或国债额度的适度问题。国债的规模包括三层意思：一是历年累积国债的总规模，二是当年发行的国债总额，三是当年到期需还本付息的国债总额。

各国经济实践表明，国债存在负担问题。国债负担可以从几个方面来分析：一是国债作为认购者收入使用权的暂时让渡，会对认购者的经济行为产生一定的影响；二是政府借债是有偿的，到期要还本付息，偿债体现为一种支出，借债的过程也就是国债负担的形成过程；三是不论国债资金的使用方向如何、效益高低，还债的收入来源最终还是纳税人缴纳的税收；四是由于有些国债的偿还期较长，使用效益又低，连年以新债还旧债并不断扩大国债的规模，就会形成这一代人借的债转化成下一代甚至几代人负担的问题。因为国债会形成一种社会负担，所以国债必须有一定的限度，衡量国债规模的主要参考指标有以下几个。

1. 国债负担率

$$国债负担率=\frac{当年国债余额}{当年\ GDP}\times 100\%$$

国债规模受认购者负担能力的制约。国债的应债来源，从国民经济总体看就是国内生产总值（GDP），所以国债规模通常用当年国债发行额或国债余额占 GDP 的比重来表示，称为国债负担率。2006 年以前，我国采取年度发行额度的方式管理国债。这种方式限制了国债管理的期限选择，财政部倾向于选择发行长期国债，少发和不发一年以内的短期国债，从而导致两个问题：一是由于缺少短期国债，特别是一年以内的短期国债，会使债券品种定价缺少比较基准；二是多发长期国债使得国债存量每年滚动增加、数量较大。从 2006 年起我国实行国债发行余额管理，即把未清偿国债的余额作为发行国债的年度控制指标，考核年底未清偿的国债余额是否超过规定的控制目标，而不再考核当年实际发行的国债规模。

2. 居民应债能力

$$居民应债能力=\frac{当年国债余额}{当年居民储蓄余额}\times 100\%$$

居民应债能力是从居民的储蓄水平来考察国债发行潜力的重要指标。

3. 国债偿债率

$$国债偿债率=\frac{当年国债还本付息额}{当年财政收入余额}\times 100\%$$

国债规模还受政府偿债能力的制约。中央政府用于还本付息的经常性来源是中央政府的财政收入，所以表示政府偿债能力的指标就是当年的国债还本付息额占当年财政收入金额的比重，这是表示政府直接偿还能力的指标。其他国家的经验表明，国债偿债率一般应控制在10%以内较为安全。

4. 国债依存度

$$国债依存度=\frac{当年国债发行额}{当年财政支出总额}\times 100\%$$

国债依存度是指一国财政支出中有多少比重是依靠发行国债来实现的，表示中央支出对债务的依赖程度，表示间接偿还能力。当国债发行量过大，依存度过高时，表明财政支出过分依靠国债收入，国家的财政处于脆弱的状态，会对未来的还本付息构成潜在的威胁，国债的风险加大。

（二）国债的结构管理

国债的结构是指一个国家各种性质的国债相互搭配，国债来源和发行期限的有机结合，主要包括国债的期限结构和国债的持有人结构。

1. 国债的期限结构

在市场经济发达的国家，国债的短期、中期、长期结构比较合理。财政部门发行不同期限的国债，虽然主要是考虑财政因素，但也为中央银行的公开市场业务创造了条件。如果缺少中央银行在国债二级市场上买卖国债，就会减少国债的流动性，反过来会影响财政在一级市场上发行国债。短期国债可以用于经常性的财政支出和短期资金调剂，中期、长期国债可以弥补年度预算赤字，因此国家的国债发行应该有短期、中期、长期国债的不同搭配。由于各种期限的国债在某一时间点上都存在，就在二级市场上形成了一个连续不断的剩余年限的结构，为中央银行选择不同期限国债的公开市场操作创造了有利条件。

2. 国债的持有人结构

在市场经济比较发达的国家，商业银行、共同基金、社会保障基金和商业保险公司以及其他金融结构等机构投资者是国债的主要持有者，而个人持有的份额较小。由于国债主要由机构投资者购买和持有，因而不仅提高了国债发行效率，而且活跃了国债流通市场，有利于国债公开市场业务的发展。

课堂小思考

你知道中国历史上曾经发行过几次特别国债吗？

第三节 地方债

一、地方债的内涵

从概念界定上看，通常认为，地方政府性债务（即地方债）主要存在狭义和广义两种理解。其中，狭义上的地方政府性债务就是指政府债务，指政府作为债务人应当依照法定条件和合同约定，向债权人承担相应的资金偿付义务。广义的地方政府性债务包括的内容更广，是指政府为维持其自身合法性，在其实际履行义务少于必须履行义务之时，必须弥补两者之间差距所需要支付的资金支出额。依照这种观点，地方政府性债务不仅包括传统的基于法律和契约的债务，还包括因新的经济形势而产生的将来必然发生的债务，或者事实上必须由政府承担但名义上并没有法律和契约约束的隐性债务和或有债务。

地方债的不同分类如表 9-1 所示。地方债可分为显性债务与隐性债务。显性债务可以简单理解为，如果编制地方政府资产负债表，会直接体现在负债项目中的债务，由财政部预算司每月统计披露。隐性债务虽然已经有相关的治理文件下发，但未公开，已有公开资料并没有明确的定义。从当前已有的市场研究与政府相关公告来看，对隐性债务有几种比较常见的理解：

第一，从逻辑推演的角度来看，隐性与显性相对，显性债务既然指地方政府在限额管理和预算管理计划内发行的地方债，那么隐性债务应当是不在限额和预算管理计划内，不以地方债形式存在，但地方政府可能需要承担偿还责任的债务。

第二，从组成及形式来看，隐性债务主要包括三类：（1）为国企（城投平台）、机关事业单位、产业引导基金及 PPP 项目公司等主体举债融资提供隐性担保，包括出具承诺函或担保函（及其他文件），以机关事业单位的国有资产为抵押品帮助企业融资等形式；（2）为建设公益性或准公益性项目举借的债务，直接纳入财政预算支出范畴，由财政资金偿还；（3）违背商业原则，具有固定支出责任的中长期财政支出，集中在 PPP、产业引导基金、政府购买服务等领域，包括承诺最低收益、承诺本金回购、承诺社会资本亏损损失等形式，具体到每一个细分领域，又有不同的特色形式。

第三，从感性的认知来看，诸如国企城投、机关事业单位等主体的债务，如果它们自身无法偿还，出现了大规模的违约事件，造成了连锁反应，则地方政府可能会出面调解或代为偿还，因此隐性债务是地方政府的或有债务。

表 9-1　地方债务的分类

负债	直接债务：在任何情况下都会发生的责任	或有债务：基于某一特定事项发生而产生的责任
显性债务：由特定法律或合同所确认的政府负债	1. 中央政府国债的转贷 2. 政府统借统还外债 3. 从中央借的专项借款 4. 拖欠上级财政资金 5. 拖欠行政事业单位人员工资和离退休费 6. 拖欠工程款	1. 政府担保的外债 2. 政府担保的国内债务
隐性债务：政府道义上的责任，基于公众预期以及利益集团压力产生的债务	1. 扩大义务教育、发展成人教育支出 2. 改善基础设施建设的支出 3. 社会保障计划	1. 国有企业改革支出成本 2. 政策性投资公司的呆坏账损失 3. 未根据法律规定提供担保且允诺偿还的债务 4. 政府直接干预形成的国有企业、国有政策性投融资机构债务 5. 地方金融机构支付缺口 6. 项目单位不能偿还从政府借用的资金 7. 下级政府财政危机

（资料来源：刘尚希、于国安主编的《地方政府或有负债：隐匿的财政风险》）

二、地方债的成因

（一）地方经济发展对资金的需求

1. 地方经济发展中的合理资金需求

一是城镇化、工业化进程加速，基础设施建设形成资金需求。改革开放以来，伴随着城市化的加速，大量人口涌入城镇，为经济发展提供大规模劳动力的同时，还需要有资本对之进行吸纳。为吸引更多的资本流入该地区，地方政府往往先行将道路、桥梁、通信、电力等基础设施建好，以期招商引资，解决就业和社会稳定问题，获得财政收入，形成经济的良性循环。经济在保持高速发展的同时，原有的生活、生产基础设施已经不再能够满足社会日益提高的对更高质量公共产品和服务的需求，需要新的投入以形成良好的舒适的生活、生产与投资环境，以期提高居民的生活满意度，降低企业投资的交易成本。城镇化水平的迅速提升对城市基础设施建设提出巨大的资金需求，投资需求领域主要包括房地产及金融、交通运输业、公共服务业、电力燃气及用水设施等。

二是保障和改善民生需要投入大量资金。政府受民众委托，从居民、企业征收大量的财政收入，民众让渡此部分权利是期望政府能够提供更好的产品和服务，而提高居民生活水平和生活质量则是政府职责的应有之义。按照公共财政的要求，让每一位公民都能享受到经济社会发展成果，保障和改善民生是其中极为重要的支出部分。与居民生活密切相关的医疗、教育、养老、住房等公益性项目都有赖于政府提供相应的保障服务。推行医疗合作以解决居民“看病难、看病贵”的问题，推行义务教育免费制度，在全国广大农村地区推行新型农村社会养老保险以保障老年人的养老问题，建设保障房……这些都成了全国各地方政府的硬性政治任务。

三是一些其他的合理支出。在我国现有的政治体制下，政府除了将公共资源用于经济建设、改善民生之外，还担任了公共风险的最终化解者和最终支付人的角色。系统性公共风险如经济体外界突发经济金融危机导致本国本地区的经济金融危机、突发自然灾害、突发公共卫生事件等，一旦发生将对社会的运行造成严重损害，甚至影响社会稳定。稳定、改革与发展之间存在紧密的关系，动荡的环境下开展改革势必引起社会更大的动荡，发展则产生波动，经济将出现倒退。一般情况下，私人部门并不具备化解公共风险的能力——化解公共风险的收益将由全社会公共获得，但是成本却由其个人承担，因而在完善的市场竞争机制下，私人部门难以提供该类服务。而事实上，政府出于道义、政治因素考虑，不得不承担最后“兜底”的任务。

2. 地方经济发展中的过度负债

地方政府对资金的合理需求产生合理的负债，超出经济和社会发展需要的过度需求则形成过度负债。一方面，地方政府在GDP的政绩考核体系下存有非常强烈的负债发展动机；另一方面，负债发展动机在约束和监督失效的情况下提供了现实的可能性和机会。我国法律规定地方政府不具备举债权，因此事实上的地方政府性债务便转入“地下状态”而日益隐性化，更加失去上级政府和民众的监管，过度负债也日益成为各地各种形象工程的后果。然而风险却并不因其隐藏而消失，反而有无限放大的趋势。其中，地方政府过度负债的动机是，一定的需求产生一定的动机，进而由动机引起行为，行为导致结果，该结果则满足需求，如此形成围绕需求的一个循环，这是理性主体的行为逻辑和方式。地方政府作为公众组织，如果不加约束，有可能引起有利于政府自身及其代表（各级官员）而不利于民众的行为和结果，甚至发生政府与民争利的行为。此外，地方政府过度负债的可能性也值得关注。权力需要制约与平衡，如果缺乏足够的力量制衡，内在动机就会直接演化为外在行为。地方政府的政绩考核体系应该既涉及激励，也涉及惩罚，分别从正面和负面两个角度导向地方政府最终的行为。当地方政府因过度负债而得到短期竞争优势地位的激励，却无须对其过度的负债负责，无须受到相应的惩罚，那么过度负债就会由一种可能性转化为确定的事实并予以放大。惩罚和约束机制主要包括上级政府针对下级地方政府和行政首长的行政问责制、民众对地方政府的投票和监督、债权人对地方政府的监督，但是因为信息不对称以及监督主体处于事实上的弱势地位而使得“预算软约束”频频发生，财政纪律得不到保证，这成为地方政府过度负债的原因之一。

（二）财政体制的影响

地方政府性债务的深层问题植根于我国的财政制度——缺乏地方一级的创收能力或借款能力。1995 年起实施的《中华人民共和国预算法》（以下简称“旧《预算法》”）完全禁止地方政府从事债务融资。根据旧《预算法》，地方政府具有维持收支平衡的法律义务，因而不能导致财政赤字。此外，对于中央和地方政府之间的支出责任划分，旧《预算法》也未提及。此外，政策制定和预算编制之间同样存在分歧。由于缺乏明确的预算责任分配，上级政府可以对下级政府的预算进行任意变更，为了应对执行预算时的不确定性，地方政府在编制年度预算时通常预留大量预算外收入。这使得各级地方政府事权分配关系长期游离于法治框架外。

自 1994 年分税制改革以来，地方政府在税收中所占份额有所降低。与此同时，其财政支出责任却逐步上升。这一变化表明中央倾向于加强其重新分配财政资源和收入的能力，从而拥有更强的宏观调控力并加强对地方政府的控制。中央和省级政府之间的所得税分配比例以及分税制改革，加剧了地方财政短缺。以 2020 年为例，地方财政自给率仅为 49.7%。为了解决财政不足的问题，中央早于 1994 年提出了一项制度化的政府间财政转移支付制度，从而维持充足和公平的公共服务。从 1994 年起，地方政府转而更多地依靠中央的税收转移来支付其 1/3 的支出。从中央到地方政府的转移税收在 2008 年至 2012 年间保持在平均 44.6%的水平。2017 年财政部印发的《中央对地方均衡性转移支付办法的通知》中详细规定了财政收入和支出的测算，确定转移支付的系数和额度，同时加强转移支付资金的管理与监督。分税制取代了之前的税收分配制度，更多的地方税收由中央政府以出口退税或转移支付的形式重新分配给地方政府。为了提高中央在税收中的份额比例，税收种类根据征收者的不同被分为三类：中央税、中央地方共享税和地方税。中央地方共享税收占财政收入的最大比例，包括增值税（中央占 75%，地方占 25%）、资源税（中央征收海上石油资源税收收入的 100%，其他资源税由地方政府征收）、证券交易印花税（由中央和省级政府共享）和消费税（由中央全部征收）。作为分税制的一部分，中央通过转移支付机制（税收返还制度）做出妥协，以保证地方政府的收入水平。然而，某些地方政府实际得到的利益远远不够其支出，加之这些地方政府的创收能力并未得到显著提高，导致这些地方政府在支出远大于收入的泥潭里越陷越深。2018 年修订后的《中华人民共和国预算法》尽管规范了地方财政行为，强化了预算约束，但由于缺乏配套法律机制以及难以解决选择性执法问题，“预算软约束”的问题仍根深蒂固。

课堂小思考

你认为地方政府性债务是越少越好吗？

专栏

地方债务风险管理

为加强地方政府性债务管理，促进国民经济持续健康发展，国务院于 2014 年 10 月发布了《关于加强地方政府性债务管理的意见》，建立了“借、用、还”相统一的地方政府性债务管理机制，有效发挥地方政府规范举债的积极作用，切实防范化解财政金融风险，促进国民经济持续健康发展，明确了地方债务管理的基本原则为疏堵结合、分清责任、贵方管理、防范风险和稳步推进。地方债在我国的发展历程如下：

一、地方债的成因

从经济发展来看，我国许多地方经济发展缺乏稳定性，各个地区的政府相互竞争导致政府承担债务，这种情况在我国的一些地区十分多见。而部分经济相对稳定的城市不仅第二、三产业规模比较小，而且产业结构单一，同时一些邮电通信等基础设施不能符合经济增长的需求，科学技术、医疗卫生、文化教育等更是十分落后。由于一些同级的地方政府相互之间有很多竞争，因此在财政资金无法正常运转的前提下，只能靠着举债的方式维持社会的运转。

从财权与事权来看，1994 年实行分税制改革以来，财政收入大部分向上集中，而大量的公共服务支出不断下放到地方。财权与事权严重不匹配，用通俗的话来讲，地方政府是“钱少事多”，在这种情况下，地方政府只好举借大量地方债以发展经济。

二、目前概况

截至 2020 年年末，全国地方政府性债务余额 256 615 亿元，控制在全国人大批准的限额之内，其中一般债务 127 395 亿元，专项债务 129 220 亿元（见表 9－2）。地方政府性债务风险总体可控。但有调研发现，由于地方政府购买服务项目涉及的贷款和股权投资游离，地方政府性债务管理范畴、政府性投资基金存在“明股实债”变相融资等问题，地方政府真实债务总量可能高于账面披露数据。民建中央在其相关提案中提出，目前地方政府性债务存在责任不明晰、信息不透明、隐性债务风险大，公私合作伙伴关系（PPP）未来风险加大，部分地方政府性债务将继续产生且更为隐蔽化等主要风险。此外，我国地方债缺乏风险管理机制，缺乏相应的监管体系，所以很难采用量化的方法进行控制，无法建立预警机制。

表 9－2　2017—2020 年我国地方政府性债务余额统计　　单位：亿元

年份（年）	一般债务余额	专项债务余额
2017	103 322	61 384
2018	109 939	73 923

续前表

年份（年）	一般债务余额	专项债务余额
2019	118 694	94 378
2020	127 395	129 220

三、中央应对债务风险的措施

党的十九大报告提出“健全金融监管体系，守住不发生系统性金融风险的底线”。地方债带来的财政金融风险，已成为当前经济运行中最主要的风险之一。虽然通过实行债务置换等一系列措施，有效防范、化解了一些地方债务风险，但地方政府违法违规或变相举债屡禁不止，风险仍不容忽视。由此对政府的地方债务风险的管控提出了新的要求。

一是加快建立规范的地方政府举债融资机制，其中包括赋予地方政府依法适度举债权限，建立规范的地方政府举债融资机制，推广使用政府与社会资本合作模式，加强政府或有债务监管。二是对地方政府性债务实行规模控制和预算管理，其中包括对地方政府性债务实行规模控制，严格限定地方政府举债程序和资金用途，把地方政府性债务分门别类纳入全口径预算管理。三是控制和化解地方政府性债务风险，其中包括建立地方政府性债务风险预警机制，建立债务风险应急处置机制，严肃财经纪律。四是完善配套制度，包括完善债务报告和公开制度，建立考核问责机制，强化债权人约束。五是妥善处理存量债务和在建项目后续融资，包括抓紧将存量债务纳入预算管理，积极降低存量债务利息负担，妥善偿还存量债务，确保在建项目后续融资。

思考与练习

一、选择题

1. 公债是指（　　）。

A. 中央政府与地方政府的债务总额　　B. 一国政府债务

C. 国债　　D. 所有公共部门的债务

2.（多选）国债还本的方式包括（　　）。

A. 分期逐步偿还法　　B. 抽签轮次偿还法

C. 到期一次偿还法　　D. 市场购销偿还法

3. 公债的重要作用是（　　）。

A. 弥补财政赤字　　B. 筹集建设资金

C. 调节经济运行　　D. 调节货币流通量

4.（多选）地方债主要来源于（　　）。

A. 财政支出的过度需求　　B. 信贷的过度供给

C. 地方政府的个人需要　　D. 中央规定

5.（多选）国债的发行方式有（　　）。

A. 固定收益出售方式　　B. 招标拍卖方式

C. 连续经销方式　　D. 直接推销方式

二、判断题

1. 公债的起源早于税收。（　　）

2. 国债贴现是指国债持有者将未到期国债拿到原购买机构或国债服务机构贴现，这些机构将该国债再转售给其他购买者，从而完成国债流通。（　　）

3. 当一国没有财政赤字时，公债就无用武之地了。（　　）

4. 国债付息方式包括按期分次支付法、到期一次支付法。（　　）

5. 地方债分为显性债和隐形债。（　　）

三、简答题

1. 在怎样的情况下，国债将给后人造成负担？

2. 什么是地方隐性债务？应如何化解？

3. 简述国债有哪些流通方式。

4. 简述地方债的成因。

第四部分

财政管理与财政政策

第十章

政府预算

学习目标

- 掌握政府预算的内涵与特征
- 了解政府预算的规划与编制、审批、执行、决算与绩效评价的各个流程
- 了解政府预算绩效评价的流程、评价指标、评价方式等
- 掌握部门预算、国库集中收付、政府采购、全面预算绩效管理等主要政府预算管理制度的基本内涵

案例导入

2020 年 8 月 3 日，李克强总理签署国务院令，公布修订后的《中华人民共和国预算法实施条例》（简称《条例》）自 2020 年 10 月 1 日起施行。党的十九大报告提出，建立全面规范透明、标准科学、约束有力的预算制度，全面实施绩效管理。党的十九届四中全会决定进一步强调，完善标准科学、规范透明、约束有力的预算制度。党中央、国务院关于预算管理的重大决策部署和《中华人民共和国预算法》的实施，为《条例》修订提供了根本遵循。近年来，财政预算改革实践不断深化，财政管理更加规范透明，财政体制更加科学合理，为《条例》修订提供了实践基础。

结合案例思考：近年来，在预算管理改革的背景下，政府预算的内涵、体系以及流程是什么？

第一节
政府预算概述

政府预算是国家预算的基础，也是政府开展各项财务活动的基本依据。从实际经济内容看，预算的编制是国家对财政收支的计划安排，预算的执行是财政收入的筹措和使用过程，预算反映着以政府为核心的公共组织介入经济社会生活的范围、规模和程度。加强政府预算管理，不仅对保证公共事业计划和行政任务的完成，而且对财政预算的顺利执行都有十分重要的意义。

一、政府预算的内涵

政府预算是指经立法程序批准的、综合反映财政年度内国民经济发展情况的财政收支计划。从不同角度来看，政府预算有多种理解方式。

在形式上，政府预算是政府根据国家政治、经济、文化、社会、生态各方面的发展规划和当年的政策目标在财政年度内对政府财政收支规模、结构进行预计、测算和安排，把政府当年年度财政收支进行分类，列入相应的计划表格中，通过表格反映年度内政府财政收入的具体来源和支出的具体使用方向。

在性质上，政府预算是具有很强法律效力的文件。必须经过国家权力机关就其内容进行审核、批准后，政府预算才有效，政府才具有预算执行权，才能进行年度预算活动。

在内容上，政府预算反映政府对财政收支进行分配、管理的全过程。政府预算反映了政府财政资金的收入来源、规模和支出方向，反映公共财政参与国民生产总值分配与再分配的规模与结构。

在功能作用上，政府预算是政府对经济社会发展进行宏观调控的重要工具。当出现市场失灵的情况时，需要政府借助相关工具进行宏观调控，以保证市场的平稳运行、经济社会的稳定发展和实现社会的公平正义。

按照预算级次、预算收支范围、预算内容、预算编制结构、预算有效期以及预算法律效力等不同划分标准，可以将政府预算分为不同的类别（见表 10－1）。每一种政府预算的内涵、发挥的作用均不相同，他们共同构成我国的政府预算体系。

表 10-1　政府预算的分类

划分标准	类别	辨析
预算级次	中央预算	由中央各部门（含直属单位）的预算组成，居于体系中的主导地位
	地方预算	省级及省级以下政府部门的预算
预算收支范围	总预算	指各级政府的预算，包括本级政府和下级政府的全部预算
	部门预算	由本部门所属各单位预算组成，是政府预算的基础
	单位预算	是列入部门预算的国家机关、社会团体和其他单位的收支预算，是部门预算的基础
预算内容	一般公共预算	对以税收为主体的财政收入，安排用于保障和改善民生、推动经济社会发展、维护国家安全、维持国家机构正常运转等方面的收支预算
	政府性基金预算	是对依照法律、行政法规的规定在一定期限内向特定对象征收、收取或者以其他方式筹集的资金，专项用于特定公共事业发展的收支预算
	国有资本经营预算	是对国有资本收益做出支出安排的收支预算
	社会保险基金预算	是对社会保险缴款、一般公共预算安排和其他方式筹集的资金，专项用于社会保险的收支预算
预算编制结构	单式预算	将政府的全部预算收支汇编入一个表格内，形成一个预算收支对照表，从而编制的预算
	复式预算	将政府的全部预算收支按照经济性质不同分别编入两个或两个以上的收支对照表，从而编制两个或两个以上的预算
预算有效期	年度预算	有效期为 1 年，经过立法机关审批的预算收支必须在 1 年内执行才有效
	中长期预算	通常编制 5 年期的中长期计划，10 年以上的长期财政规划
预算法律效力	正式预算	政府编制的预算草案，经立法机关审批通过成为政府预算
	临时预算	在正式预算成立以前进行财政收支活动而实现编制的暂时性预算
	追加（修正）预算	正式预算执行过程中，由于情况变化需要增减正式预算收支时编制的预算，作为对正式预算的补充

二、政府预算的特征

政府预算作为一个独立的财政范畴，其特征主要有：

（一）计划预测性

政府预算的直接表现形式就是政府为下一年度财政收支编制的计划。而计划具有预测性，预测性是指政府通过编制预算可以对预算收支规模、收入来源和支出用途做出事前的设想和预计。各级政府及有关部门一般在本预算年度结束以前，需要对下一年度的预算收支做出预测，编制预算收支计划，进行收支对比，进而研究对策。政府预算的预测是经济预测的重要组成部分，它是正式编制政府预算的必要步骤。

（二）综合完整性

政府预算是政府各项财政收支的汇集点和枢纽，综合反映政府财政收支活动的全貌，反映政府活动的范围和方向，是政府的基本财政收支计划。预算内容应完整，政府一切事务所形成的所有的政府收入和支出，都应当纳入政府预算，都必须处于政府预算的约束和规范下。

（三）公开透明性

政府收支活动应是公开的、透明的，政府所有的收支计划和活动过程，除了涉密活动外，都必须向立法机构和社会公众公开，都必须接受立法机构、社会公众和社会舆论的监督。预算作为公开性的法律文件，其内容必须明确，以便于全社会公众及其代表理解、审查。同时，政府预算收支计划的制定、执行以及决算的全过程也须向公众全面公开，不应该存在“暗箱”操作。

（四）法律性

所谓政府预算的法律性，是指政府预算的形成和执行结果都要经过立法机关审查批准，经立法机关审批通过的政府预算就是一项法律文件，具有法律效力，违背政府预算就是违法行为，任何人违背政府预算都必须受到法律的追究和制裁。

（五）年度性

政府预算所规定的收支内容具有明确的时间界限（时间界限通常规定为一年），即预算具有年度性。预算年度指预算收支的起讫时间，通常为一年。预算年度是一国政府编制和执行预算所依据的法定期限。预算年度有历年制和跨年制两种形式。历年制是按公历年，即预算期限规定为自公历某年 1 月 1 日起至同年 12 月 31 日止，如中国、德国和法国的预算年度采用历年制。跨年制预算年度，即从每年某月某日开始至次年某月某日止，中间历经 12 个月，但却跨越了两个年度。

三、我国的政府预算体系

按照预算支出范围观察我国政府预算的组织架构，其形成一种由上至下的预算支出关系（见图 10－1）。从图中可以看出，由上至下预算支出关系的组织架构由政府预算、部门预算、单位预算和基层单位预算组成。其中，部门预算是政府一级预算单位的预算；单位预算是公共劳务生产单位的预算，也称二级预算。

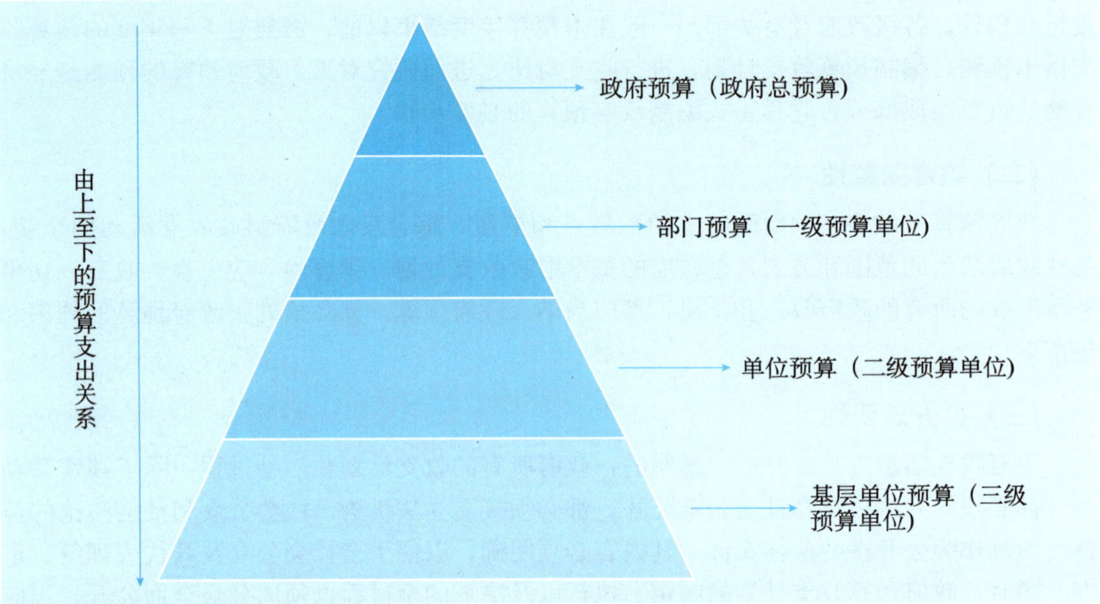

图 10－1　我国政府预算的组织架构图

从预算级次来看，我国政府按财政层级划分为五级政府。按照 2015 年新修订的《中华人民共和国预算法》（简称《预算法》）规定，国家实行一级政府一级预算，设立中央，省、自治区、直辖市，设区的市、自治州，县、自治县、不设区的市、市辖区，乡、民族乡、镇五级预算，其组织构架详见图 10－2。

可以看出，全国预算由中央预算和地方总预算组成，而地方总预算由各省、自治区、直辖市总预算组成。地方各级总预算由本级预算和汇总的下一级总预算组成；下一级只有本级预算的，下一级总预算即指下一级的本级预算。即地方各级政府预算由本级各部门（含直属单位）的预算组成，各部门预算由本部门所属各单位预算组成。

但值得注意的是，虽然《预算法》规定设立五级预算，但在实践中出现的一些新情况和财政体制改革，使得我国的政府预算体系并未严格按照五个政府层级形成独立预算。比如 20 世纪 80 年代起，设区市在“撤地设市”过程中，大量出现并形成了“市管县”的格局。2005 年全国农村税费改革试点工作会议正式提出，具备条件的地方可以实行省直管县的财政体制，其目标是最终在全国形成“中央—省—市、县”的财政关系。2015 年新修订的《中华人民共和国立法法》明确将地方立法权延伸至设区市，赋予设区市更大的事权自主，有助于使“中央—省—市、县”三级财政关系的确立成为可能。

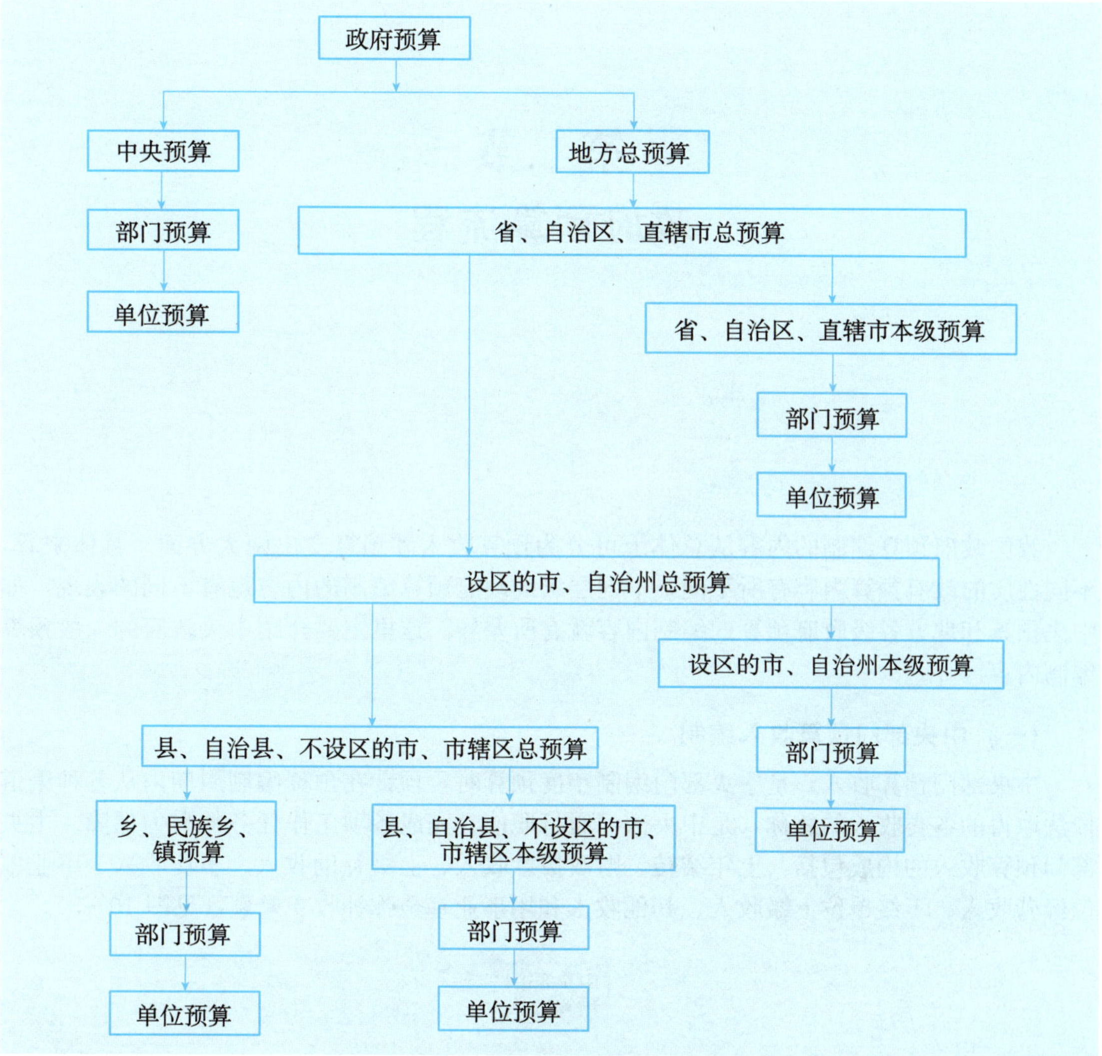

图 10－2　我国政府预算组织体系图

课堂小思考

政府预算有什么重要意义？

第二节
政府预算流程

一、政府预算规划与编制

我国政府预算编制的内容从总体上可分为预算收入和预算支出两大方面。具体来看，不同性质的政府预算内容有所不同，不同层级的政府预算编制的内容也有不同的表现，如中央预算和地方各级政府预算的编制内容就有所差异。这里主要介绍中央政府的一般预算编制内容。

（一）中央部门预算收入编制

中央部门预算收入，是中央部门编制年度预算时，预计在预算编制周期内从各种渠道依法取得的各类收入的总称，是中央部门履行职能、完成各项工作任务的财力保障。中央部门预算收入的构成包括：上年结转、财政拨款收入、上级补助收入、事业收入、事业单位经营收入、下级单位上缴收入、其他收入和用事业基金弥补收支差额（见图 10－3）。

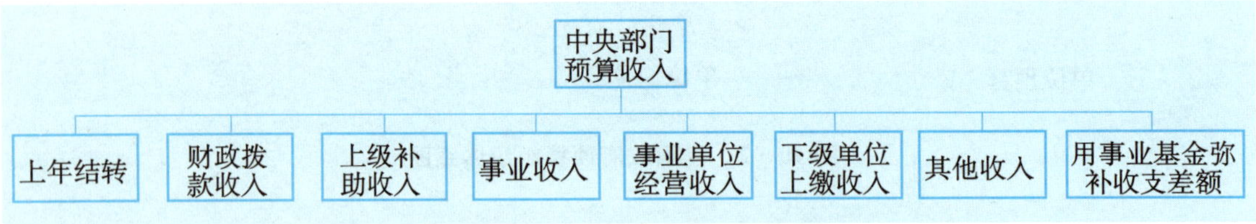

图 10－3　中央部门预算收入构成图

中央部门在预测预算收入时，应本着科学、合理的原则，遵循项目合法合规、内容全面完整、数字真实准确的总体要求。部门收入是各部门切实履行其职能的财力保证。根据部门的发展规划、行使职能的需要对年度部门收入进行测算、分析，是部门预算编制工作的重要内容。中央部门在编制部门预算收入时，应对各项需求和资金来源进行认真测算、分析。

1. 明确预算目标

各部门要依据国家的中长期发展计划和本部门的职能，提出工作重点、任务，列出本部门需要安排的重要事项，建立本部门的年度预算目标。

2. 收集相关资料

中央部门财政拨款收入的测算要在占有大量信息的基础上。各部门应全面收集与本部门预算编制相关的信息资料，如本部门资产数量和分布状况、本部门财务状况、财政货币政策、经济增长速度、中央财政对部门财政拨款需求的满足程度等。

3. 分析、归集部门预算需求

一方面，要对收集的有关部门预算的各类资料进行深入分析，确保数据、信息的真实准确；另一方面，要对收集的信息、资料进行归类汇总，形成部门完整的决策信息。

（二）中央部门预算支出编制

基本预算支出主要是保障单位机构正常运转、完成日常工作任务而编制的年度支出计划，包括人员经费和公用经费两部分。人员经费主要是指维持机构正常运转且可归集到个人的各项支出。公用经费主要是指维持机构正常运转但不能归集到个人的各项支出。基本预算支出的编制应遵循以下原则：

1. 综合预算的原则

在编制基本预算支出时，各部门要对当年财政拨款、以前年度结转、结余资金、其他资金，包括单位财政补助收入、非税收入和其他收入等，统筹考虑、合理安排。

2. 优先保障的原则

部门预算的编制要根据财力，结合单位的行政事业工作任务需要，合理安排各项资金。预算资金的安排，要首先用于基本支出的合理需要，保障中央部门的正常运转，履行基本职能。

3. 定额管理的原则

基本预算支出实行以定员定额为主的管理方式，同时结合部门资产占有情况，通过建立实物费用定额标准，实现资产管理与定额管理相结合。对于基本支出中没有财政拨款的事业单位，其基本预算支出可以按照国家财务规章制度和部门预算管理有关要求，结合单位的收支情况，采取其他方式合理安排。需要特别强调的是：基本预算支出实行的是定员定额为主的管理方式，这一“定额”指的是预算分配定额，它用于公开、透明、规范地分配预算，而不是预算执行定额。另外，目前下达给部门的定员定额是综合定额，而不是单项定额，但在具体定额标准制定过程中是按照单项定额分项目测算的。

预算基本支出流程如图 10－4 所示。

二、政府预算审批

预算审批为预算程序的第二个阶段，即立法机关审查和表决批准政府的预算申请，使预算草案产生法律效力成为年度预算法（即法典化的政府政策文件），为约束和引导行政部门在年度预算内的活动确立法定基础。立法机关在审查和批准预算中扮演关键角色，对预算进行有效的法定审查要求有意义的法定授权和信息的可得性，也要求为立法机关建立

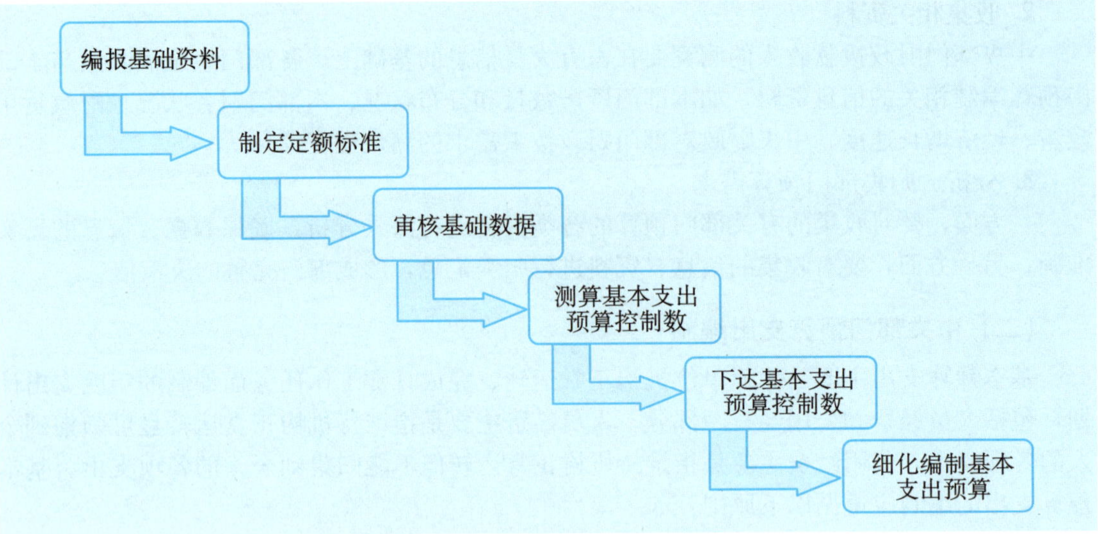

图 10－4　预算基本支出流程图

更好的权力结构，还要求立法机关有充足的能力与资源预算审批的程序包括初步审查、正式审查和表决三个阶段（见图 10－5）。

图 10－5　预算审批程序图

在民主治理背景下，立法机关的预算审批意义与作用非同寻常，涉及形式审查和实质审查两个关键方面。形式审查关注一系列“形式要素”，如呈递审查的预算文件的类型与制式要求，需向立法机关呈递预算文件的预算实体的范围，立法机关的审查与表决程序包括质询、听证和辩论。实质审查关注立法机关的审查如何为提高财政支出的质量做出贡献，以及实质性地反映和促进立法机关在公共预算与财务管理中代表、立法（授权）和监督三角色，尤其强调在制约权力、控制腐败和决策纠错中的独特作用。

三、政府预算执行

政府预算执行是指预算规划的各项收入和支出通过公共组织的财务活动而被落实的过程，主要包括预算收入执行和预算支出执行。预算执行是实现政府预算的必经步骤，是政府预算管理的中心环节，也是预算实施的关键环节。加强预算执行管理，关系政府公共服务水平和财政管理水平的提升，具有重要的政治、经济和社会意义。

（一）预算收入执行

预算收入执行是指预算收入的实现过程。预算收入执行必须严格按照财政收入的法律法规办事，不得任意增收或减收。预算收入的征收机关当天征得的收入在当天就应上缴国库。已入库的预算资金若需要退库，必须严格按规定办理。即使预算收入和执行后的实际收入之间有可能存在偏差，收入执行机关也应依法征收。

（二）预算支出执行

预算支出执行是预算单位完成预算目标的实现过程，预算支出的资金是由金字塔状的政府预算的顶层逐级下拨的。预算支出按以下规定办理：一是按预算支出拨款，即根据年度预算的季度分月用款计划拨款；二是按预算规定拨款，即专款专用，不得任意挪作他用；三是按进度拨款，经常支出和资本支出有不同的规定，前者是分月拨款，后者是按工程进度拨款；四是按预算级次拨款，即按预算单位的所属关系拨款，不得向没有预算关系的单位拨付资金。

四、政府预算决算与绩效评价

（一）政府预算决算

政府决算是指经法定程序批准的年度预算执行结果的会计报告，是政府预算执行效果的总结。政府决算由决算报表和文字说明两部分构成，包括中央决算和地方总决算。根据《预算法》规定，各级政府、各部门、各单位在每一预算年度终了后，应按国务院规定的时间编制决算，以便及时对预算执行情况进行总结。各级财政机关是具体负责组织政府预算执行的机关，也是政府决算的编制机关，中央决算草案和地方各级政府的决算草案具体由各级财政机关的预算部门负责编制。政府预算决算的编制应包括以下三个原则：

1. 统一领导、分工协作、按程序办事

这是编制决算草案在组织工作和程序上应遵循的原则。决算工作涉及国家各级政权组织以及成千上万的企、事业单位，涉及预算、税务、财会、统计等部门，具有涉及面广、政策性强的特点，这就决定了其必须在统一领导下，分工明确。并需要从中央到地方各部门、从主管部门到各单位，协调配合，共同行动，严格按法定程序办事，才能保证年度决算工作按期顺利完成。

2. 符合法律法规

这是编制决算草案在政策上应遵循的原则。决算过程是一项政策性强的具体工作，为了保证决算质量，各级领导及工作人员必须熟悉政策。法律和行政法规是全国人大、国务院制定的，适用于全国各地区、各部门，各地区、各部门要严格按照法律、行政法规编制决算草案。《预算法》对决算的编制要求、报送审批程序及决算审查中有关部门的职责、权限做出了相应的规定。

3. 真实、准确、全面、及时

这是决算编审工作中在技术上应遵循的原则。决算工作需要遵循技术规范，需要通过讨论对技术规范达成共识，要强化决算的质量意识，提高财政决算水平。“真实、准确、全面、及时”八字方针是在决算工作实践中总结出的经验，也是对决算编审工作员基本的要求。“真实、准确”还要求决算收支数额按照现收现付制的原则真实汇报，凡当年已发生的财政收支，都要如实作为预算收支列入决算。

(二) 政府预算绩效评价

政府预算绩效评价的核心和关键在于财政资金支出绩效评价。财政支出绩效评价是预算绩效得以实施的主要工具和载体，而预算绩效又进一步为改善政府管理提供新视角——基于投入产出角度来观察政府绩效、政府职能履行等情况。如果没有财政支出绩效评价，政府预算则与传统预算无本质区别。在预算绩效体制下，要削减财政赤字、减轻财政支出压力，就必须对大量各类政府财政支出项目进行绩效评价。政府预算绩效评价主要是指政府预算支出绩效评价。

财政部在《中央部门预算支出绩效评价管理暂行办法》中将预算支出绩效评价定义为运用一定的考核方法、量化指标及评价标准，对中央部门为实现其职能所确定的绩效目标的实现程度，以及为实现这一目标安排预算的执行结果所进行的综合性考核与评价。

1. 预算绩效评价流程

预算绩效评价主要是对预算的经济性、效率性、收益性和公平性进行客观公正的评价，本教材列举了预算绩效评价的流程（详见图 10－6）。

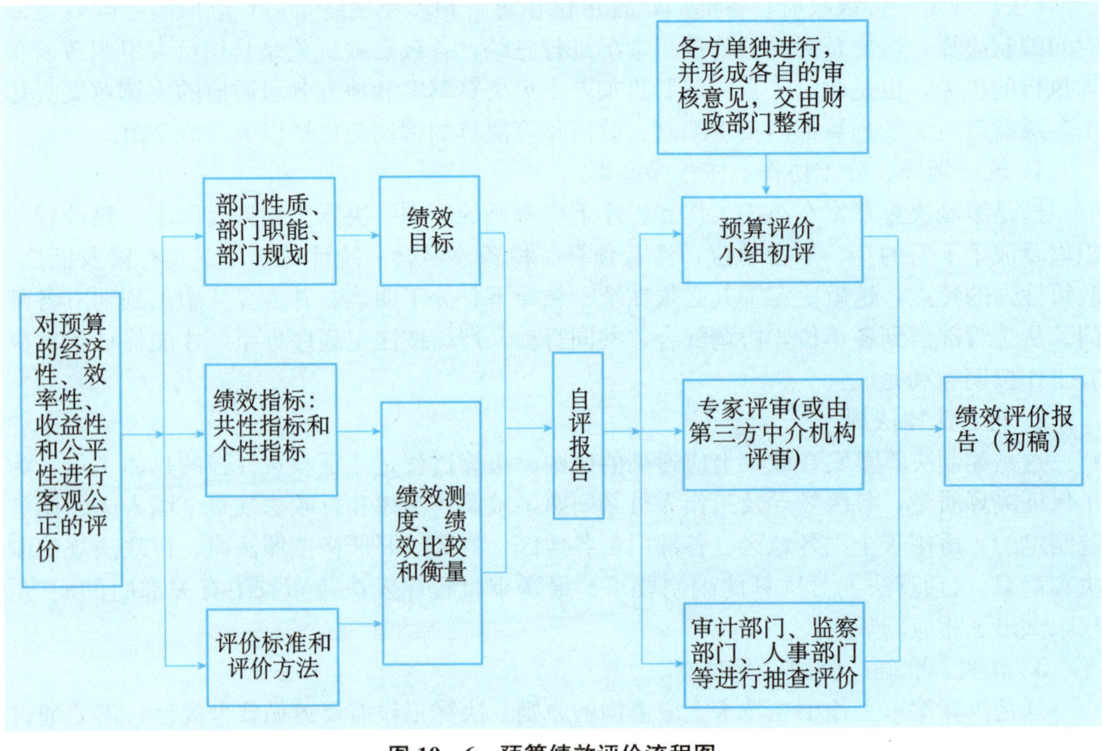

图 10－6　预算绩效评价流程图

2. 预算绩效评价指标

绩效评价标准通常包括计划标准、行业标准、历史标准和财政部门预算部门确认的或者认可的其他标准等，用于对绩效评价指标完成情况进行比较。

绩效评价指标是指衡量绩效目标实现程度的考核工具。绩效评价指标的确定应遵循相关性原则、重要性原则、可比性原则、系统性原则和经济性原则，以便采用最为核心、简便易行、口径统一的指标，全面反映被评价对象的产出和效果的实现程度。按照绩效评价指标的适用范围，绩效评价指标可划分为共性指标和个性指标；根据绩效评价指标的性质不同，绩效评价指标可划分为定量指标和定性指标。

3. 预算绩效评价方式

预算绩效评价的方式主要是自我评价和外部评价相结合。例如：通过自我评价和外部评价相结合的方式，对预算的编制、执行和决算情况开展绩效评价。各部门、各单位对预算编制和执行的情况以及政策、项目实施效果开展绩效自评（见表 10-2），评价结果报送本级财政部门。各级财政部门建立重大政策、项目预算绩效评价机制，逐步开展部门整体绩效评价，对下级政府财政运行情况实施综合绩效评价，必要时可以引入第三方机构参与绩效评价，采用在线填报方式实现项目资金绩效信息的在线填报和动态监控分析。如 2020 年底财政部根据印发的《关于进一步加强扶贫项目资金绩效管理工作的通知》，搭建了“财政扶贫资金动态监控平台”的绩效指标评价体系，进一步促进了对相关主体的责任明确和要求细化。

表 10-2 项目实施效果绩效自评表

（ 年度）

<table>
<tr><td colspan="2">项目名称</td><td colspan="7"></td></tr>
<tr><td colspan="2">主管部门</td><td colspan="3"></td><td>实施单位</td><td colspan="3"></td></tr>
<tr><td colspan="2" rowspan="5">项目资金
（万元）</td><td></td><td>年初预算数</td><td>全年预算数</td><td>全年执行数</td><td>分值</td><td>执行率</td><td>得分</td></tr>
<tr><td>年度资金总额</td><td></td><td></td><td></td><td>10</td><td></td><td></td></tr>
<tr><td>其中：当年财政拨款</td><td></td><td></td><td></td><td>—</td><td></td><td>—</td></tr>
<tr><td>上年结转资金</td><td></td><td></td><td></td><td>—</td><td></td><td>—</td></tr>
<tr><td>其他资金</td><td></td><td></td><td></td><td>—</td><td></td><td>—</td></tr>
<tr><td rowspan="2">年度总体目标</td><td colspan="4">预期目标</td><td colspan="4">实际完成情况</td></tr>
<tr><td colspan="4"></td><td colspan="4"></td></tr>
<tr><td rowspan="7">绩效指标</td><td>一级指标</td><td>二级指标</td><td>三级指标</td><td>年度指标值</td><td>实际完成值</td><td>分值</td><td>得分</td><td>偏差原因分析及改进措施</td></tr>
<tr><td rowspan="6">产出指标</td><td rowspan="3">数量指标</td><td>指标 1：</td><td></td><td></td><td></td><td></td><td></td></tr>
<tr><td>指标 2：</td><td></td><td></td><td></td><td></td><td></td></tr>
<tr><td>……</td><td></td><td></td><td></td><td></td><td></td></tr>
<tr><td rowspan="3">质量指标</td><td>指标 1：</td><td></td><td></td><td></td><td></td><td></td></tr>
<tr><td>指标 2：</td><td></td><td></td><td></td><td></td><td></td></tr>
<tr><td>……</td><td></td><td></td><td></td><td></td><td></td></tr>
</table>

续前表

	一级指标	二级指标	三级指标	年度指标值	实际完成值	分值	得分	偏差原因分析及改进措施
绩效指标	产出指标	时效指标	指标 1：					
			指标 2：					
			……					
		成本指标	指标 1：					
			指标 2：					
			……					
	效益指标	经济效益指标	指标 1：					
			指标 2：					
			……					
		社会效益指标	指标 1：					
			指标 2：					
			……					
		生态效益指标	指标 1：					
			指标 2：					
			……					
		可持续影响指标	指标 1：					
			指标 2：					
			……					
	满意度指标	服务对象满意度指标	指标 1：					
			指标 2：					
			……					
总分						100		

（资料来源：《项目支出绩效评价管理办法》财预〔2020〕10 号）

预算绩效评价的最终目的是形成预算绩效评价结果，通过建立信息透明机制公开预算绩效信息，将预算绩效信息应用到公共部门的预算决策和行政治理当中，以期实现奖优罚劣、权责匹配和社会监督的目标。预算绩效评价结果是对项目实施完成后的实际情况进行绩效衡量和对比，反映预算资金支出与项目产出绩效的对应关系，度量预算资金的经济性、效率性和效益性，是以绩效评价报告形式为载体的预算绩效信息。

课堂小思考

如果经过人大审批的政府预算需要调整，你知道应该怎么办吗？

第三节
政府预算制度

一、部门预算管理制度

部门预算就是以部门为依托，反映部门所有收入和支出的预算。部门预算由政府各部门编制，各部门预算由本部门所属各单位预算和本部门机关经费组成。作为预算编制的基础单位，财政预算从部门编起，从基层单位编起，财政将不同性质的财政性资金统一编制到使用这些资金的部门。同时，部门本身要有严格的资质要求，仅限于与财政直接发生经费关系的一级预算单位。

编制部门预算对于规范预算管理、加强财政监督作用重大。一是编制部门预算，有利于提高国家预算的透明度，体现出国家预算的公开性、可靠性、完整性和统一性原则。可以防止预算分配过程中的不规范行为和人为的随意性，有利于防止发生腐败现象，加强廉政建设。二是编制部门预算有利于提高预算的管理水平。编制部门预算，可以使预算编制和执行的程序和流程制度化、规范化和科学化，从而有利于财政部门控制预算规模和优化支出结构，减少追加支出的随意性，有利于部门和单位合理使用财政资金，充分发挥财政资金的使用效益。三是编制部门预算可以克服代编预算的方式。传统预算存在着由部门替下属单位代编预算的情况，使预算缺乏科学性和合理性。编制部门预算则要求从基层编制，部门负责审核、汇总。编制部门收支预算建议计划并报财政部门，使预算更加科学合理，有利于预算编制的真实性。

二、国库集中收付制度

国库集中收付制度，又称国库单一账户制度，是指从预算分配到资金拨付、使用、银行清算，直到资金到达商品和劳务提供者账户的全过程直接控制，它是市场经济国家普遍采用的一种财政资金收支管理制度。实行国库集中收付制度改革，是整个部门预算改革和财政支出改革的基础与核心环节。

国库集中收付制度是现代国库管理制度的核心内容。从国际通行的做法来看，国库集中收付制度是一个体系，具有三个方面的显著特征：一是所有财政性资金的收入和支出，都通过国库单一账户核算，国库集中收付，该账户既可以开设在中央银行，也可以开设在商业银行；二是所有的财政性资金都通过银行清算系统，从单一账户到产品和劳务供应商或用款单位；三是有专门的财政支付执行机构负责财政资金的支付管理。

中国的国库集中收付体系，既借鉴了国际经验，也考虑了具体国情，这一体系设置是五类账户的集合：财政部门在中国人民银行开设的国库单一账户，按收入和支出设置分类账，收入账按预算科目进行明细核算，支出账按资金使用性质设立分账册；财政部门按资金使用性质，在商业银行为预算单位开设的零余额账户，这主要是为清算服务，最终目标是通过电子化取消零余额账户；财政部门在商业银行开设的预算外资金财政专户，按收入和支出设置分类，收入账和支出账均按部门设立分账户；财政部门为预算单位开设的小额现金账户；经国务院和省级人民政府批准或授权财政部门开设的专户。

三、政府采购制度

（一）政府采购的内涵

2003 年实施的《中华人民共和国政府采购法》（简称《政府采购法》）中对政府采购的定义为：国家机关、事业单位和团体组织，使用财政资金采购依法制定的集中采购目录以内的，或者采购限额标准以上的货物、工程和服务的行为。

《政府采购法》作为规范政府采购行为的法律，由主体和客体两个要素组成。

1. 政府采购的主体

政府采购的主体是指在政府采购中负有直接职责的参与者。与私人的直接采购不同，政府采购属于公共委托采购，有多个机构参与，包括政府采购管理（监管）机关、政府采购机构、采购单位、供应商和资金管理部门以及国库（结算中心）等（见图 10－7）。其中，政府采购管理（监管）机关是指由各级财政部门设立的，负有制定和执行政府采购政策、法规和制度，规范和监督采购行为等责任的机构，它们不参与具体的采购活动。

政府采购机构也称集中性采购机构或者采购中心，是指政府为了满足公共消费的需要而设立的，按有关授权，负有具体组织政府采购活动责任的非营利机构。在一级政府范围内，政府采购机构可以单一设置，也可以由多个采购机构共同承担。例如，香港政府物料供应处是香港的采购中心，直接为 80 多个政府部门、机构和公共团体（包括医院管理局）服务。采购单位是指货物、工程和服务的消费单位，他们是政府采购的付款人，具体包括政党机关、事业单位以及接受预算拨款的社会团体等。供应商是指在中国境内外注册的企业、公司及其他提供货物、工程和服务的自然人和法人。采购单位采购的任何物品都应从合格的供应商处获得。

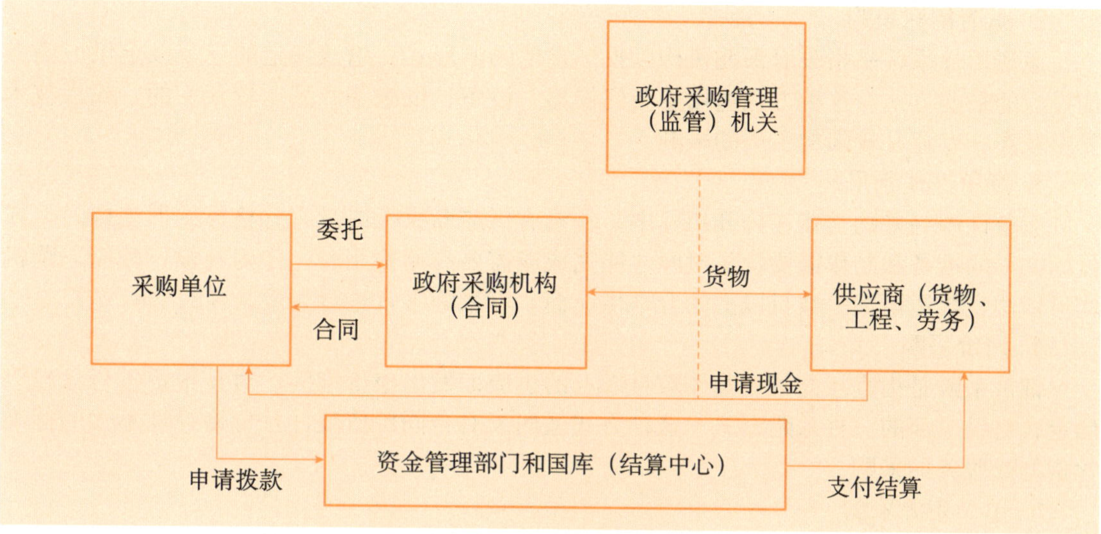

图 10－7　政府采购的流程图

2. 政府采购的客体

政府采购的客体也就是政府采购的对象，它们种类广泛，可分为货物、工程和服务三类。货物是指各种形态和种类的物品，包括原材料、设备、燃料、产品等；工程是指建设工程，包括建筑物和构筑物的新建、改建、扩建、装修、拆除、修缮等；服务也称为劳务，是指除货物或工程以外的，以无形商品为主要内容的政府采购，如专业服务、会议服务、技术服务、培训、维护维修服务等。我国《政府采购法》即采用上述分类方法，具体内容由财政部制定的《中央预算单位政府集中采购目录及标准（2020 年版）》加以规定。凡是行政事业单位采购以上物品的，均应纳入政府采购。

（二）政府采购的方式

理论上，政府采购方式有一般采购和专门采购、国际性或区域性招标采购和国内招标采购等分类，但是最常用的是按公开程度划分的政府采购方式。在这方面，我国《政府采购法》吸取了国外政府采购中的经验，从效率和公平、公开的角度设计了五种方法，包括公开招标采购、邀请招标采购、竞争性谈判采购、询价采购、单一来源采购和竞争性磋商。

1. 公开招标采购

公开招标采购也称密封招标采购，是最能体现集中性政府采购本质的采购形式，它是指政府采购机构以招标公告的形式征集供应商，并约定投标时间，供应商在投标时，采用密封信封，由政府采购机构和供应商同时加密。在开标时，在政府采购机构和供应商双方确认投标书密封完好的前提下，公开各供应商的报价和服务条件，并选择最低价格的供应商中标，双方签订采购合约。

这一方式下，供应商数量是不受限制的，但为了保证公平竞争、防止流标，政府采购机构会对供应商的资质等条件有一定的限制。

2. 邀请招标采购

邀请招标采购是指政府采购机构以投标邀请书的形式，邀请特定的三家以上供应商参加投标的采购方式。这种方式适用于专门仪器、设备、设施等产品比较专一的，或者技术要求较高、专业性较强的工程的采购。

3. 竞争性谈判采购

竞争性谈判采购是指在公开招标中，在没有供应商投标或没有合格标的即流标时，或投标文件的准备和制作需要较长时间才能完成或需要高额费用时，作为补救，政府采购机构可依法直接邀请某一数目以上的合格供应商，就采购事宜进行直接谈判的采购方式。

4. 询价采购

询价采购是指直接向某一具体数目以上的供应商发出报价询问，对其报价进行比较以确定合格供应商的一种采购方式。这种方式适用于对合同价值较低且价格弹性不大的标准化货物或服务的采购。

5. 单一来源采购

单一来源采购是指政府采购机构在适当的条件下向单一供应商征求意见或报价而进行的采购。这是一种没有竞争的采购方式，但适用条件比较严格，具体包括：只能从特定供应商处采购，或供应商拥有专有权，且无其他替代；原采购项目的后续维修、零配件供应、更换或扩充，必须向原供应商采购，在原招标范围内，补充合同的价格不超过原合同价格的某一限额，且必须要原供应商签约；从残疾人、慈善等机构采购；采购方有充足理由认为只有从特定供应商处采购，才符合实施相关政策的条件。

6. 竞争性磋商

竞争性磋商是指采购人、政府采购代理机构通过组建竞争性磋商小组与符合条件的供应商就采购货物、工程和服务事宜进行磋商，供应商按照磋商文件的要求提交响应文件和报价，采购人从竞争性磋商小组评审后提出的候选供应商名单中确定成交供应商的采购方式。

四、全面预算绩效管理制度

预算绩效是政府绩效的重要组成部分。传统预算管理重过程、轻绩效，难以提高政府支出效率，优化资源配置。预算绩效作为一种约束决策机制，贯穿政府活动的起点和终点。

（一）全面预算绩效管理制度的内涵

全面预算绩效管理制度强调“全面”和“绩效”，实现预算和绩效管理一体化，将绩效管理落实到政府预算的各个方面。空间维度上纵横交贯，纵向纳入政府各个层级的预算，横向覆盖所有口径的预算；时间维度上包括预算的整个过程，形成全方位、全过程、全覆盖的预算绩效管理体系。

预算绩效管理的全方位和全覆盖侧重预算的整体性和协调性，实现不同层级预算之间的衔接和统一。全面预算绩效管理制度的全方位强调预算管理多层次，涵盖五级政府及下属部门和事业单位，实施政府预算、部门和单位预算、政策和项目预算绩效管理。该制度从以政策和项目为对象考察政策及项目在整个实施周期的绩效拓展到部门和单位以及政府预算绩效。明确预算资金在不同层级政府以及同级政府不同部门之间的分配，按层级、按部门全面梳理政策项目，跨层级、跨部门的政策及项目应注重预算的统筹性，根据政策及项目的覆盖对象实行顶层设计，层层分解预算目标，提高预算的有效性。

全面预算绩效管理制度的全覆盖侧重预算管理内容全口径，除一般公共预算外，将各级政府的政府性基金预算、国有资本经营预算和社会保险基金预算也全部纳入绩效管理。一方面，科学界定政府收支范围和口径，凡属于政府收支的全部纳入预算管理，不属于政府收支的应明确管理方式。另一方面，理顺政府与市场、政府与企业之间的关系，将涉及财政资金的政府投资基金、主权财富基金、政府和社会资本合作、政府采购、政府购买服务以及政府负有偿还义务的债务也纳入预算绩效管理范畴。

全面预算绩效管理制度的全过程指的是在预算编制、执行、监督各个阶段以绩效为导向。预算规划与编制阶段要在事前进行预算绩效评估，设定细化、量化的绩效目标，以绩效目标为依据编制和审核预算；预算执行阶段考察预算执行进度和绩效目标实现情况，及时反馈并调整；预算决算与绩效评价阶段要结合目标实现情况编制和审核决算，使预算整个过程置于控制之下，并从内外部评价预算绩效，将评价结果作为以后预算安排的依据，加强预算激励和问责。

育人园地

《中共中央国务院关于全面实施预算绩效管理的意见》解读

2018 年 9 月 1 日，中共中央国务院《关于全面实施预算绩效管理的意见》指出：

“党的十八大以来，在以习近平同志为核心的党中央坚强领导下，各地区各部门认真贯彻落实党中央、国务院决策部署，财税体制改革加快推进，预算管理制度持续完善，财政资金使用绩效不断提升，对我国经济社会发展发挥了重要支持作用。但也要看到，现行预算绩效管理仍然存在一些突出问题，主要是：绩效理念尚未牢固树立，一些地方和部门存在重投入轻管理、重支出轻绩效的意识；绩效管理的广度和深度不足，尚未覆盖所有财政资金，一些领域财政资金低效无效、闲置沉淀、损失浪费的问题较为突出，克扣挪用、截留私分、虚报冒领的问题时有发生；绩效激励约束作用不强，绩效评价结果与预算安排和政策调整的挂钩机制尚未建立。

当前，我国经济已由高速增长阶段转向高质量发展阶段，正处在转变发展方式、优化经济结构、转换增长动力的攻关期，建设现代化经济体系是跨越关口的迫切要求和我国发展的战略目标。发挥好财政职能作用，必须按照全面深化改革的要求，加快建立现代财政制度，建立全面规范透明、标准科学、约束有力的预算制度，以全面实施预算绩效管理为关键点和突破口，解决好绩效管理中存在的突出问题，推动财政资金聚力增效，提高公共服务供给质量，增强政府公信力和执行力。”

预算绩效管理是深化财税体制改革、建立现代财政制度的关键环节。推进国家治理体系和治理能力现代化需要全面实施预算绩效管理，构建全方位、全过程、全覆盖的预算绩效管理体系，从而优化财政资源配置，提升公共服务质量。全方位、全过程、全覆盖的预算绩效管理体系的提出既是响应国家治理现代化的号召，也是我国财政发展的现实需要。

（二）全面预算绩效管理制度的实现路径

目前我国预算绩效的挑战与机遇并存，能否推动预算绩效改革的前进决定了我们能否在国家治理现代化的路上走得更远。为此，应借鉴预算绩效国际经验，立足于基本国情，推动全面实施绩效管理的“五化”路径。

1. 实现预算程序法定化

规范而完备的法律法规为预算编制与执行提供了明确的操作依据，是预算相关人员操作过程规范化的前提。预算程序法定化不仅要求顶层设计全面且合理，而且要求法律法规做到细化和量化。在进一步完善预算制度的同时，应当严格规范相关人员的操作，加强预算在各个环节的合规性。一方面，加强对预算参与人员专业水平的培训，特别应当注意加大基层工作人员专业培训投入，提升其完成工作的能力。另一方面，提高政府各部门以及立法机构的绩效意识，使其认识到绩效预算的重要性以及各自在预算中职责的重要性，赋予其完成工作的良好意愿。

2. 促进绩效问责一体化

构建有效的绩效评价体系，使可靠的绩效信息集聚，是我国下一步绩效预算改革向纵深推进迫切需要解决的任务。建议由政府设立绩效评价中心，独立于具体职能部门，对各部门工作展开绩效评价，改变现有的各部门自己评价自己的模式。在行政体制上，中心可以对本级政府负责，也可以对人大负责。同时为了协调各层级绩效评价中心的工作，实现资源共享，促进评价水平提高。此外，应鼓励聘请第三方机构开展绩效评价，第三方机构面临着市场竞争淘汰机制，出具的绩效报告往往专业水平更高，更具公信力。

3. 推动财政收支标准化

根据政府收支科目分类改革，按照项目收支分类要求，结合分行业会计制度办法，加快研究制定《分行业收支项目绩效目标与指标》，在实践中逐步完善，最终建立起一整套“可比较、可监测、可报告、可公开”的预算绩效目标和指标体系，实现全国统一的标准体系。

4. 支持预算决策科学化

目前，各级政府实质上既拥有预算决策权又拥有执行权，人大对预算的决策权流于形式，由此产生了权责不匹配、支出成效疏于监管等问题。通常来说，政府负责编制和执行预算，各级立法机构则负责对预算进行审核与批准，只有清晰合理的权责划分才能形成有效的运作机制，避免失职与推诿情况的发生。因此，应当按照“权力划分清晰，责任与权力相匹配”原则，着重落实决策权与执行权的分离工作。政府与各职能部门保留预算的编制权与执行权，各级人大则获得预算的决策权，这样更有利于决策的科学化。另外，绩效信息在决策中的运用程度上也影响预算决策的理性与科学程度，在目前预算决策权与执行权尚未分离的情况下，应当先发展绩效信息的运用技术，为加强绩效信息在决策中的作用提供支持。

5. 强化预算制度规范化

中国特色社会主义道路具有无比强大的前进定力。作为国家治理现代化的重要保障，绩效预算不应当也不能被改革所忽视。尽管当前绩效预算面临着诸多的挑战，但更应当抓住宝贵的机遇，以化解财政收支矛盾为动力，依靠依法治国建立起的法制保障，将绩效预算机制作为完善国家治理的切入点，全面实施预算绩效管理，建立中国特色的绩效预算制度。实现预算程序法定化、促进绩效问责一体化、推动财政收支标准化、支持预算决策科学化、强化预算制度规范化等改革路径，旨在提高政府效率，优化资源配置，形成强有力的“终身责任追究机制和责任倒查制度”，以建立全面规范透明、标准科学、约束有力的预算制度，进而全面实施绩效管理。

我国是一个社会主义国家，政治体制决定了预算决策应当体现最广大人民的根本利益，国家治理的难点与要点也有异于西方国家。因此，改革成果必将反哺和丰富预算绩效理论，赋予预算绩效新的意义，努力使决策者、执行者的绩效理念和意识逐步转化为绩效行动，尽快建立健全规范的预算制度框架体系，助推阶段性改革目标任务完成。

课堂小思考

政府采购有哪些不同于家庭采购的地方？

专栏

预算制度的改革

我国预算管理和国家治理经历了计划经济体制探索阶段、适应中国特色社会主义市场经济体制的公共预算治理体系探索阶段，以及全面深化改革时期开始建立适应高质量发展要求的现代国家治理体系和政府预算管理三个阶段。我国以预算管理制度为核心的财政制度在服务于奠定后发大国发展基础、促成后发大国优势发挥和服务于全面统筹协调发展目标的现代国家治理体系中发挥了重要的作用，但同时也存在一些不足。

随着经济发展阶段的推移，实现经济社会全面协调发展成为国家发展的重要目标，构建与现代国家治理相适应的预算管理体系被提上议事日程。改革开放以来，在以经济建设为中心的思想指导下，我国实现了持续快速的经济增长；与此同时，城乡之间、地区之间的发展差距也持续扩大，诸多方面的经济结构失衡越来越明显，经济、社会、文化、生态等方面不协调也日益显现。在体制改革和完善方面，社会主义市场经济体制导向下的经济体制改革持续推进，但经济体制内部和经济体制改革与政治、文化、社会和生态等方面的体制改革不同步、不协调日益明显，影响了国家整体治理机制的协调和治理能力提高。

在此背景下，党的十六届六中全会提出构建社会主义和谐社会，党的十六大提出全面建设小康社会，党的十八大提出统筹推进经济、政治、文化、社会和生态文明建设“五位一体”的总体发展布局，党的十八届四中全会提出协调推进全面建成小康社会、全面深化改革、全面推进依法治国、全面从严治党的“四个全面”发展战略。国家建设开启了以经济为重点，向经济、政治、文化、社会、生态全面协调发展的进程。以党的十八届三中、四中全会为标志，中国国家治理、财税体制改革和预算制度建设进入了新的阶段。《中共中央关于全面深化改革若干重大问题的决定》（以下简称《决定》）指出：“全面深化改革的总目标是完善和发展中国特色社会主义制度，推进国家治理体系和治理能力现代化。”《决定》将财政定位为国家治理的基础和重要支柱，明确提出实施全面规范、公开透明的预算制度目标是深化财税体制改革、建立现代公共财政的迫切需要，也是加快转变政府职能、推进国家治理体系和治理能力现代化的重要保障。党的十八届三中、四中全会以来，以“五个统筹”和“四个全面”为引领，我国加快了预算制度建设和改革的进程。

党的十八届四中全会提出全面建设法治国家之后，我国法治化的进程明显加快。在全面落实依法治国的过程中，我国加快了税收立法和预算立法进程，预算法制化进程明显加快。其一，2014 年 8 月 31 日，第十二届全国人民代表大会常务委员会第十次会议通过了《预算法》的修改四审稿，2015 年开始实施。2018 年 12 月十三届全国人民代表大会常务委员会第七次会议对《预算法》第二次修正。其二，2015 年 1 月国务院发布《关于批转财政部权责发生制政府综合财务报告制度改革方案的通知》，明确同意财政部《权责发生制政府综合财务报告制度改革方案》，要求 2016—2017 年开展政府财务报告的试编制工作，从 2017 年起开始编制 2016 年度政府财务报告。其三，2018 年 9 月 1 日，中共中央发布了《关于全面实施预算绩效管理的意见》，明确提出了构建实行全方位预算管理的格局，建立全过程预算绩效管理链条，完善“全覆盖”预算绩效管理体系，标志着我国预算管理进入了全面预算绩效管理的阶段。其四，2020 年 8 月，中华人民共和国国务院令第 729 号公布修订后的《中华人民共和国预算法实施条例》，并于 2020 年 10 月 1 日开始实施。其五，根据税收法定要求，全国人大加快了税收立法的进程。“十三五”期间，为了落实党的十八届三中全会关于“落实税收法定原则”的要求，我国税收立法步伐明显加快，全国人民代表大会常务委员会已经先后制定了 8 部税法，18 个税种已有 11 个税种实现了立法。

党的十九大提出并全面阐述了新时代中国特色社会主义的思想，为我国国家治理和预算制度改革、完善提供了明确的指导。党的十九大提出全面深刻领会新时代中国特色社会主义思想必须坚持党对一切工作的领导，必须坚持和完善中国特色社会主义制度，必须不断推进国家治理体系和治理能力现代化，必须全面依法治国，必须坚持以人民为中心，这对我国预算制度改革和完善具有十分重要的指导意义。党的十九大报告明确提出建立全面规范透明、标准科学、约束有力的预算制度，全面实施绩效管理，标志着我国预算制度改革迈向新的发展阶段。党的十九届五中全会指出，要深化预算管理制度改革，强化对预算编制的宏观指导。党的十九届五中全会提出的国民经济“十四五”规划和“2030 年远景规划”的指导意见对预算改革提出了明确指导意见。《中共中央关于制定国民经济和社会发展第十四个五年规划和二〇三五年远景目标的建议》明确提出：“深化预算管理制度改革，强化对预算编制的宏观指导和审查监督。加强财政资源统筹，推进财政支出标准化，强化预算约束和绩效管理。完善跨年度预算平衡机制，加强中期财政规划管理，增强国家重大战略任务财力保障。”

2008 年以后，尤其是 2020 年新冠肺炎疫情暴发以来，我国经济发展面临的国内外形势发生了重大变化，为应对新常态下经济发展的新形势，贯彻《预算法》及其实施条例的相关规定，2021 年 4 月国务院发布《关于进一步深化预算管理制度改革的意见》（国发〔2021〕5 号，以下简称《意见》）。《意见》从加大预算收入统筹力度、规范预算支出管理、严格预算编制管理、强化预算执行和绩效管理、加强风险防控、增强财政透明度等几个方面提出进一步完善预算管理制度的重点领域。构建以国内循环为主，国际国内相互促进的双循环发展格局对我国国家治理机制和预算管理制度提出了新的挑战，提供了新的机遇。

从国家治理和预算管理演进的阶段看，主要经历了三个阶段。(1) 新中国成立到改革开放之初这段时期是政府治理主导的国家治理阶段，奠定后发大国经济发展的基础是国家治理的关键重点领域。此时预算服从和服务于经济建设的目标并处于起步阶段。(2) 改革开放到党的十八大召开这段时期是国家治理从政府治理主导到引入并逐渐强化市场治理，同时伴随着体制转轨和社会转型开始关注社会治理的多元治理机制构建阶段。国家治理内容从经济建设为主向统筹经济、政治、社会、文化和生态阶段过渡。这段时期，与市场经济体制相匹配的有：中国特色社会主义市场经济条件下公共财政制度框架基本形成，适应市场经济体制的预算制度框架逐渐形成。但这与现代预算制度建立还存在一定差距，预算机制有待进一步完善。(3) 党的十八届三中全会以来，我国在国家治理方面进入有意识地构建政府治理、市场治理和社会治理有机协调的国家治理体系阶段，国家治理的内容进入从社会有机体的视角，全面关注政治、经济、文化、社会、生态的全面协调发展，财政制度进入有计划、有组织建立现代财政制度时期，政府预算制度方面进入全面关注预算的法治性、公开性、透明度、参与性、准确性、约束力，着手完善相关制度，建立现代预算制度的阶段。

从我国国家治理、预算管理演进的路径和经历的主要阶段可以发现，我国国家治理一直引领财政和预算管理发展，并为预算管理改革和完善提供前提和基础，政府预算始终与国家治理紧密联系，支撑、服务国家治理。随着我国经济社会发展进入中国特色社会主义新时代，政府预算改革和完善已经成为完善健全国家治理体系的关键和瓶颈，要建立全面、系统的国家治理体系，提升国家治理效能，就必须进一步加快政府预算体制改革，完善政府预算治理机制。

思考与练习

一、选择题

1. 我国预算年度的起始期限为（　　）。

A. 当年的 1 月 1 日至 12 月 31 日

B. 当年的 4 月 1 日至次年的 3 月 31 日

C. 当年的 10 月 1 日至次年的 9 月 30 日

D. 当年的 7 月 1 日至次年的 6 月 30 日

2. 政府预算是政府的（　　）财政收支计划。

A. 多年度　　B. 年度　　C. 季度　　D. 月度

3. 复式预算是按预算收支的（　　）编制的年度预算。

A. 目标计划　　B. 绩效评价　　C. 成本—效益　　D. 资金性质

4. 政府采购机构以投标邀请书的形式，邀请特定的三家以上供应商参加投标的采购方式指的是（　　）。

A. 公开招标采购　　B. 邀请招标采购

C. 竞争性谈判采购　　D. 询价采购

5. 我国政府预算的最终审批权归于（　　）。

A. 中国人民银行　　B. 国务院

C. 全国人民代表大会　　D. 全国人民代表大会常务委员会

二、判断题

1. 目前，世界上大多数国家实行多级预算。（　　）

2. 我国的预算年度采用跨年制。（　　）

3. 复式预算是把全部财政收支按经济性质分别列入两个或两个以上的表格中。（　　）

4. 预算管理体制是一项完整的系统工程，目标是建立事权与财权相适应、相匹配的制度模式。（　　）

5. 预算草案最终要由国务院审查批准才具有法律效力。（　　）

三、简答题

1. 试从不同角度阐述政府预算的内涵。

2. 说明政府预算的各个流程。

3. 理解全面预算绩效管理体制的实现路径。

4. 列举出预算绩效评价的指标。

5. 简述国库集中收付制度的特征。

第十一章

政府间财政关系

学习目标

- 了解政府间财政关系的内涵
- 理解政府间财政关系的演变思路
- 了解分税制财政体制的意义
- 掌握政府间财政转移支付制度的相关概念

案例导入

2020 年 3 月 5 日，在国务院联防联控机制举办的新闻发布会上，财政部表示，截至当前，中央对地方转移支付已经下达了 6.28 万亿元，比去年同期增加了 1.26 万亿元。新冠肺炎疫情发生以来，为促进复工复产，各地都采取了相应政策措施，解决企业经营困难和稳定就业，对还需要打好精准扶贫攻坚战的地方来说，财政资金更加捉襟见肘。为发挥更加积极的财政政策，中央加快、加大对地方转移支付预算，有助于补好公共医疗防疫领域的短板，也有助于稳定就业和稳定投资。

结合案例思考：我国政府间转移支付制度的必要性是什么？

第一节
政府间财政关系概述

建立现代化的政府治理体系要求建立权责清晰、财力协调的政府间财政关系，这涉及政府间财权和事权的划分、转移支付制度的规范等多方面问题。从历史发展的角度出发，对我国政府间财政关系的演变过程进行梳理，厘清并了解各级政府职能边界，了解分税制的内涵与发展，以及政府间转移支付制度等相关概念具有重要意义。

一、政府间财政关系的内涵

在一个拥有多级政府的制度下，政府间财政关系表现为纵向与横向两个方面，纵向就是中央与地方的关系，横向则是各地方政府之间的关系。

中央和地方政府的财政关系一直是财政学和政治学研究的重要课题，国内外学者都从不同的角度对政府间的财政关系，特别是如何通过恰当的财政分权妥善处理中央与地方的财政关系，进行了深入而系统的研究。妥善处理政府间财政关系，就是通过适度的财政分权，使得不同层级的政府在处理经济社会事务时，能够责、权、利相结合，具备履行其职责所必备的财政能力，能够更好地提供基本的公共产品与公共服务。

可见，政府间财政关系的实质是一个国家政府间事权、财权和财力的集中与分散的问题，对这一问题的处理，关系到中央和地方各级政府在经济社会事务中的责、权、利，影响中央与地方各级政府的正常运行，影响国家的经济发展和社会的长治久安，因而是一个重大的经济问题和政治问题。

二、政府间财政关系的划分原则

《国务院关于推进中央与地方财政事权和支出责任划分改革的指导意见》（国发〔2016〕49 号，以下简称《意见》）提出：合理划分中央与地方财政事权和支出责任是政府有效提供基本公共服务的前提和保障，是建立现代财政制度的重要内容，是推进国家治理体系和治理能力现代化的客观需要。根据党的十八大和十八届三中、四中、五中全会提出的建立事权和支出责任相适应的制度、适度加强中央事权和支出责任、推进各级政府事权规范化法律化的要求，按照党中央、国务院决策部署，《意见》中明确提出，政府间财政关系的划分原则为：

（一）体现基本公共服务受益范围

体现国家主权、维护统一市场以及受益范围覆盖全国的基本公共服务由中央负责，地区性基本公共服务由地方负责，跨省（区、市）的基本公共服务由中央与地方共同负责。

（二）兼顾政府职能和行政效率

结合我国现有中央与地方政府职能配置和机构设置，更多、更好发挥地方政府尤其是县级政府组织能力强、贴近基层、获取信息便利的优势，将所需信息量大、信息复杂且获取困难的基本公共服务优先作为地方的财政事权，提高行政效率，降低行政成本。信息比较容易获取和甄别的全国性基本公共服务宜作为中央的财政事权。

（三）实现权、责、利相统一

在中央统一领导下，适宜由中央承担的财政事权、执行权要上收，加强中央的财政事权执行能力；适宜由地方承担的财政事权、决策权要下放，减少中央部门代地方决策事项，保证地方有效管理区域内事务。要明确共同财政事权中央与地方各自承担的职责，将财政事权履行涉及的战略规划、政策决定、执行实施、监督评价等各环节在中央与地方间做出合理安排，做到财政事权履行权责明确和全过程覆盖。

（四）激励地方政府主动作为

通过有效授权，合理确定地方财政事权，使基本公共服务受益范围与政府管辖区域保持一致，激励地方各级政府尽力做好辖区范围内的基本公共服务提供和保障，避免出现地方政府不作为或因追求局部利益而损害其他地区利益或整体利益的行为。

（五）做到支出责任与财政事权相适应

按照“谁的财政事权谁承担支出责任”的原则，确定各级政府支出责任。对属于中央并由中央组织实施的财政事权，原则上由中央承担支出责任；对属于地方并由地方组织实施的财政事权，原则上由地方承担支出责任；对属于中央与地方共同财政事权，根据基本公共服务的受益范围、影响程度，区分情况确定中央和地方的支出责任以及承担方式。

三、我国政府间财政关系的演变

如何处理好政府间的财政关系是一个历史悠久的话题。随着生产力的发展，政府和市场的关系不断调整，政府职能和财政职能的范围也处于动态调整中。正因如此，每项具体财政职能划归哪级政府履行，每项财政收入划归哪级政府拥有，每项财政支出责任划归哪级政府承担，就需要阶段性地加以规范和界定。也就是说，政府间财政关系并非一成不变。新中国成立70多年来，在市场化改革的背景下，我国政府间财政关系呈现出动态调整的状态，我国中央与地方政府间集权与分权的发展过程体现为财权财力集中于中央—财权财力放权向地方—财权上收事权下放—政府间财权关系逐步调整的迂回式前进。

（一）财权财力集中于中央

在1949—1978年，我国实行的是与计划经济体制相适应的统收统支的财政体制，这一时期的财政体制有着财权高度集中于中央的特征。统收统支财政管理体制的基本性质体现为“统一领导，分级管理”，在中央政府统一的制度和政策下实行按照地方预算级次的分级管理，地方实际的财政收入与支出支配权较小，并未构成实际的独立预算主体。统收统支的财政管理体制未能严格分开中央与地方财政，体现为中央政府与地方政府“吃大锅饭”，中央政府集中了财权和财力，同时负责财政资源的配置，但在资源配置过程中由于信息不对称和监督不到位等原因往往造成配置效率低下，地方的主观能动性和积极性得不到发挥，只负责执行中央的决策，并未建立起真正的分级财政制度。因此，在改革开放后，配合经济体制的改革，财政体制开始向分级包干财政体制方向迈进。

（二）财权财力放权向地方

1979—1993年我国的财政管理体制是分级包干财政体制，这一时期对应的经济体制则是计划经济为主，市场经济为辅。分级包干财政体制也叫“分灶吃饭”体制，特点是“划分收支，分灶吃饭”，指的是在划分收支范围的基础上，中央和地方政府自负收支，自求平衡。分级包干财政体制在20世纪80年代经历了三次调整，但主旨都体现为中央政府为调动地方政府增收积极性，将一定的财政自主权赋予地方，使地方政府能够保证财政平衡。

分级包干财政制在调动了地方发展积极性的同时，减弱了中央的宏观调控能力，中央财政收入增长缓慢，甚至产生财政赤字，不得不向中央银行借款；地方政府为争取更多的财政收入，通过将预算内收入化为预算外收入等办法减少向中央的上缴收入，不同地区间适用的包干制不尽相同，缺乏中央的监督和约束，造成了地区间的信息不对称和机会不均等，不利于形成全国性市场。

（三）财权上收事权下放

1994年至今的分级分税财政体制（简称分税制）主要对应社会主义市场经济体制。财政分税制下，中央与地方按照财权事权对应的原则划分各级政府财政收入和支出，并通过转移支付的方式来协调地方各级政府间的财政收支关系。分税制在财权和事权的划分上体现为财权上收至中央，事权下放至地方，改变了包干制下的“两个比重”过低的问题，保障了中央一级的财政收入，在增强中央的宏观调控能力的同时调动地方经济发展的积极性，带来了我国财政收入的高速增长。

分级分税财政体制沿袭了分级包干财政体制的分权思想，财政分权为地方政府发展经济与地方官员追求晋升提供了激励。尽管分级包干财政体制存在的一些问题并未真正得到解决，但分税制改革是我国建设现代化财政体制迈进的一大步。相比分级包干财政体制，分税制更有利于引导地方政府的投资和经济发展行为，避免地方的重复建设和盲目投资，促进了地方产业结构的优化。但分税制也存在着中央与地方财权与事权划分不合理、转移支付制度不规范等问题，需要在现代财政制度下逐步完善。

（四）政府间财权关系逐步调整

以 2013 年党的十八届三中全会为分水岭，市场经济在我国整体经济活动中的地位由基础性作用变为决定性作用，对应国家治理体系与治理能力现代化发展要求，我国正式进入现代化财政制度建设阶段。在现代化财政制度建设的总框架下，我国目前已经取得了一定的阶段性成果：在十二届全国人大常委会第十次会议上通过了修订后的《中华人民共和国预算法》，并于 2015 年 1 月 1 日正式实施，健全了透明预算制度，建立了跨年度的预算平衡机制，基本建立了现代预算制度；规范了地方债务管理，对地方债务风险严格管控；从多个方面推进转移支付制度的改革，加快了地区间公共服务提供均等化的步伐；税制改革取得了阶段性成果，实施了营业税改增值税、个人所得税改革、房地产税试点等多项重要税收制度改革；政府财权与事权的科学划分和财力与支出责任的合理分配工作正稳步推进，国务院发布了《国务院关于推进中央与地方财政事权和支出责任划分改革的指导意见》，并已印发了对科技和教育等领域的政府间事权和支出责任划分改革方案，按照重要性的原则推进重点领域政府间事权和支出责任划分工作；为更好地适应减税降费政策，国务院在 2020 年 10 月 9 日印发了《实施更大规模减税降费后调整中央与地方收入划分改革推进方案》，明确了中央与地方政府的增值税分担比例，同时完善了增值税的留抵退税分担机制，并后移消费税征税环节以拓展地方收入来源，在构建中央与地方之间更为合理的财力分担机制的基础上进一步推进了地方税体系的改革。

课堂小思考

你觉得政府间财权与事权应如何划分？

第二节
分税制财政体制

一、分税制概述

（一）分税制的内涵

分税制，是在合理划分中央与地方政府事权范围的基础上，主要按税种来划分各级政府的预算收入，各级预算相对独立，负有明确的平衡责任，各级次间和地区间的差别通过转移支付制度进行调节的一种财政体制。其要点是：一级政府一级预算，各级预算相对独立、自求平衡；在明确划分各级政府职责的基础上划分各级预算支出范围；收入划分主要按税种来确定，也可对同一税种按不同税率分配或实行共享制；对预算收入水平的差异通过政府间转移支付制度加以调节。

（二）分税制的特征

分税制在不同国家有不同的具体形式，但其基本特征如下：

1. 规范性

分税制的规范性主要体现在两个方面。一是各级政府收支范围的划分和调节制度的安排是规范的。支出范围的划分严格以事权范围的规定为依据，收入范围的划分在遵循财权与事权相匹配的原则基础上，主要以税种或税权的标准来确定，预算调节制度的安排要充分体现公平与效率相结合的原则，并有规范的计算依据。同时，分税制中的各种基本制度在全国具有统一性，如中央税或地方税的税种或税权在全国各地的划分是一致的。二是分税制的运作过程是规范的，各级政府各司其职，收入分征、分管。

2. 层次性

分税制具有明显的层次性。各级财政在划定的收支范围内安排本级财政活动，负有明确的平衡责任。一级财政既不能任意向外转移自身的财政负担，也不能随意包揽应由其他级次财政承担的事务。分税制的这种层次性有利于明确各级财政的职责，调动各方面的积极性，提高财政管理的效能。

3. 法制性

分税制要求对各级政府事权、财权的划分及其相互关系要以一定的法律法规的形式加以规定，这是市场经济的法制化在财政活动领域的体现。法制性可以增强预算管理的透明度，加强制约和监督，同时法制性也能保障财政体制的稳定性，使国家财政管理体系的运行不受一般政治经济事件的影响。实际上，正因为分税制所具有的规范性和标准化特征，所以其能从法律法规的高度对其基本原则和内容加以明确规定。因此，在财政体制中，也只有分税制才能实现法制性的要求。

（三）分税制实行的意义

在我国社会主义市场经济快速发展的情况下，推行分税制具有很强的现实意义。第一，分税制可以规范和稳定中央与地方之间的财政分配关系，减少相互之间的利益冲突和摩擦，使中央和地方有效配置各自的财力。第二，分税制有利于增强中央政府的宏观控制能力，因为分税制对公共财力的划分能确保中央财政的主导地位，使国家的收入分配调节和宏观政策的实施有必要的财力保证。第三，分税制有利于打破地区分割，规范地方政府行为，避免地方政府为争夺财政收入而实行地方保护，促进生产要素的合理流动。

二、分税制改革的背景与指导思想

1994 年的分税制改革充分考虑了我国的国情和当时的可行性，并借鉴了国际通行的分级分税预算管理体制的有用经验。分税制是一种符合我国实际的预算管理体制。

（一）分税制改革的背景

改革开放后，我国财政体制由集权制转成了分权制，最有代表性的是 20 世纪 80 年代初开始的“分灶吃饭”体制。该体制后来有各种各样的演变，20 世纪 80 年代末到 90 年代初相对稳定的 6 种大包干或者其他的包干形式也是“分灶吃饭”体制下的一种包干制、分成制。1992 年，党的十四大提出社会主义市场经济体制的目标后，中央在立足国情的基础上，借鉴成熟市场经济国家的经验，把原来的行政性分权改为经济性分权，跳出了过去按照行政隶属关系组织财政收入的分权模式，走上分税制的道路。这种分税分级的财政体制是跟市场经济的总体要求相配套的，因此整个政府财力运作的规范性和地方理财的稳定性也都大大提升了。

（二）分税制改革的指导思想

分税制改革的指导思想主要包括：

合理处理中央与地方的利益关系，促进国家财政收入合理增长，逐步提高中央财政收入的比重，增强中央财政的宏观调控能力，同时又要考虑地方利益，调动地方发展经济、增收节支的积极性。

合理调节地区之间的财力分配，既要有利于经济发达地区继续保持较快的发展势头，又要通过中央财政对地方的税收返还和转移支付制度，扶持经济不发达地区的发展和老工业基地的改造。

坚持“统一政策与分级管理相结合”的原则，划分税种不仅要考虑中央与地方的收入分配，还必须考虑税收对经济发展和社会分配的调节作用，中央税、共享税以及一些地方税的立法权都要集中在中央，以保证中央政令统一，维护全国统一市场和企业平等竞争。

分税制改革既要借鉴国外经验，又要从本国实际出发，在明确改革目标的基础上，改革办法力求规范化，坚持整体设计与逐步推进相结合的原则，通过渐进式、温和式的改革，先把分税制的基本框架建立起来，在实施中逐步完善。要抓住重点，分步实施：首先，针对收入流失比较严重的状况，通过分税和分别征管堵住漏洞，保证财政收入的合理增长，先把主要税种划分好，其他收入划分逐步规范化；其次，作为过渡，原体制的补助、上解和有些结算事项继续运转；最后，通过“存量不动，增量调整”的办法，逐步提高中央财政收入的比重，逐步调整地方利益格局。

三、我国分税制改革发展历程

（一）分税制改革的基本内容

1. 划分支出

按照事权划分，1994 年分税制改革确定了中央与地方的支出范围。

中央财政支出包括中央本级各部门经济、社会事业发展支出、中央对地方的税收返还支出、中央对地方的各种补助支出等方面。具体包括国防支出、武警经费、外交和援外支出、中央级行政管理费、中央统管的基本建设投资、中央直属企业的技术改造和新产品试制费、地质勘探费、由中央财政安排的支农支出、由中央负担的国内外债务的还本付息支出，以及中央本级负担的公检法支出和文化、教育、卫生、科学等各项事业费支出。

地方财政支出包括地方本级各部门经济、社会事业发展支出，地方上级财政对下级财政的税收返还支出，对下级财政的各项补助支出，地方财政上解中央财政的支出等方面。具体包括地方行政管理费、公检法支出、部分武警经费、民兵事业费、地方统筹的基本建设投资、地方企业的技术改造和新产品试制经费、支农支出、城市维护和建设经费，以及地方文化、教育、卫生等各项事业费，价格补贴支出和其他支出。

2. 划分收入

1994 年分税制改革将全部税收收入分为中央固定收入、地方固定收入和中央地方共享收入。

中央固定收入包括关税、海关代征消费税和增值税、中央企业所得税、非银行金融企业所得税以及铁道、银行总行、保险总公司等部门集中缴纳的收入（包括营业税、所得税和城市维护建设税）等。

地方固定收入包括营业税（不含银行总行、铁道、保险总公司的营业税）、地方企业所得税、个人所得税、城镇土地使用税、固定资产投资方向调节税、城市维护建设税（不含银行总行、铁道、保险总公司集中缴纳的部分）、房产税、车船使用税、印花税、屠宰税、农牧业税、耕地占用税、契税、遗产税和赠予税、土地增值税等。

中央财政与地方共享收入包括增值税、资源税、证券交易印花税。其中，增值税中央分享 75%，地方分享 25%；资源税按不同的资源品种划分，陆地资源税作为地方收入，海洋石油资源税作为中央收入；证券交易税由中央和地方各分享 50%。

为了与税收收入的划分相配套，1994 年我国对税务系统进行了拆分，设置中央与地方两套税务机构，实行分别征税。其中，国家税务总局和海关系统负责征收中央固定收入以及中央与地方共享收入；共享收入中地方分享的部分，由国家税务总局直接划入地方金库；地方固定收入则由地方税务局负责征收。

3. 制定税收返还办法

为了实现新旧体制的平稳转换，保证分税制能够顺利推行，1994 年我国制定了税收返还办法，其核心是保持地方既得利益格局。中央财政对地方税收返还数额以 1993 年为基期核定，按 1993 年地方实际收入以及税制改革后中央与地方收入划分情况，核定 1993 年中央从地方净上划的收入数额（即消费税＋增值税的 75%－中央下划收入）。1993 年中央净上划收入，全额返还地方，保证现有地方既得财力，并以此作为以后中央对地方税收返还基数。1994 年以后，税收返还额在 1993 年基数上逐年递增，递增率按本地区增值税和消费税增长率的 1∶0.3 系数确定，即上述两税全国平均每增长 1%，中央对地方的税收返还增长 0.3%。如果 1994 年以后中央净上划收入达不到 1993 年基数，则相应扣减税收返还基数。

4. 解决原体制遗留问题

实行分税制以后，原体制中央对地方的补助按规定继续补助，保留了原体制中央财政对地方的定额补助、专项补助和地方上解等内容。原体制地方上解仍按不同体制类型执行：实行递增上解的地区，按原规定继续递增上解；实行定额上解的地区，按原确定的上解额，继续定额上解；实行总额分成地区和原分税制试点地区，暂按递增上解办法，即按 1993 年实际上解数和核定递增率，每年递增上解。

（二）分税制的完善与优化

但需要看到，1994 年分税制改革是基于当时的历史条件构建起的一个制度框架，为争取地方政府对改革的最大支持，采取了照顾地方既得利益的体制安排，在很大程度上仍带有旧体制的印记。虽然经过多年的调整与完善，但由于受到各种客观因素的制约，既有财政体制距离规范的分级财政体制仍有一定差距，主要表现在以下几个方面：政府间事权与支出责任划分不清晰、不合理和不规范，政府间收入划分不尽合理，政府间转移支付有待完善，省以下财政体制有待规范。具体而言，还需要从以下方面深化分税制财政体制改革。

首先，积极稳妥推进中央与地方财政事权与支出责任划分改革。中央与地方财政事权和支出责任划分改革是建立科学规范政府间关系的核心内容，是完善国家治理结构的一项基础性、系统性工程，对全面深化经济体制改革具有重要的推动作用。各地区、各部门应遵照中央政策部署，切实履行职责，密切协调配合，积极稳妥推进中央与地方财政事权和支出责任划分改革。财政事权和支出责任划分与教育、社会保障、医疗卫生等各项改革紧密相连、不可分割。要将财政事权和支出责任划分改革与加快推进相关领域改革相结合，既通过相关领域改革为推进财政事权和支出责任划分创造条件，又将财政事权和支出责任划分改革体现和充实到各领域改革中，形成良性互动、协同推进的局面。随着中央与地方财政事权和支出责任划分改革的推进，地方的财政事权将逐渐明确。对属于地方的财政事权，地方政府必须履行到位，确保基本公共服务的有效提供。中央要在法律法规的框架下加强监督考核和绩效评价，强化地方政府履行财政事权的责任。

其次，保持现有中央和地方财力格局总体稳定，结合税制改革，考虑税种特性，进一步理顺中央和地方收入划分。根据税种属性特点，遵循公平、便利和效率等原则，合理划分税种，将收入周期性波动较大、具有较强再分配作用、税基分布不均衡、税基流动性较大、易转嫁的税种划为中央税，或中央分成比例多一些；将其余具有明显受益性、区域性特征、对宏观经济运行不产生直接重大影响的税种划分为地方税，或地方分成比例多一些，以充分调动中央和地方两个积极性。

再次，完善转移支付制度。合理划分中央和地方事权与支出责任，逐步推进转移支付制度改革，形成以均衡地区间基本财力、由地方政府统筹安排使用的一般性转移支付为主体，一般性转移支付和专项转移支付相结合的转移支付制度。属于中央事权的，由中央全额承担支出责任，原则上应通过中央本级支出安排，由中央直接实施。随着中央委托事权和支出责任的上收，应提高中央直接履行事权安排支出的比重，相应减少委托地方实施的专项转移支付。属于中央地方共同事权的，由中央和地方共同分担支出责任，中央分担部分通过专项转移支付委托地方实施。属于地方事权的，由地方承担支出责任，中央主要通过一般性转移支付给予支持，少量的引导类、救济类、应急类事务通过专项转移支付予以支持，以实现特定政策目标。

最后，进一步完善省以下财政体制。为实现省域内财力均衡，增强基层保障能力、促进基本公共服务均等化，应从以下方面调整和完善省以下财政体制。一是加快省以下财政事权和支出责任划分。将部分适宜由更高一级政府承担的保持区域内经济社会稳定、促进经济协调发展等基本公共服务职能上移，将适宜由基层政府发挥信息、管理优势的基本公共服务职能下移，并根据省以下财政事权划分、财政体制及基层政府财力状况，合理确定省以下各级政府的支出责任，避免将过多支出责任交给基层政府承担。二是加快地方税收体系建设，为地方政府提供持续、稳定的财力支持。结合我国实际，可以确定省级以零售环节销售税为主体税种，市县级以财产税和资源税为主体税种，适当简并现行房地产相关税种，开征统一的房地产税，适时开征遗产税和赠予税，以完善财产税体系，使地方政府及其财政有固定的　能够基本满足其提供地方性纯公共产品与服务需要的财力。三是完善省以下转移支付制度，实现省以下各级政府间基本财力的均衡。强化省级政府责任，省级政府应加大区域内财力调节力度，逐步缩小省以下地方政府财力差距。四是进一步健全县级基本财力保障机制，根据政策变化调整保障水平，不断完善奖补办法，加大对各地区的指导和帮助力度。五是继续推进省直管县财政管理方式改革，不断充实、完善改革的内容和方式，强化乡镇财政管理，充分发挥乡镇财政的作用。

育人园地

中央关于理顺中央和地方收入划分的一系列政策决定

2013 年 11 月党的十八届三中全会提出："必须完善立法、明确事权、改革税制、稳定税负、透明预算，提高效率，建立现代财政制度、发挥中央和地方两个积极性。"

2014 年 6 月中央政治局会议审议通过的《深化财税体制改革总体方案》明确："调整中央和地方政府间财政关系，在保持中央和地方收入格局大体稳定的前提下，进一步理顺中央和地方收入划分，合理划分政府间事权和支出责任，促进权力和责任、办事和花钱相统一，建立事权和支出责任相适应的制度。"

2016 年 3 月通过的《中华人民共和国国民经济和社会发展第十三个五年规划纲要》强调："围绕解决中央地方事权和支出责任划分、完善地方税体系、增强地方发展能力、减轻企业负担等关键性问题，深化财税体制改革，建立健全现代财税制度。"

2017 年 10 月，党的十九大报告从全局和战略的高度强调加快建立现代财政制度，并明确了深化财税体制改革的目标要求和主要任务。

党的十九大报告关于财税体制改革的论述集中在"贯彻新发展理念，建设现代化经济体系"部分，提出要"加快建立现代财政制度，建立权责清晰、财力协调、区域均衡的中央和地方财政关系。建立全面规范透明、标准科学、约束有力的预算制度，全面实施绩效管理。深化税收制度改革，健全地方税体系"。

总之，深化分税制财政体制改革是建立现代财政制度的重要内容，是推进国家治理体系和治理能力现代化的客观需要。

课堂小思考

分税制的重要意义是什么？

第三节
政府间财政转移支付制度

财政管理体制的运行中，往往存在着事权与财权、财力分配的非对称问题，因此需要辅之以方式有别、程度不同的政府间转移支付制度。转移支付的原意指转移、转账。最早提出“转移支付”概念的是著名经济学家庇古，他在 1928 年出版的《财政学研究》中，将国家经费分为真实的或消费的经费与转移经费。真实的经费主要用于邮政、煤气、教育、陆海军等财物及劳务，转移经费主要用于支付本国人民内债利息、抚恤金、养老金、奖金等方面。转移经费不直接消耗任何财物，只是通过国内购买力的转移调节收入分配关系。

一、转移支付制度的内涵

（一）转移支付制度的概念

从广义上说，转移支付涉及三方面内容：一是上下级政府之间的转移支付，二是政府对企业的转移支付（亏损补贴、生产补贴等），三是政府对个人的转移支付（失业救济等）。从狭义上说，转移支付是指不同层次政府间财政资金的相互转移，而政府对企业和个人的转移支付往往被称为转移性支出。本教材所讲的转移支付是指狭义层面的概念。

总体来看，转移支付制度是以各级政府之间存在的以财政能力差异为基础，以实现各地公共服务水平的均等化为宗旨而实行的一种财政资金转移或财政平衡制度。转移支付制度是在各级政府财政收支划分框架确定的基础上实施的，是实现政府间事权与财力相匹配的重要手段。

（二）转移支付的类型

我国目前分税制中保留了原体制中的中央对地方的定额补助、专项补助和地方上解及有关结算事项的规定，还增加了中央对地方的税收返还，相应形成了多种形式的政府间转移支付制度。

1. 纵向转移支付

我国纵向转移支付由一般性转移支付（含原财力性转移支付）和专项转移支付构成。

一般性转移支付是指为弥补财政实力薄弱地区的财力缺口、均衡地区间财力差距、实现地区间基本公共服务能力的均等化，由上级政府安排给下级政府的补助支出，资金接受者可根据实际情况自主统筹安排资金用途。目前，一般性转移支付包括体制补助、均衡性转移支付、民族地区转移支付补助、调整工资转移支付补助、农村税费改革补助、县级基本财力保障机制奖补资金、结算补助、体制上解、一般公共服务转移支付、公共安全转移支付、社会保障和就业转移支付等。

专项转移支付是指为实现特定的宏观政策及事业发展战略目标，以及对委托下级政府代理的一些事务或上下级政府共同承担事务进行补偿而设立的补助资金，资金接受者需按规定用途使用。专项转移支付重点用于教育、医疗卫生、社会保障、农林水事务等公共服务领域。专项转移支付又分成需要地方配套的转移支付和不需要地方配套的转移支付两种。需要配套的转移支付是上下级政府共同承担的事物，地方必须承担配套资金和其他投入，其中，有的按照地区差别确定配套比例，有的是全国确定统一的配套比例。不需要配套的转移支付主要是指对少数几个边疆民族地区实施的优惠扶持政策，是国家综合考虑这些地区经济社会发展以及国家安全发展大局而做出的安排。

一般性转移支付和专项转移支付各有特点：前者便于地方统筹安排，但不便于对绩效结果进行考核；后者不利于地方统筹安排，专款专用，但可以体现中央的政策导向，便于监督考核。关键在于两者科学设置、合理搭配，发挥好各自的作用。

近年来，我国转移支付制度调整和完善了财政转移支付结构。加大了一般性转移支付力度，清理、整合了专项转移支付项目，将需要较长时期安排补助经费且数额相对固定的项目，划转列入一般性转移支付，提高了一般性转移支付的规模和比例。针对我国目前政府间转移支付制度的法制建设滞后，转移支付补助资金的使用及管理尚缺乏有效约束和效益评估的现状，中央已经启动有关财政转移支付资金的立法程序，力求通过法律形式规范和完善财政转移支付资金及项目资金安排，使财政转移支付资金和项目资金分配更加公平、合理、规范、高效。

2. 横向转移支付

在我国，目前尚未建立起规范的横向转移支付制度，但具有横向转移支付性质的对口支援早已存在，它是在中央政府的鼓励和安排之下，各地区之间出现的一种非正式的横向转移支付。例如从 1979 年中央做出《加速边疆地区和少数民族地区建设》的决定以来，省际的对口支援活动在全国范围内蓬勃开展。到了 20 世纪 90 年代后，支援方与被支援方的范围继续扩大，特别是 1994 年中央对西藏实施“分片负责、对口支援、定期轮换”，具有横向转移支付性质的对口援助制度逐步建立起来了；到 2015 年，各援藏单位实施了对口援藏项目 7 615 个，累计投资资金 260 亿元。又如自 2010 年开始，国家决定实施“对口援疆”；到 2015 年，实施合作项目 1 200 多个，到位资金 250 亿元。2008 年四川汶川特大地震后，其他各省市提供了汶川地震灾区援建项目，援助四川的重建资金达 400 亿元，加快了灾区的恢复重建。此外，目前部分省市已具雏形的生态转移支付，通过设立“横向转移支付调节金”在同一市域范围内对经济相对薄弱的区县进行转移支付等形式，都是未来横向转移支付制度发展的方向。

应当看到，这种具有横向转移支付性质的对口支援，在解决边疆民族地区的发展问题、应对特大自然灾害等方面发挥了重要的作用，体现了中国政治经济制度的优势。目前，我国各种形式的对口支援涉及工业、农业、商贸、科技、人才、文教、卫生、扶贫、劳务等各个领域，包括地区间援助主体与受援助地区部门内部、行业内部的人力、财力、物力等的广泛支援。事实证明，地方政府间的转移支付，对平衡地区经济发展、缩小贫富差距、解决突发危机等发挥了重要作用。同时，这种横向转移支付是在没有综合平衡支援省市与受援省市之间的财力基础上进行，通常是由政府根据当地、当时的情况做出的决定，财政支出的公平性有待提高。此外，我国各级政府之间的这种对口支援，虽然没有以法律形式固定下来，也没有明确各对口关系的援助条件与金额，是一种未通过立法予以确认的非规范的横向帮扶措施，但它的存在就已经说明了我国事实上存在具有中国特色的横向转移支付制度。

（三）转移支付的目标

我国 1994 年的分税制改革参照国际经验构建了与社会主义市场经济相适应的分级财政体制的基本框架。在实行分税制的条件下，中央与地方实行分级财政管理，政府间事权与支出责任划分趋于分散，但其结果又将财权集中于中央，从现象上看，出现了财权相对集中与事权相对分散的矛盾。实际上，分税制财政体制的实施还要配合中央对地方的转移支付制度。现代市场经济条件下财政转移支付制度既是一种经济手段，也是一种政治手段。

从现实情况看，随着我国经济发展和中央财力的增强，中央政府对地方政府的财政转移支付数额迅速增加，中央的转移支付已成为地方各级政府重要而且较为稳定的收入来源。在我国现实的经济社会发展背景下，政府间财政转移支付制度的建立与完善的目标不仅是保证各级地方政府职能正常运转和巩固基层政权的需要，而且也是缩小地区间经济社会发展差距、实现区域间基本公共服务均等化的需要。其具体目标如下：

1. 改善纵向财政失衡

纵向财政失衡是针对多级财政体制中，上下级政府之间财政收支差异的状况而言的。在各级政府之间既定的支出范围和收入范围得以确定之后，当某一级政府财政面临着赤字，而其他级次政府却出现盈余时，就意味着纵向财政失衡问题的存在。从历史和经验来看，任何一个国家，客观上都需要维护中央政府的权威，限制地方政府势力的过度扩张，以保证政令畅通、政局安定、经济协调稳定发展。中央政府集中相对较多的财力份额，以使地方政府的财力在一定程度上有赖于中央政府的支持，就是一种有效的手段。因此，在财政体制安排上，许多国家按照事权和财权划分的标准，将事关维护国家权益、税基广、增长快、潜力大和有利于实施宏观调控的税种划为中央收入；将税源分散、与地方经济和社会发展密切相关，且易于征管的税种划为地方收入。在这样的收支划分格局下，中央政府掌握了较多的财力，而地方财政处于收不抵支的境况，从而出现了纵向财政失衡。无论从公平还是从效率的角度看，纵向财政失衡都需要切实解决，而主要的解决办法便是运用财政转移支付制度和手段协调上下级政府之间的资金往来关系。

2. 改善横向财政失衡

从经济社会发展的视角来看，一个国家内各个地区之间各种要素条件的差异性是绝对的，而条件的同等性则是相对的，当国土面积较大时，更是如此。这就意味着，地区间经济发展均衡只是一个相对概念，绝对均衡是不现实的。各个地区之间的这种差异，必然导致财政收支方面的差异。从财政收入来看，各个地区之间经济基础、产业结构、收入水平等方面的不同，使得财源的分配情况也有很大的差异；从财政支出来看，各地区之间存在不同的发展程度、自然条件、人口规模和结构、行政管理规模等方面的区别，因而在支出需求上也是各不相同。一个国家内不同地区之间经济发展程度差异在财政上的具体体现，便是发达地区财政收入充裕，而欠发达地区则税源狭小，财政状况拮据。当较为富裕的地区出现财政盈余，而不太富裕的地区却面临着财政拮据状况时，就意味着横向财政失衡问题的存在。在横向财政失衡存在时，发达地区能够为其居民提供较高水准的公共产品和服务，而欠发达地区却难以提供最基本的公共产品和服务。

3. 矫正地方公共产品供给的外溢性问题

如果赋予各级地方政府自主决策的权力，在地方公共产品具有利益外溢的情况下，由于提供此类服务或设施的边际辖区利益低于边际社会利益，会导致地方政府既没有足够的动力，也可能没有足够的财力提供此类公共服务或设施，从而会引发经济上的低效率，即辖区最优供应水平低于社会最优供应水平。因此，从社会整体利益考虑，上级政府应通过具有特定目的的转移支付鼓励地方政府提供此类公共服务或设施。在这里，特定目的的转移支付起到了弥补边际辖区利益与边际社会利益的差距的作用，能够保障地方政府能更充分地供给相关地方公共产品。

4. 增强国家凝聚力，实现社会政治目标

转移支付在解决经济问题的同时还可以实现一定的政治目标，即一个均等化、效果好的转移支付制度，在缩小地区差距的同时，也能增强地区间的团结，增强国家的凝聚力。中国是个多民族国家，巩固和加强国家凝聚力对于经济发展和社会稳定至关紧要。在政治层面，转移支付在中国有着特殊的重要性。边疆地区往往由于地理位置、政治等因素成为经济欠发达地区。加大对边疆地区的转移支付力度，体现了中央对边疆地区群众的关心，有利于保障边疆地区的安全稳定，维护国家统一和团结，增强凝聚力。

二、转移支付制度的发展历程

中国是一个中央集权制国家，地方政府的活动均会受到中央的限制。一般意义上看，往往是中央政府集中的财力较多，承担的事务却较少；而地方政府得到的收入较少，承担的事务却多。于是，需要调整中央和地方政府间的利益关系，通过改革财政转移支付制度有效促进经济均衡及全国基本公共服务均等化。

1994 年分税制改革后，我国逐步建立了以财力性转移支付和专项转移支付为主的转移支付制度。其中，财力性转移支付是中央财政为弥补欠发达地区的财力缺口、缩小地区间财力差距、实现基本公共服务均等化安排给地方财政的补助资金，以及中央出台减收增支政策对财力薄弱地区的补助。专项转移支付是中央财政为实现特定的宏观政策及事业发展战略目标，以及对委托地方政府代理的一些事务或中央地方共同承担事务进行补偿而设立的补助资金，需按规定用途使用。1995 年后，财力性转移支付和专项转移支付的规模逐步扩大，所占比重不断上升，转移支付制度逐渐完善。2009 年，中央进一步规范财政转移支付制度、将中央对地方的转移支付简化为：一般性转移支付、专项转移支付和税收返还。具体变化包括：将财力性转移支付改为一般性转移支付；将补助数额相对稳定、原列入专项转移支付的教育、社会保障和就业、公共安全、一般公共服务等支出纳入一般性转移支付；原体制补助列入一般性转移支付；原体制上解列入税收返还。"税收返还和体制补助与上解"简化为"税收返还"。

2009 年后，中央对地方的税收返还与转移支付结构继续优化。以保持既得利益为目的的税收返还的比重持续下降，从 2009 年的 17.11%下降到 2020 年的 9.11%。中央政府加大了一般性转移支付力度，清理整合专项转移支付项目，将需要较长时期安排补助经费且数额相对固定的项目，划转列入一般性转移支付，提高一般性转移支付的规模和比例，具有明显财政均等化效果的一般性转移支付增长较快。一般性转移支付的比重从 2009 年的 39.62%上升至 2020 年的 55.6%。

课堂小思考

你知道政府间财政转移支付制度的重要意义是什么吗？

专栏

我国近几年政府间分配制度改革情况

2013年前后，面对国家治理体系和治理能力现代化的战略需求，党的十八届三中全会提出“建立现代财政制度，发挥中央和地方两个积极性”的方针，并在财权划分维度全面推行“营改增”，在财力匹配维度进一步调整对地方政府性债务融资的赋权方式，优化转移支付制度。2016年前后，政府间财政关系在事权和支出责任划分维度开始了高频率的调整和规范。2019年，党的十九届四中全会提出“优化政府间事权和财权划分，建立权责清晰、财力协调、区域均衡的中央和地方财政关系，形成稳定的各级政府事权、支出责任和财力相适应的制度”，并将“健全充分发挥中央和地方两个积极性体制机制”作为推进国家治理体系和治理能力现代化的重要内容。总而言之，我国近年的发展历程总体上呈现了政府间财政关系激励相容的动态演进过程。

预算管理制度改革动手最早、力度最大，是财税体制改革中推进最快、成效最为显著的领域。其中，最重要的进展是2015年正式实施了新修订的《预算法》。预算制度改革的目标是建立全面规范、公开透明的现代预算管理制度。经过几年的努力，阶段性效果已开始显现：现代预算管理制度的基本理念得以确立；以“四本预算”构建的全口径政府预算体系得以建立，预决算公开透明取得一定成效；完善转移支付制度；地方政府性债务管理及风险预警制度正在建立健全；多项具体制度改革有序推进。

在财政体制改革层面，中央与地方事权、支出责任划分以及收入划分正在不断推进。一是公布了《全面推开营改增试点后调整中央与地方增值税收入划分过渡方案》，明确自2016年5月1日起，作为未来2～3年内的过渡方案，以2014年为基数，采取增值税增量五五分成的方式重新划分中央和地方收入。这是弥补“营改增”后地方财力，兼顾中央和地方利益的过渡性举措。二是2016年8月，国务院发布了《关于推进中央与地方财政事权和支出责任划分改革的指导意见》，在聚焦于财政事权和支出责任的条件下，主要推进中央与地方财政体制改革。三是2018年2月，国务院办公厅印发《关于基本公共服务领域中央与地方共同财政事权和支出责任划分改革方案》（简称《方案》），将由中央与地方共同承担支出责任、涉及人民群众基本生活和发展需要的义务教育、学生资助等基本公共服务事项，首先纳入中央与地方共同财政事权范围。同时，制定基本公共服务保障国家基础标准；明确中央与地方分担比例，根据不同地区财力状况，中央分担比例简化归并为五档；设立共同财政事权分类分档转移支付，对共同财政事权基本公共服务事项予以优先保障。《方案》的出台，有利于明确基本公共服务事项政府间职责，提高基本公共服务的保障水平，推进基本公共服务均等化，并为后续分领域财政事权和支出责任划分改革提供引领。

思考与练习

一、选择题

1. 分税制在不同国家有不同的具体形式，其基本特征包括（　　）。

A. 规范性　　B. 层次性　　C. 法制性　　D. 多样性

2. 最早提出“转移支付”概念的是著名经济学家是（　　）。

A. 庇古　　B. 布坎南　　C. 凯恩斯　　D. 亚当·斯密

3. 下列不属于我国纵向转移支付的是（　　）。

A. 一般性转移支付　　B. 对口支援　　C. 均衡性转移支付　　D. 专项转移支付

4.（多选）中央与地方财政事权和支出责任划分原则有（　　）。

A. 体现基本公共服务受益范围　　B. 实现权、责、利相统一

C. 兼顾政府职能和行政效率　　D. 激励地方政府主动作为

5. 下列不属于转移支付的目标的是（　　）。

A. 扩大地区间经济社会发展差距

B. 弥补财政缺口

C. 巩固基层政权的需要

D. 矫正地方公共产品供给中的外溢性问题

二、判断题

1. 转移支付制度是以各级政府之间存在的财政能力差异为基础，以实现各地公共服务水平的均等化为宗旨而实行的一种财政资金转移或财政平衡制度。（　　）

2. 政府间财政关系是一个重大的经济问题和政治问题。（　　）

3. 分税制，是在合理划分中央政府事权范围的基础上，主要按税种来划分各级政府的预算收入，各级预算相对独立，负有明确的平衡责任，各级次间和地区间的差别通过转移支付制度进行调节的一种财政体制。（　　）

4. 财政收入分配职能的目的是实现分配公平，而要缩小收入分配差距，中央比地方更具能力与优势。（　　）

5. 一般性转移支付和专项转移支付是差不多的。（　　）

三、简答题

1. 简述什么是分税制。

2. 简述我国目前的分税制财政体制的主要内容。

3. 简述当前我国政府间财政转移支付的主要类型。

4. 简述我国政府间财政转移支付制度的政策目标。

5. 简述我国政府间财政关系。

第十二章

财政政策

学习目标

- 掌握财政政策的内涵
- 理解财政政策的工具、分类和目标
- 掌握财政政策与货币政策搭配的必要性
- 了解我国财政政策的实践历程

案例导入

2020年上半年我国国内生产总值（GDP）同比下降1.6%，其中第一季度同比下降6.8%，第二季度同比增长3.2%。面对国内外风险挑战明显上升的复杂局面，党中央坚持稳中求进的工作总基调，坚持新发展理念，坚持以供给侧结构性改革为主线，坚持以改革开放为动力推动高质量发展，认真贯彻落实“积极的财政政策要更加积极有为”要求，围绕做好“六稳”工作、落实“六保”任务，以更大的政策力度对冲疫情影响，真正发挥稳定经济的关键作用。

结合案例思考：我国施行的财政政策是一成不变的吗？

第一节
财政政策概述

用好财政政策，对推动国家治理体系和治理能力现代化有重要意义。改革开放之初，我国财政通过支持提高农产品收购价格和调整国有企业收入分配关系，分别开启农村和城市改革。2000 年以后，我国加快构建公共财政框架，优化调整财政收支结构，在积极引导协调政府和市场关系的同时，推动社会建设稳步前进。党的十八大以来，财政政策持续发力，为打好三大攻坚战、深化供给侧结构性改革等提供了坚强保障。2012 年我国经济进入新常态以后，调控方向、调控力度和调控思路等也发生了较大变化，经济发展面临着重大机遇和挑战。

一、财政政策的内涵

财政政策的内涵应当包括财政政策的主体、目标和工具，它是国家政府为了实现一定的宏观经济目标而采取的一系列政策的统称。财政政策主体是政府，也是财政政策的制定者和实施者。财政政策目标是财政政策主体制定与实施财政政策所要达到的预期目的，是为了保障社会再生产的顺利运行和国民经济的稳定与发展。财政政策工具则是政府实现财政政策目标所必须运用的各种政策手段，这种政策手段包括预算、税收、公债、财政支出、政府投资、财政补贴等在内。一个完整的财政政策应当对财政政策主体、财政政策目标和财政政策工具做出完整的说明。

二、财政政策的分类

（一）按照财政政策调节经济周期的作用方式分类

按照财政政策调节经济周期的作用方式分类，财政政策可以分为自动稳定的财政政策和相机抉择的财政政策两类。

1. 自动稳定的财政政策

自动稳定的财政政策是指可以根据经济波动状况自动发生稳定作用的政策。这种政策不需要政府改变现有的政策制度，无须借助任何外力，可以在调节经济运行的第一线自发地进行调节，自动地产生稳定的效果。这种自动稳定性可以根据国民经济运行的具体情况进行自动的调节，而不需要政府通过改变现行的政策和制度进行干预。自动稳定的财政政策主要包括两个方面：

（1）自动稳定的税收政策。这是指包括公司所得税和累进个人所得税在内的所得税制度。所得税特别是累进个人所得税对社会经济活动的变化反应非常敏感，而且税收弹性很强。当经济繁荣时，企业得到较多的利润，个人收入也呈上升趋势，在所得税中表现为自动适应较高一级的税率，从而给纳税人留下较少比例的税后收入，以减少流通中的货币量，抑制通货膨胀。反之在经济危机时，企业利润下降，居民个人收入也呈下降趋势，在所得税中则表现为自动适应较低一级的税率，从而给纳税人较大比例的税后收入，以增加流通中的货币量，进而抑制通货紧缩。这种由于经济总量变化而导致的税收总量相应的变化，可以自动产生对宏观经济的调节作用，起到熨平经济周期的效果。

（2）自动稳定的政府支出政策。这是指政府支出中的转移性支出，特别是以失业救济和最低生活保障为重点的社会保障性支出。当经济处于通货紧缩状态时，社会失业人员增加，个人收入呈下降趋势，此时政府支付的失业救济金必然上升，从而可以增加流通中的货币量，进而抑制经济危机。当经济处于通货膨胀状态时，社会失业人员减少，个人收入呈上升趋势，此时政府支付的失业救济金也会随之下降，从而减少流通中的货币量，进而抑制通货膨胀。

自动稳定的税收政策和自动稳定的政府支出政策的配合共同构成了自动稳定的财政政策。只要在经济生活中实施了所得税制度和社会保障制度，就可以在调节经济周期的第一线自动发生调节作用，而不需要政府改变现有的政策制度加以任何干预。应当指出的是，自动稳定的财政政策可以自动调节经济周期，但其自动稳定的力度一般比较弱，难以抵御较大程度的经济失衡。如果经济周期波动幅度较大，单纯依靠自动稳定的财政政策难以取得良好的调控效果。

2. 相机抉择的财政政策

相机抉择的财政政策是指需要政府根据经济运行状况改变现有的政策和制度加以贯彻实施才能发生作用的政策。相机抉择的财政政策不能利用现有的政策与制度自发发生作用，而必须由政府根据经济运行的状况加以改变，指定新的政策和制度，进而加以推进实施才能产生相应的效果。相机抉择的财政政策可以看作是国家有意识地自觉干预社会经济运行的调节行为。例如当国民经济处于通货紧缩时，政府可以改变现行的税收制度，制定新的减税政策，将减税政策加以贯彻实施，以扩大社会总需求，进而抑制通货紧缩。

一般而言，相机抉择的财政政策可以分为汲水政策和补偿政策两类。

按照汉森的财政理论，汲水政策是应对通货紧缩的财政政策，是指在经济萧条时通过政府扩大公共投资，从而带动民间资本投资的跟进，进而扩大社会总需求，使经济得以复苏的政策。汲水政策的特点是：第一，汲水政策是一种诱导性政策，诱导民间资本投资跟进，进而诱导经济复苏；第二，汲水政策以公共投资为载体和工具；第三，汲水政策应当促使民间资本投资的扩大，避免导致财政成为增加投资的唯一主体而超额增长；第四，汲水政策是一种短期政策，一旦经济复苏，汲水政策就应当停止。事实上早在1929—1933年资本主义大危机中，美国实施的罗斯福-霍普金斯计划和日本实施的匡救政策都是比较典型的汲水政策。

补偿政策则是典型的反周期调节政策，是政府有意识地从当时经济运行状态的反方向调节经济周期波动的财政政策。这种政策在经济繁荣时减少流通中的货币量以抑制社会总需求，而在经济萧条时则扩大流通中的货币量以扩大社会总需求，以期把整个经济运行的波动减少到最低限度。

汲水政策和补偿政策都是政府有意识地干预经济的财政政策，也都需要改变现有的政策和制度并由政府加以实施，因而都属于相机抉择政策，但两者也有差别：（1）汲水政策只适用于应对通货紧缩，而补偿政策既可以应对通货紧缩，也可以应对通货膨胀；（2）汲水政策的载体和工具只是政府投资，而补偿政策的载体和工具除政府投资外，还包括税收、公债、财政支出、财政补贴等；（3）汲水政策的公共投资支出不宜超额增长，以刺激民间资本投资跟进为限，而补偿政策的财政支出可以视情况超额增长；（4）汲水政策的调节对象是民间资本投资，而补偿政策的调节对象是社会经济的有效需求。

（二）按照财政政策调节国民经济总量的功能分类

按照财政政策调节国民经济总量的功能分类，财政政策可以分为扩张性财政政策、紧缩性财政政策和中性财政政策三类。

1. 扩张性财政政策

扩张性财政政策是指最终刺激和增加社会总需要的财政政策。扩张性财政政策的作用是通过刺激和扩大社会总需求，进而抑制通货紧缩，使总供给和总需求相对均衡。扩张性财政政策一般应在整个国民经济运行处于通货紧缩状况、社会总需求小于社会总供给时使用。扩张性财政政策的载体主要是减税和增加政府财政支出，其机制在于通过减税和增加支出形成财政赤字，赤字增加流通中的货币量，进而扩大社会总需求。减税和扩大政府支出是扩张性财政政策的两个工具，应当根据具体情况配合运用。当政府支出不变时，减税可以形成财政赤字；而当现行税制不变时，扩大政府支出也可以形成财政赤字；两者的同时运用也可以形成财政赤字，最终扩大社会总需求。无论是减税还是扩大政府支出，事实上都要通过财政赤字发挥作用。从这个意义上讲，扩张性财政政策也可以等同于赤字财政政策。

2. 紧缩性财政政策

紧缩性财政政策是指最终减少和抑制社会总需求的财政政策。紧缩性财政政策的作用是通过减少和抑制社会总需求，进而抑制通货膨胀，使总供给和总需求相对均衡。紧缩性财政政策一般应在整个国民经济运行处于通货膨胀状态、社会总需求大于社会总供给时使用。紧缩性财政政策的载体主要是增税和减少政府财政支出，其机制在于通过增税和减少政府支出形成财政结余，财政结余减少流通中的货币量，进而抑制社会总需求。增税和减少政府支出是紧缩性财政政策的两个工具，应当根据具体情况配合使用。当政府支出不变时，增税可以形成财政结余；而当现行税制不变时，减少政府支出也可以形成财政结余；两者同时运用也可以形成财政结余，最终减少社会总需求。无论是增税还是减少政府支出，事实上都要通过财政结余发挥作用。从这个意义上看，紧缩性财政政策也可以等同于结余财政政策。

3. 中性财政政策

中性财政政策是指既不扩张社会总需求，也不减少社会总需求的财政政策。中性财政政策的作用是使社会总供给与总需求基本维持现状不变。中性财政政策一般在社会总供给和社会总需求基本平衡时采用。中性财政政策既不使社会总需求扩大，也不使社会总需求减少，但由于社会总供给和社会总需求的不平衡是绝对的，而平衡则是相对的，因而中性财政政策也是相对而言的。事实上，即使财政收支是平衡的，也可能存在着扩张或紧缩的作用，因而中性财政政策一般不能等同于平衡财政政策。

三、财政政策目标

财政政策目标是指财政政策主体制定和实施财政政策所要达到和实现的目的。任何财政政策的制定与实施都必然受到财政政策目标的引导，使财政政策具有确定的方向。在国家社会与经济发展的特定时期内，国家的经济政策目标往往是多元化的，既包含充分就业、物价稳定、国际收支平衡、经济与社会发展等经济性目标，也包含受教育程度、医疗保障程度等社会性目标。此处详述经济性目标。

（一）充分就业

充分就业目标是指财政政策的实施应使一切生产要素都有机会以自己认为合理的报酬参加社会再生产活动。当国民经济处在通货紧缩状态时，社会经济生活中最典型的表现是失业率上升，劳动力要素无法按照自己认为合理的报酬参与社会再就业。经济学认为失业是由社会需求不足和工资刚性造成的，市场机制不可能使经济自动处于充分就业状态下的均衡。当国民经济陷入通货紧缩状态时，失业率将大幅上升，政府必须采取相应的政策措施进行调控，以使国民经济处于充分就业下的相对均衡状态。

（二）物价稳定

物价稳定目标是指财政政策的实施应使以物价指数表示的价格总水平保持相对的稳定。这是财政政策的重要目标，也是世界各国政府实施宏观调控所要力争达到的基本目标。物价稳定是一个相对的概念，物价稳定并不意味着物价固定不变，而是指物价的波动控制在有利于国民经济结构调整和社会可以接受的范围内。由于物价稳定的另一方面可以表述为币值的稳定，因此这一目标也称为币值稳定目标。

（三）国际收支平衡

国际收支平衡目标是指财政政策的实施应使一国与世界其他国家在一定时期内的经济

往来所导致的国际收支保持相对的平衡。在开放经济的情况下，影响一国经济运行的因素不仅包括国内市场的厂商、个人和政府，而且包括以进出口为主要代表的国际收支。国际收支平衡对一国的经济与社会发展具有十分重要的影响。国际收支状况不仅可以反映出国家对外经济往来的情况，还可以反映出国民经济的稳定情况。

（四）经济与社会发展

经济与社会发展目标属于财政政策中的发展类目标。经济学认为增长与发展是两个不同的概念。增长通常是指国民经济的增长，表示一个国家商品和劳务供应数量的增加，一般可以用国民生产总值及其人均水平来反映。而发展则是一个更为综合与全面的概念，它不仅包括量的增长，也包括质的提高；不仅表现在经济方面，也表现在社会方面；不仅表现在产出的扩大，也包括产出扩大的机制；不仅涉及生产，而且涉及分配。实现经济与社会发展目标，是在物价稳定基础上更高层次的财政政策目标。

知识拓展

财政政策的起源

现代意义的财政政策始于20世纪30年代的资本主义大危机。1929—1933年的资本主义大危机使得资本主义国家的经济处于空前的大萧条之中。资本主义大危机给予传统经济理论以沉重的打击，并由此诞生了凯恩斯主义。凯恩斯主张放弃自由竞争、市场自动调节和自由放任的经济原则，强调政府通过财政政策和货币政策的运用干预社会经济的运行，调节社会总供给和总需求的相对均衡。随着凯恩斯主义诞生，在国家宏观调控经济运行的职能被突出和强调之后，才出现了真正意义上的以国家宏观调控经济运行为目标的财政政策。

凯恩斯主义的诞生标志着政府与市场关系的重大转变，这种转变包含几个重要的内容：第一是观念的转变，人们彻底抛弃了政府不干预经济运行的观念，承认政府具有调控经济的职能，必须采取有效措施对国民经济运行进行干预；第二是目标的转变，不再以财政收支平衡为基本目标，而是以总供给和总需求的相对均衡为基本的宏观经济目标，强调国民经济的稳定运行和社会福利的全面提高；第三是手段的转变，政府不再单纯依靠税收手段，而是扩展到包括税收、预算、公债、财政支出、政府投资等多种财政手段的综合运用，以实现财政政策的目标。

课堂小思考

你身边与财政政策相关的现象有哪些？

第二节
财政政策与货币政策的搭配

财政政策和货币政策是一国政府从宏观上干预经济活动的两大政策工具，而且两者拥有共同的政策目标。为了实现共同的政策目标，财政政策与货币政策的搭配就显得尤其重要。

一、货币政策的内涵

货币政策是指一国中央银行为了实现既定的宏观经济目标，运用各种政策工具控制、调节和稳定货币供应量，进而影响宏观经济的方针和措施总和。货币政策和财政政策是国家宏观调控国民经济运行的两个重要的政策杠杆，共同构成了市场经济条件下国家宏观调控国民经济运行的调控政策体系。

作为国家宏观调控国民经济运行的政策杠杆，货币政策与财政政策的调控目标是一致的，从宏观上讲都是实现总供给与总需求的相对均衡，保证国民经济的稳定与发展。但货币政策作为一种相对独立的调控政策体系，其运用的政策工具与财政政策不同。各国中央银行在长期实施货币政策的实践中，形成了一套调节货币供应量的手段，其中最主要的是以下三种传统手段：法定存款准备金率、再贴现率、公开市场业务。

（一）法定存款准备金率

商业银行等金融机构按照规定的比率，将所吸收的存款的一部分交存中央银行，本身不得使用，其中应交存的比率称为法定存款准备金率。中央银行往往通过调高或调低法定存款准备金率，来增加或减少商业银行应交存的存款准备金，从而影响商业银行的贷款能力和派生存款能力，以达到调节货币供应量的目的。如果中央银行调低法定存款准备金率，商业银行则可减少上交存款准备金数量，相应增加本身贷款能力，再通过存款倍数派生机制，以数倍规模扩大货币供应量；反之，则会收缩货币供应量。自开始实行存款准备金制度以来，我国曾数次调高或调低存款准备金率，以调控信用总量和货币供应量。

（二）再贴现率

再贴现率是指商业银行向中央银行办理再贴现时使用的利率。中央银行通过调高或调低再贴现率的办法，可以影响商业银行的贷款数量。如果中央银行调高再贴现率，商业银行的介入资金成本增大，就会迫使商业银行提高贷款利率，从而起到紧缩企业的借款需求、减少贷款量和货币供应量的作用；反之，则会刺激扩大贷款和货币供应规模。再贴现率作为一种调节手段，便于灵活运用，可以根据经济需要及时调整，因而成为经常使用的货币政策手段。

由于我国商业票据不发达，贴现业务开展的历史不长，中国人民银行的再贴现规模一直较小，再贴现率对货币供应量及其投向的调节效果不明显。中国人民银行颁布了《中华人民共和国票据法》后，逐步加大利率体制的改革力度，鼓励和引导开展票据承兑、贴现和结算，为再贴现规模的扩大创造了条件。近几年，再贴现规模已呈现出明显的扩大势头，其作用也越来越凸显出来。

（三）公开市场业务

公开市场业务是中央银行通过在金融市场上买进或卖出有价证券进行调节货币供应量的一种方式。如果中央银行买进证券，相应地就向市场注入了货币供应量。这样，一方面可刺激证券的需求，提高证券价格，鼓励投资；另一方面，可增加商业银行可贷资金来源，促使扩大贷款，这都有利于扩大生产。如果中央银行向市场卖出证券，其作用则正好与上述情况相反。我国公开市场业务主要是以外汇、国债和中央银行票据作为操作工具。1996 年 4 月中国人民银行开始通过国债市场买卖国债，这标志着向运用公开市场业务手段迈出重要一步。随着国债发行规模的扩大以及银行间债券市场的不断发展，这一政策工具的运作空间和运作力度正日益加大。

除了上述传统手段以外，为弥补其不足，西方国家还运用一些其他调节手段，主要有：（1）道义劝告（窗口指导），即中央银行采取书面或口头方式，以说服和政策指导的方法，引导各金融机构扩大或收缩贷款。（2）行政干预。不少国家规定，中央银行有权对各商业银行规定最高贷款限额，以控制信贷规模，或是对商业银行的存贷款的最高利率加以限制等。（3）金融检查。中央银行有权随时对商业银行的业务活动进行金融监督与检查，这种检查包括检查业务经营范围、大额贷款的安全状况、银行的资本比率和流动资产比率等。

货币政策的核心传导机制是通过影响货币供应量，使整个社会的货币供应量与社会对货币的需求量保持适当的、稳定的比例关系，进而调节社会总需求，使社会总供给与总需求保持相对的均衡，从而实现国民经济的稳定与发展。从这一点上看，货币政策与财政政策都要通过调节货币供应量发挥作用。但财政政策是通过税收和政府支出的变化进而间接影响货币流通，而货币政策则可以通过自身一系列的政策工具作用于商业银行，影响商业银行的贷款能力，从而直接影响货币流通。与财政政策一样，货币政策也分为扩张性、紧缩性和中性三类。扩大流通中货币量、刺激总需求扩大的为扩张性货币政策，压缩流通中的货币量、抑制社会总需求的为紧缩性货币政策，既不扩大总需求也不抑制总需求的为中性货币政策。

二、财政政策与货币政策搭配的必要性

财政政策与货币政策是国家宏观调控国民经济运行的两大政策体系。它们都可以对社会总供给和总需求进行调节，调节的目标也是一致的，即保持社会总供给和社会总需求的相对均衡，进而保持国民经济的稳定与发展。财政政策与货币政策的这种共性说明了财政政策与货币政策具有相互配合的共同基础，可以相互配合。同时财政政策与货币政策又具有各自明显的特性和相互的区别，这种特性和区别说明了财政政策与货币政策必须相互协调与配合。当社会总供给与社会总需求出现相对失衡时，单一利用财政政策或单一利用货币政策进行调控都可能出现问题。事实上财政政策与货币政策之间既有联系又有区别，完全独立的财政政策或完全独立的货币政策从本质上说是不存在的。最简单的道理是任何财政政策最终都要通过影响流通中的货币量发挥作用，而流通中的货币量就是由货币政策直接调控的。因此要实现国民经济宏观调控的目标，仅靠财政政策或仅靠货币政策都是难以奏效的，需要财政政策与货币政策相互配合。

（一）财政政策与货币政策各有特点

1. 政策目标的侧重点不同

中央银行独占货币发行，并适时进行调节，因此保持物价的稳定是货币政策的首要目标。而财政与国家之间有着本质的联系，财政为满足国家实现政治和经济职能而存在，其政策目标侧重于实现经济增长。财政政策是通过财政收支活动和再分配功能而直接参与投资和生产调节的政策，与投资、产出、就业水平，以及资源配置、结构调节有着较为直接的关系。

2. 透明度不同

财政政策的透明度高，因为财政无论征税还是减税，增加支出还是压缩支出，结余还是赤字，都非常清楚。而货币政策有些透明度高，如利率；有些透明度低，如公开市场业务是十分隐蔽的。

3. 弹性不同

财政政策工具如税收、利润上缴、国债、财政支出和财政补贴等，都具有行政性和强制性的特征，对经济调节较为直接，力度大，弹性差。而货币政策工具如公开市场业务、法定存款准备金率、再贴现率等，都是间接调节经济的手段，具有伸缩性、灵活性的特征，对经济调节作用较为间接，振动幅度较小，弹性好。

4. 时滞性不同

时滞性是指在制定和执行政策的过程中所出现的时间滞后现象。政策的时滞性有三

种：认识时滞、决策时滞和执行时滞。财政政策的认识时滞短、决策时滞长而执行时滞较短。这是由于财政政策中存在的问题通常能够被人们尽快把握，但决策却需要花费相当长的时间，如税率的调整、财政支出的增减等问题，需要经过立法机构的审批或经过预算程序，还要考虑群众的意愿等。但财政政策一旦被决定下来，通常付诸执行实施的速度就比较快，自上而下，传导过程较短，漏损也较少。货币政策与财政政策正好相反，具有认识时滞长、决策时滞短而执行时滞长的特点。货币现象的透明度较差，令人难以准确把握，一旦把握住实质，中央银行制定相应对策的时间较短，但是政策付诸行动后，传导过程较长，漏损也较多，可能出现偏离目标现象，执行所需要的时间较长。

（二）财政政策与货币政策配合可取长补短

从政策的实施主体来看，货币政策的实施主体是中央银行，而财政政策的实施主体是财政部门。财政政策工具的实施也必须通过货币资金的流动来实现，如果没有货币政策的配合，财政政策的实施难以进行。

想要财政政策效力发挥，需要货币政策配合。如果单独使用财政政策，增加政府支出，会马上见效，使总需求增加，从而总产出上升。但由于财政政策的挤出效应，将使得利率上升，由此直接产生两方面的副作用：其一是影响国内的投资环境，使中小企业投资下降，而中小企业是提供就业机会的一个重要方面，所以用财政政策不能有效地改善失业状况；其二是利率上升会导致汇率上升，从而使本国产品在国际市场上的竞争力下降。货币政策通过增加货币供应量，使得利率下降，不会产生财政政策的副作用，从而刺激经济改善整个经济环境，对投资和净出口都有利。但由于货币政策不能直接导致总产出的提高，用它来应对经济衰退时，就有可能难以把握准确的操作时机。

从实现一国的内外部均衡来看，必须使财政政策与货币政策配合，一般财政政策更有利于解决一国的内部失衡，货币政策更有利于解决一国的外部失衡。总之，财政政策和货币政策单独实行各有利弊，只有把两者合理配置使用才有可能收到较好的效果。

三、不同的政策组合及效果

财政政策和货币政策，如果都按“松”（扩张性）、“中”（中性）、“紧”（紧缩性）三种类型划分的话，它们的配合方式就有 9 种，适应的经济环境如表 12-1 所示。

表 12-1　财政政策与货币政策的配合方式和适用的经济环境

		财政政策		
		扩张性	中性	紧缩性
货币政策	扩张性	社会总需求严重不足，商品价格实现普遍困难，生产力和资源得不到充分利用	社会总需求略显不足，供给过剩，企业投资不足，主要的经济比例结构无大问题	社会总供给大体平衡，但消费力偏旺而投资不足，生产力及资源方面均有潜力

续前表

		财政政策		
		扩张性	中性	紧缩性
货币政策	中性	社会总需求略显不足，供给过剩，经济结构有大问题，如社会公用事业及基础设施不足等	社会总需求与社会总供给基本平衡，社会经济比例结构基本合理	社会总需求大于总供给，经济结构方面无大问题，但非生产性消费偏高
	紧缩性	社会总需求与社会总供给大体平衡，而基础设施落后，生产力布局不合理	社会总需求过大，经济效率较低，有效供给不足，面临着较大的结构调整任务	社会总需求大大超过社会总供给，发生了严重的通货膨胀

（一）在经济形势特别严峻的情况下，一般采取“双松”或“双紧”政策组合

“双松”或“双紧”政策即财政政策和货币政策必须同时向一个方向用力，这样政策效果比较显著，才能走出经济危机。

在通货紧缩严峻的情况下，一般采取“双松”政策组合。在这种政策组合中，采用扩张性财政政策扩大总需求的同时，中央银行采用扩张性货币政策增加货币供应量，阻止利率上升，抵消或减少财政政策的挤出效应，因此会使总需求在短时间内迅速扩大，对经济具有很强的刺激作用。这种组合适用于总需求严重不足、生产资源大量闲置、解决失业和刺激经济增长成为宏观调控首要目标时使用，否则可能导致严重的通货膨胀。

在通货膨胀严峻的情况下，一般采取“双紧”政策组合。在这种政策组合中，政府通过紧缩性财政政策增加税收、削减政府支出规模等限制消费和投资，抑制总需求；中央银行通过紧缩性货币政策来紧缩银根，减少货币的供给，刺激利率上升，私人投资减少，导致总需求下降。这种双管齐下的措施使总需求迅速收缩，能够有效遏制恶性通货膨胀，但会导致经济增长缓慢，甚至陷于衰退的境地。这种组合主要在总需求极度膨胀，总供给严重不足，物价大幅攀升，抑制通货膨胀成为首要目标时采用。

（二）在经济问题比较严重的情况下，一般采取“一中一松”或“一中一紧”的政策组合

在经济问题比较严重的情况下，通过“一中”来稳定国民经济大局，通过另一政策来对经济施加影响。例如2011—2017年，我国连续七年实行积极的财政政策和稳健的货币政策。通过“一松”即扩张性财政政策，继续推动经济的增长，防止经济第二次探底；通过“一中”即中性货币政策，来稳定物价，防止物价过快上涨。

（三）在经济问题较轻的情况下，一般采取“一紧一松”的政策组合

在经济问题较轻的情况下，如果单独采取某种政策很容易产生政策力度过头，产生政策负效应的现象。采取“一紧一松”的政策组合，使一部分政策力度相互抵消，另一部分政策力度发挥作用，对国民经济进行微调。

扩张性财政政策和紧缩性货币政策搭配，在这种政策组合中，政府适当扩大财政支出和减税，同时中央银行严格控制货币供应量，促使利率上升，产出挤出效应，使总需求不会大幅度上升。这种组合主要在经济比较繁荣，但公共投资不足时采用。

紧缩性财政政策和扩张性货币政策搭配，在这种政策组合中，政府对财政支出严加控制，采用增税措施，抑制总需求；同时中央银行根据实际情况，采取适当放松银根的货币政策，促使利率下降，以刺激私人投资。这种组合适于财政赤字较大，但经济处于轻度衰退时采用。

（四）在经济形势较好的情况下，一般采取“双中”的政策组合

在经济形势较好的情况下，国民经济处于均衡状态，高增长，低通胀，低失业。为保持国民经济大好形势，一般采取中性财政政策和中性货币政策搭配，即“双中”政策组合。在这种政策组合中，政府一般不对国民经济总量施加政策影响力，主要通过财政和货币结构性来调整国民经济结构。

总之，应根据经济运行的实际情况，决定采用哪种政策组合方式。只有当财政政策与货币政策适当配合运用，并在合适的时机切入，才有可能达到最佳的政策效果。

课堂小思考

财政政策应该如何与货币政策搭配才能实现最好的效果？

第三节
中国财政政策的实践[①]

一、逆周期的财政政策：1978—1992 年

自改革开放以后，我国经济逐步从计划经济向市场经济转轨，我国宏观经济运行状况也随着市场化的改革不断发生变化，并且逐渐呈现出周期性波动的特点。

党的十一届三中全会决定把全党工作重点转移到社会主义现代化建设上来，国民经济开始走上回升的道路。GDP 从 1983 年到 1988 年（除 1986 年外）都保持了两位数以上的增长。到 1984 年、1985 年，全社会固定资产投资规模、社会商品零售额都出现了历史罕见新高，总需求远远超出了总供给，CPI 指数在 1985 年接近两位数增长，通货膨胀率直线上升。特别是当 1988 年夏季“价格闯关”舆论传出后，迅速爆发了波及全国的抢购热潮，致使 1988 年的 CPI 上涨 18.8%。

这一阶段的财政政策主要用于抑制需求过热，主要措施包括：(1) 抑制投资需求，并采取增收减支的紧缩型财政政策，即通过发行债券募集财政收入，严格控制支出，做好财政综合平衡。(2) 整顿财经秩序，抑制社会消费需求，严格管理社会集团消费。在严控支出的同时，优化支出结构，通过财政补贴增加重点领域的投入。(3) 重新确定和规范国家与企业之间的分配关系，充分发挥税收对经济的调节作用。国家先后于 1983 年和 1984 年进行了两步“利改税”改革，并在此基础上完善了工商税制，形成了以流转税、所得税为主体，其他税种相互配合的多税种、多环节、多层次征收的新税制。

经过这次调控，经济“降温”明显。1985 年工业增长从第一季度 22.9%的高速度骤然降至第四季度的 10.2%，降幅达 50%，1986 年 GDP 由之前连续三年的两位数增长降至个位数，同比降幅达 40%以上。整个“七五”期间，财政收入总额达 12 280.6 亿元，超过计划 1 086.6 亿元，年均增长 7.9%。但通货膨胀治理的效果欠佳，1988 年、1989 年两年的通货膨胀率仍然保持 18%以上的增长幅度。尽管这次调控部分达到了预期目标，但由于当时市场经济发育并不完善，商品化与货币化程度也不高，采取的政策更多是以行政指

① 数据说明：本节数据如未特别注明，均来自各年的《中国统计年鉴》。

令性手段为主，计划经济的痕迹较为明显。此外，这次调控被动的成分更多，因为：(1) 在当时以收定支、预算平衡的原则上，减税让利使得财政收入大幅下滑，因此财政支出也相应下降；(2) 为适应市场经济的建立和当时政府规模的逐渐扩大，政府刚性支出随之增加，因此只得压缩经济建设的开支。不管怎样，这次调控还是为以后真正意义上的逆周期调控做了初步、有益的探索。

二、市场经济下的财政政策：1993—2011 年

（一）紧缩性财政政策：1993—1997 年

1992 年邓小平同志“南方谈话”提出了“发展才是硬道理”的思想，并且在党的十四大明确了市场经济体制的改革方向，改革开放进入全面铺开阶段。从 20 世纪 90 年代初开始，各地政府把工作重心放在建开发区和基础设施等方面，掀起了开发区热、房地产热、股票热、期货债券热等，并迅速达到“炽热”状态。同时，消费也出现了过热迹象。社会商品零售总额从 1990 年起逐年递增，整个“八五”时期的社会商品零售总额平均增长率达到历史最高峰 23.3%。虽然社会总需求不断扩张，但社会有效供给却难以跟上，供需矛盾突出。以 1993 年上半年为例，供需差率达 10%，超过正常水平 4%。通货膨胀形势较为严峻，无论是居民消费价格指数还是零售物价指数均上升 20%以上，为改革开放以来最大增幅。

1993 年，党中央、国务院决定对我国经济过热的情况采取相应措施，而基本原则就是既要防止经济进一步加热，同时也要避免由于政府“有形之手”的刻意压制而出现经济“硬着陆”，因此适时提出了“适度从紧”的财政政策。纵观这一轮宏观调控，总结其政策要点如下。

1. 加强中央对经济运行的宏观调控能力

从 1992 开始，全国开始试点利税分流，通过利税分流使国家既有税收收入又有利润收入，大大拓宽了政府财政收入的渠道，增强了其对经济运行的宏观调控能力。1994 年，我国实行了分税制改革，对中央和地方政府的财政收入进行了划分，并明确了中央与地方政府的财政支出范围。

2. 实行对财政支出有松有紧的结构性调整

此轮宏观调控，我国政府并未一味地采取紧缩政策，而是在总量偏紧的前提下，对财政支出进行结构性调整，避免“一刀切”。具体而言，就是对于国家重点建设的项目、基础设施建设以及环保工程，国家加大资金的投入力度，进行重点扶持；而对于低水平重复建设、产能过剩和经济效益不好的项目，国家则通过限制审批和缩减财政投入等方式，进行严加控制。

3. 与紧缩性货币政策搭配，实行“双紧”政策

针对此轮经济过热，我国政府审时度势，在实行紧缩性财政政策的同时，配之以紧缩性货币政策。具体表现在：首先，对货币发行量进行严格控制。其次，严格控制短期国债

的发行规模。最后，出台了相关规定，要求政府财政赤字不能以向银行透支的方式解决，主要通过向社会融资的方式解决债务问题。

我国政府通过一系列“适度从紧”政策的调控，有效地遏制住了经济过热的趋势，使经济增长回归合理区间，并于 1996 年成功实现了“软着陆”。首先，控制了过旺的投资需求，有效地降低了通货膨胀率。“八五”期间我国全社会固定资产投资平均增长率达 36.9%，从 1994 年开始回落，整个“九五”期间更是回落到年均 11.2%，固定资产投资率明显受到抑制。同时，总需求的有效“降温”对高企的通货膨胀率起到了一种釜底抽薪的效果。其次，灵活运用“双紧”调控策略，为我国宏观经济调控积累了经验。在此次“双紧”调控中，我国政府运用经济手段，依靠市场间接调节，并且成功避免“硬着陆”。这是我国政府运用经济手段进行宏观调控的成功典范，标志着中国在经济管理体制模式转变中基本实现了经济调控方式从行政手段为主向经济手段为主的重大转变。

虽然这次改革整体上取得了很大成绩，但也出现了不少问题：比如由于此次调控的力度较大，致使 1997 年以后不得不进行新一轮的政策调整。另外，仍然没有提升财政收入占国民收入和 GDP 的比重，财政职能被分割的矛盾依然未解决。

（二）扩张性财政政策：1998—2004 年

1997 年 7 月亚洲地区爆发了金融危机，对我国正在逐步对外开放的市场经济造成了较大的冲击，并且叠加了我国经济周期正处于下行波段的因素，因此各种经济中的隐患被完全暴露出来，并进一步被放大，如城乡二元体制、产业结构不合理、区域经济发展不协调等，再加上 1998 年我国暴发大面积洪涝灾害，使我国经济雪上加霜。在综合考虑上述各种因素之后，我国政府从 1998 年开始，果断采取由“适度从紧”的财政政策转向扩张性财政政策①。具体而言，主要包括以下几个方面的内容：

一是扩大国债规模，主要用于基础设施建设。我国在 1998—2004 年七年时间里共发行了 9 100 亿元国债，主要用于农林水利和生态建设、交通通信建设、城市基础设施建设、技术进步与产业升级、科教文卫基础设施建设、城乡电网改造等方面。

二是采取税收优惠政策，强化税收调节经济的功能。此轮调控更多的是采用税收优惠政策，鼓励出口，吸引外资，减轻企业负担，刺激社会有效需求。为鼓励居民消费，对居民储蓄存款恢复征收个人所得税，对涉及房地产的营业税、契税和土地增值税予以一定数量的减免征收；为增加外贸出口，提高出口货物增值税退税率；为支持区域协调发展，专门制定支持西部大开发和东北老工业基地发展的税收优惠政策等。

三是调节收入分配，完善社会保障体系。在此期间，国家累计安排了 6 390 亿元财政资金，连续四次用于提高机关事业单位基本工资和离退休人员的养老金发放，受益人数达 4 900 万。同时还安排了一定规模的周转资金用于缓解中西部等欠发达地区季节性拖欠工

① 我国在更多的场合把它称为“积极财政政策”，这是一种较为官方的表述方式，不太符合学术表达习惯，并且这种表述在广义的概念和狭义的概念上有较大的出入，所以此处还是称之为“扩张性财政政策”。

资问题。此外，政府还加大了对社会保障的投入力度，不断完善社会保障体系，并且建立了财政社会保障补助资金专户，保证专款专用，加强了对社保资金的管理。

本次调控总体来说是比较成功的，它不仅成功抵御了亚洲金融危机的冲击，同时也熨平了经济波动，使经济平稳快速增长。此轮调控持续七年时间，自 1998 年实施扩张性财政政策以后，2000 年开始取得成效，到 2003 年经济增速又回到两位数以上的增长率。在亚洲乃至全球经济处于低迷的当时，我国经济增长可谓“一枝独秀”。国内需求回暖，从 1998 年至 2004 年，全社会固定资产投资规模翻了 2.5 倍，增速提高了 12.7 个百分点。消费需求方面，社会消费品零售增幅由 6.8%增长到 13.3%。作为价格先行指数的工业品价格从 2002 年开始上涨。居民消费价格指数从 2002 年第四季度开始回升，2004 年跃升到 3.9%。商品零售价格指数由 1998 年的－2.6%回升到 2004 年的 2.8%。一直困扰着经济发展的通货紧缩趋势有所缓解。

（三）中性财政政策：2005—2007 年

中国在上一轮扩张性财政政策调控过后，经济走出低迷期，并逐步进入新的一轮经济增长上升周期。但此时，经济过热又有抬头之势，其他经济指标也有过热的迹象。扩张性财政政策到底是继续还是停止，决策部门是经历过反复论证的，最终在全面分析宏观经济形势之后，在这“两难”之间，做出了一个“次优选择”：实行中性财政政策①。中性财政政策的内容概括成 16 个字就是：控制赤字、调整结构、推进改革、增收节支。

1. 控制赤字

随着 GDP 的不断增加，财政赤字占 GDP 的比重一直处于下降状态。国家未对赤字和国债做大幅度削减，主要考虑到政策的连续性。连续七年实施的扩张性财政政策，在许多领域的支出已经具备刚性特征，如果突然缩减，则会让此前的一些在建项目突然“失血”，成为“半拉子”工程，对中国经济增长也会造成很大的负面冲击。

2. 调整结构

这一轮调控思路是对财政支出结构有所调整，做到有保有压、有促有控。首先，调整粮食风险基金的使用方式。从 2004 年开始，粮食风险基金由对流通环节的间接补贴转为对种粮农民的直接补贴，这样既提高了补贴效率，同时还直接增加了农民收入。其次，改变国债投资方向和结构。即调整国债的使用方向，重点投向薄弱的公共事业领域，如农林水利、科教文卫、生态环境、能源等。

3. 推进改革

以实行中性财政政策为契机，及时推动财政自身的改革和其他经济体制方面的改革，都是实施本轮财政政策的题中应有之义。主要内容包括：（1）将生产型增值税转为消费型增值税，改变了重复征税的问题，并增强了企业的活力和竞争力。（2）推进内外资企业所

① 我国官方一般称之为稳健财政政策，金人庆在《实行稳健的财政政策促进经济平稳较快发展》一文中指出：所谓稳健财政政策，就是经济学所讲的中性财政政策。此处统一采取学术表达习惯，称之为中性财政政策。

得税两法合并准备工作，消除了外资企业享受的超国民待遇，为内资企业创造了一个相对公平的竞争环境。(3) 逐步免除农业税，极大地减轻了农民的负担。(4) 完善出口退税机制，建立了中央与地方共同负担的出口退税新机制，促进了国际贸易持续健康发展。

4. 增收节支

在财政增收方面，以财税政策支持经济发展，扩展和培育税源，促进财政收入稳定增长；加强税收征管，规范税收优惠政策，避免出现越权减免和变相减免的现象；加强非税管理，挖掘非税收入潜力，在进一步清理和规范行政事业性收费和政府基金的同时，完善国有资本收益征缴、彩票发行、特许经营等非税收入管理办法。在财政节支方面，主要是通过推进机关后勤服务社会化改革，加快建立科学规范的政府收支分类体系，深化“收支两条线管理”改革，建立财政预算绩效评价体系，推进中央与地方国库集中支付制度改革等措施，提高财政资金使用的规范性和有效性。

(四) 扩张性财政政策的再次运用：2008—2011 年

2007 年 8 月，美国爆发次贷危机，并最终引发了华尔街金融海啸，扩散至全球，出现了自 1929—1933 年大萧条（资本主义大危机）以来最为严重的一场金融与经济危机。国内经济增长率急转直下，2009 年第一季度降至自 1990 年以来最低点 6.1%。CPI 环比增速连续出现负增长，2009 年全年增长－0.07%。为保持经济平稳健康增长，2008 年 11 月，党中央、国务院适时提出了实行扩张性财政政策。具体而言，包括以下三个方面的内容：

1. 大规模公共投资

针对国内消费信心不足、内需萎缩，我国政府及时推出了促进经济增长的十项措施。经匡算，要实施好这十项措施，到 2010 年底总计需要投资 4 万亿元。其中中央投资 1.18 万亿元，带动地方政府投资 2.82 万亿元。从资金的来源结构看，中央的 1.18 万亿元主要是通过中央预算内建设资金、增发国债、中央政府性基金和中央地震灾后恢复重建基金等安排。从投资方向看，这 4 万亿元主要用于加大交通基础设施建设、农村民生工程及农村基础设施、生态环境工程和社会保障性住房等方面的投入。

2. 改善和优化财政支出结构

这 4 万亿元经过两次调整后，支出结构发生了一些变化：教育、卫生、文化等社会事业支出增加了 1 100 亿元，民生工程的投资提高了 1 200 亿元。财政支出的民生倾向有利于改善收入分配结构、增加居民收入，有利于改变消费者的预期、促进消费需求增长。

3. 结构性减税

此项内容具体包括：(1) 全面推进“营改增”转型。为给中小企业减轻负担，促进企业技术进步、结构转型，国务院规定从 2009 年 1 月 1 日起全面实施增值税转型改革。(2) 扩大居民车房消费的税收政策。为推动汽车与房地产行业发展，制定了降低车辆购置税、减收房屋契税等措施。(3) 鼓励出口的税收政策，主要采取出口退税方式进行。(4) 推进税费改革，包括建立完善的成品油价格形成机制和规范的交通税费制度，清理全国性及中央部门和单位的行政事业性收费，共取消了 100 项行政事业性收费。(5) 合理增税，主要包括扩大资源税的征收范围等。

从 2011 年开始，我国经济逐渐走出金融危机的阴霾，率先从低迷的世界经济中复苏，并且在某种程度上引领了全球经济复苏，首先实现了增长的目标。自 2009 年第二季度起 GDP 开始平稳回升，2009 年增长 9.21%，2010 年第一季度更是达到此阶段的峰值 11.9%。

三、新常态下的财政政策：2012 年至今

从 2012 年第二季度经济增速“破八”开始，我国经济由高速增长向中高速增长转变，我国经济进入新常态，调控方向、调控力度和调控思路等都发生了较大的变化。经济进入新常态意味着财政收入增长随着经济增长放缓，相应进入中高速增长阶段，同时人口老龄化、资源匮乏、环境生态治理、福利刚性、承担改革成本等将导致财政支出的持续增长，财政可持续面临严峻挑战。

基于党的十八大以来我国宏观经济形势发生的重大变化，我国一直实行扩张性财政政策和稳健的货币政策，但是这一阶段扩张性财政政策的内涵发生了较大变化。继续实施扩张性财政政策，不仅是“国家治理的基础和重要支柱”这一新定位的根本要求，更是发挥扩张性财政政策对经济社会发展基础性和支柱性作用、推动经济高质量发展的未来之需。

（一）新常态下财政政策的调整方向

新常态下财政肩负改革排头兵的重任，财政部门必须要及时转变思维并创新政策工具，从财政管理和政策调整两方面入手，进行全面系统改革以更好地适应新常态，及时消除那些不利于有效增长、阻碍经济转型升级、压制创新、有违公平的行为，激发市场活力和创造力，让“政府之手”成为经济社会发展的推动力。

首先，以新的系统性财政管理改革实现“财政管理乘数效应”。党的十八大以来，财政改革不断提速，全口径预算管理、预算绩效管理、中期财政规划管理、跨年度预算平衡、政府财务报告制度编制改革、地方政府性债务管理、预算公开等改革环环相扣、有序推进，“规范化、信息化、科学化”日益成为财政管理的基本特征，“依法理财、科学理财、民主理财”的观念不断深入人心，现代财政制度轮廓日益清晰。财政管理改革的纵深推进为全面深化改革提供了坚实的管理基础，理顺了政策传导机制，规范了政府行为，提高了政府治理能力，实现了“财政管理乘数效应”。

其次，“稳增长”“控风险”“优结构”应该成为财政政策目标。“稳增长”有两层含义：一是保持合理的经济增长速度区间，增速过高和过低都不好，国内需求的低迷需要适当的扩张性财政政策，要从需求、供给两方面入手保持经济短期的合理增速，并增强经济长期增长的动力，让短期增长符合长期最优增长路径；二是保持一定的就业增长，经济增长在市场不完备时不一定会带来就业增长，就业是社会稳定的基础，我国有庞大的就业人口分布在广大的中小微企业，要保持一定的就业容量就需要一定的就业与社会保障政策支持。“控风险”指的是财政要勇于面对并担当起防范与化解公共风险的责任，将公共风险

控制在合理区间内。“优结构”是通过适当的结构化财政政策来推动经济结构转型升级，充分发挥财政政策定向调控、作用迅速的政策优势，综合运用预算、税收、采购、政策融资等多种手段向经济中的薄弱环节精准发力，以结构化的财政政策打通结构调整中的梗阻，以优化的财政政策组合推动经济结构转型升级。

在新常态下，财政政策与货币政策的配合方式也愈显灵活。由于我国经济面临“L”型拖平长尾走势，中国人民银行强调坚持逆周期调节，加强货币政策、财政政策与其他经济政策之间的协调配合，在宏观经济“保增长”的基础上注重金融系统“防风险”。我国财政政策与货币政策搭配主要表现为“积极+稳健”（即“一松一中”）的取向组合，财政政策由“积极”转向“更加积极”，体现为财政部门实施了更大力度的减税降费措施；货币政策取向由实施好“稳健”的货币政策，转变为追求稳中求进的“稳健”货币政策。从经济政策的目标和调控方式看，多元化调控目标、阶段性调控偏好与行政性干预等现象表现尤为明显。

（二）财政政策积极有为的具体举措

新常态下我国财政政策积极有为的具体举措主要有：

第一，保市场主体，重点支持中小微企业和受疫情冲击较大的产业纾困和发展。一是加大减税降费力度。通过制度性安排和阶段性政策并举，重点减轻中小微企业、个体工商户和困难行业企业税费负担。继续执行下调增值税税率和企业养老保险费率等政策，适当延长前期出台的部分阶段性减税降费政策的执行期限。二是降低企业生产经营成本。减免国有房产租金，鼓励各类业主减免或缓收房租。政府性融资担保行业减半收费，将综合融资担保费率降至1%以下。三是持续激发市场主体活力。支持打造全链条、专业化的公共服务平台，落实鼓励创业投资发展的税收优惠政策，积极实施小微企业融资担保降费奖补政策。

第二，把保居民就业作为重中之重，千方百计稳定和扩大就业。一是统筹用好就业补助资金、职业技能提升行动资金和失业保险基金，调整和加快使用工业企业结构调整专项奖补资金，支持企业稳定现有就业岗位。二是突出支持做好高校毕业生、农民工、退役军人等重点人群就业工作，多渠道促进就业创业。三是加强失业人员基本生活保障和再就业服务，扩大失业保险保障范围。

第三，支持创新发展和产业升级，稳定外贸外资基本盘，保障产业链供应链稳定。坚持巩固、增强、提升、畅通的方针，发挥好财税政策的结构性调控优势，打通产业链、供应链上的“堵点”，补上“断点”，推动企业尽快转起来，增强我国经济质量优势。

第四，支持贯彻实施乡村振兴战略，全力保障粮食和重要农产品供应，确保粮食安全。

第五，做好打赢脱贫攻坚战财力保障，进一步保障和改善民生。保障基本民生，做好普惠性、基础性、兜底性民生建设。坚决打赢脱贫攻坚战，支持发展公平而有质量的教育，推进健康中国战略，稳步提高养老保障水平，全力做好困难群众基本生活保障工作。

第六，加大对地方财力的支持力度，兜牢兜实保工资、保运转、保基本民生“三保”底线，确保基层正常运转。中央财政统筹新增赤字、以前年度结转资金、压减本级支出腾出的财力等渠道，切实加大对地方的财力支持力度，有力保障基层运转。积极创新财政资金分配方式，确保资金直达市县基层，直达民生领域。

育人园地

积极的财政政策要更加积极有为

2020 年 5 月，习近平总书记在统筹推进新冠肺炎疫情防控和经济社会发展工作部署会议上强调，积极的财政政策要更加积极有为，已经出台的财政贴息、大规模降费、缓缴税款等政策要尽快落实到企业。这是党中央科学把握国内外发展大势、深刻分析新冠肺炎疫情对经济造成的冲击、统揽经济社会发展全局做出的重大决策部署，为 2020 年的财政政策指明了方向路径，提供了根本遵循。2020 年积极的财政政策要更加积极有为，大力提质增效，加大逆周期调节力度，扎实做好“六稳”工作，全面落实“六保”任务，确保完成决战决胜脱贫攻坚目标任务，全面建成小康社会。

积极的财政政策更加积极有为，是全面建成小康社会的必然要求。当前，我国经济已由高速增长阶段转向高质量发展阶段，社会主要矛盾已转化为人民日益增长的美好生活需要和不平衡不充分的发展之间的矛盾，民生领域还有不少短板，脱贫攻坚任务艰巨。2020 年是全面建成小康社会和“十三五”规划收官之年，积极的财政政策更加积极有为，有利于推动解决民生领域的突出短板，坚决打赢疫情防控阻击战，打好防范化解重大风险、精准脱贫、污染防治的攻坚战，为全面建成小康社会提供坚实支撑。

积极的财政政策更加积极有为，是对冲经济下行压力的现实需要。当前我国经济社会发展仍然面临较大的不确定性，经济下行压力仍在加大。积极的财政政策更加积极有为，通过适当提高赤字率、发行抗疫特别国债、增加地方政府专项债券规模、巩固和拓展减税降费成效等，有助于进一步推动供给侧结构性改革，挖掘内需潜力，激发市场活力，培育内生动力，有效应对经济运行中出现的短期冲击和挑战，实现经济社会持续健康发展。

积极的财政政策更加积极有为，是财政更好发挥国家治理的基础和重要支柱作用的应有之义。新冠肺炎疫情对财政收入增长带来了巨大冲击。2020 年第一季度财政收入出现负增长，且 2020 年全年一般公共预算收入低于上年。与此同时，统筹推进疫情防控和经济社会发展工作，全力保障完成决战决胜脱贫攻坚目标任务、全面建成小康社会，财政支出仍要保持一定强度。积极财政政策更加积极有为，有利于统筹做好疫情防控和经济社会发展工作，保居民就业、保基本民生、保市场主体、保粮食能源安全、保产业链供应链稳定、保基层运转。

（资料来源：财政部党组书记、部长刘昆《人民日报》撰文）

课堂小思考

结合中国财政政策实践，谈一谈扩张性财政政策应如何有所作为。

专栏

疫情后我国扩张性财政政策的走向

历史经验表明，用好财政政策，对推动国家治理体系和治理能力现代化有重要意义。改革开放之初，我国财政通过支持提高农产品收购价格和调整国有企业收入分配关系，分别开启农村和城市改革。稳步推进后，进一步通过调整政府间财政关系和改革完善税制，加强各级政府激励，推动了乡镇企业崛起、国有企业预算约束硬化和民营化、基础设施迅猛发展和外商直接投资涌入。2000年后，我国加快构建公共财政框架，优化调整财政收支结构，在积极引导协调政府和市场关系的同时，推动社会建设稳步前进。党的十八大以来，财政政策持续发力，为打好三大攻坚战、深化供给侧结构性改革等提供了坚强保障。

财政政策补短板应着力于加大关键基本公共服务投入。应进一步提升卫生防疫的作用，结合分级诊疗改革方向，科学布局并加大医院、卫生服务中心、卫生院和诊所投入，高水平建设医护院校和科研院所，加大医护人员培养和科学研究。从这次疫情暴发及防控经验看，较高的科学素养和人文素养不仅有助于减少公共危机的发生，也有助于降低危机扩散的程度及应对成本。素养的养成靠教育，我国教育投入历史欠账多，近些年高等教育普及率有所提高，但还有至少两个问题没解决：一是高素质劳动力规模依然较少，二是还有相当规模的人口，因历史或其他原因，受教育年限少，加之我国知识普及工作不够，科学素养和人文素养还普遍较弱。一方面，要在科学调整学科结构的基础上，支持进一步提高高等职业教育和普通高等教育普及率，优化本硕博学生比例；另一方面，支持选拔组建专门队伍，综合运用出版、宣讲、媒体等多种方式，瞄准关键人群持续开展科学和人文知识普及。

财政政策应根据中央区域协调发展新思路，一方面，集中力量推进京津冀协同发展、长三角一体化发展、粤港澳大湾区建设，打造世界级创新平台和增长极；另一方面，加强对主要铁路、机场、港口等区域枢纽城市的扶持，发挥其接入中心、辐射腹地的作用。具体看，可着重增强中心城市和城市群城际铁路、高等级公路、市郊铁路等传统基础设施和信息等新型基础设施建设，提高中心城市和城市群连接区域枢纽城市间的交通基础设施密度。加大农业转移人口市民化，推动生态补偿转移支付制度扩围，用好城乡建设用地增减挂钩结余指标跨省城调剂制度，提高财政奖补、转移支付和资金调剂力度，推动城市更好融合农村。调减人口输出地财政供养人口和编制总量，推动提高财政资金配置效率和使用效益。

历史经验给了当前几点重要启示：一是要聚焦突出问题，及时调整完善财政政策；二是要通过深化财税体制改革，确保政策行稳致远；三是要激励与约束并重，通过积极调动地方政府及市场微观主体积极性，引导政策更好发挥作用。基于以上并结合当前财政形势，未来扩张性财政政策总的方向是敢于退、勇于进，聚焦关键领域关键环节和关键主体，做好补短板工作，重点是加大卫生教育等领域公共服务供给，提升产业链关键环节竞争力，支持中心城市和城市群更好发挥辐射带动作用，释放青年群体活力，高标准推进城乡社区建设。该方向有 3 个基本内涵：第一，强调传统基础设施投资和新型基础设施投资并重，注重发挥投资的关键性作用；第二，强调通过增加政府责任、优化供给提升消费，注重发挥消费的基础性作用；第三，强调以效率促公平，通过重点领域、产业、区域和社会群体的更好发展，带动均衡、共享发展。

为确保扩张性财政政策行稳致远，同时更好解决一些根本性问题，还应进一步深化财税体制改革。一要深化预算绩效管理，增强政府采购和财政性投资项目招投标的竞争性和包容性。通过实施预算收入绩效管理，确保“减税降费”政策贯彻落实和财政收入高质量增长；通过实施预算支出绩效管理，确保财政支出结构和方向符合政策导向与社会期待，持续提高财政资金使用效益。增强政府采购和项目招投标的竞争性，旨在驱动创新和降低财政成本；同时增强其包容性，实质是要正确处理政府和市场关系，提高民营企业和中小企业参与度，确保公共服务提供多元化。二要加快地方税体系建设，通过培育地方税主体税种，更好激发地方政府活力，增强地方政府和基层社会的连接。三要落实完善财政事权和支出责任划分方案，在方案框架内开展补短板工作，重塑我国宏观调控体系。

思考与练习

一、单选题

1. 在经济过热、存在通货膨胀时，政府要实现控制总需求、抑制通货膨胀的目的，可以采取的财政政策是（　　）。

A. 减少财政支出　B. 减少税收　C. 增加财政支出　D. 提高利率

2. 将财政政策分为扩张性政策、紧缩性政策和中性政策，这是根据（　　）对财政政策进行的分类。

A. 作用空间　B. 作用时间

C. 调节经济周期的作用　D. 财政政策调节国民经济总量的功能

3. 财政制度本身存在的一种内在的、不需要政府采取其他干预行为就可以随着经济社会的发展而自动调节经济运行的机制是（　　）。

A. 汲水政策　B. 补偿政策

C. 自动稳定的财政政策　D. 相机抉择的财政政策

4. 下列不属于财政政策目标的是（　　）。

A. 充分就业　B. 国际收支平衡　C. 物价稳定　D. 币值稳定

5. 下列表述中错误的是（　　）。

A. 财政政策与货币政策作用机制不同

B. 财政政策比货币政策更有效

C. 财政政策与货币政策在扩大和抑制需求方面的作用不同

D. 财政政策与货币政策作用方向不同

二、判断题

1. 紧缩性财政政策的唯一措施是减税。（　　）

2. 在通货膨胀的情况下，一般采取“双松”政策组合。（　　）

3. 刺激经济增长的财政手段有减税、减少财政支出。（　　）

4. 实行扩张性财政政策通常会扩大货币供应量。（　　）

5. 扩张性财政政策是通过减少税收或增加支出来增加社会总需求，从而刺激经济的增长。（　　）

三、简答题

1. 简述财政政策与经济政策的关系。

2. 根据不同的标准对财政政策进行分类。

3. 列举财政政策目标。

4. 为什么财政政策和货币政策要相互配合？

第十三章

政府财政审计与财政监督

学习目标

- 掌握财政审计的内涵、对象与内容
- 理解如何完善财政审计体系
- 明确财政监督的内涵、方式与方法
- 了解财政审计与财政监督之间的异同点，以及二者如何协调与配合

案例导入

湖南省益阳市某县财政财务监督检查小组在对该县医院实施农村合作医疗基金收支使用情况专项检查时，查实该院存在骗取国家财政资金，滥发福利补贴等严重违纪问题。经查，该院于2020年度先后7次收取合作医疗收入107 495.60元，系假造农户住院手续，向县合作医疗管理办报账所骗取的中央财政用于中西部地区农民合作医疗转移补助资金。该院骗取上述资金后，既未用于添置任何医疗设备，也未用于弥补正常经费不足，而是自行设立创收奖、加班补贴等，全额用于发放个人福利。党的十九届四中全会通过《中共中央关于坚持和完善中国特色社会主义制度推进国家治理体系和治理能力现代化若干重大问题的决定》提出“坚持和完善国家监督体系，强化对权力运行的制约和监督”，并强调要“发挥审计监督的职能作用”。

结合案例思考：对于这样骗取财政资金、滥发福利补贴的案例，应该从哪些方面进行监督？

第一节 财政审计

财政审计是国家审计的永恒主题，它既是推进财政治理现代化的重要手段，又是国家监督制度的有机组成部分。财政审计与财政监督是我国经济监督体系中不可或缺的重要组成部分，也是从经济角度出发对行政部门所承担的经济责任进行制衡的一种重要方式。财政审计和财政监督应当加以协调、配合和运用，以进一步完善国家的监督机制，提高监督效果，确保国家宏观经济的持续健康发展。

一、财政审计的内涵

财政审计的定义为监督主体为确保审计范围内的各个被审对象严格按照相关规定进行经济活动而实施的一种全面的、综合的监督管理工具。客观公正的财政审计对完善各项法规建设、明确经济主体责任具有重要意义。但随着经济社会的发展，我们对财政审计的基本概念应该用发展的眼光来看待。

二、财政审计的对象和内容

（一）财政审计的对象

财政审计的对象主要是参与国家财政收支管理及有关经济活动的各级政府和相关部门、各级财政的预算单位和其他管理分配使用财政资金的单位，主要包括：（1）管理分配使用财政资金的本级政府及其组成部门、直属机构，下级政府和其他有关部门、单位；（2）负责征收财政收入的税务、海关和其他有关部门、单位；（3）其他取得财政资金的单位和项目等。

（二）财政审计的内容

随着社会经济的发展，中国财政审计的内容发生了一定的变化，《审计署 2008 至 2012 年审计工作发展规划》首次指出财政审计的内容主要包括：中央财政管理审计、中央部门预算执行审计、中央转移支付审计、中央税收征管审计、中央企业国有资本经营预算审计、地方财政收支审计、固定资产投资审计、农业资金审计、社会保障审计、专项资金审计，以及当时国家重点关注的汶川地震抗震救灾和灾后恢复重建审计。中国当前公共组织财政审计仍然以财政财务收支与预算执行审计为重点，审计机关依法对公共组织的全部收入和支出、组织部门管理或其他单位受公共组织委托管理的资金，以及相关经济活动进行全面审计，主要内容可以概括为：

1. 财政预算执行及决算草案审计

对各级公共组织预算执行及决算草案进行审计，主要监督检查预决算的真实、合法和效益情况，以及财税政策执行、政府预算体系建设、重点专项资金管理使用、财政体制运行、政府债务管理等情况，加快建立现代财政制度，建立权责清晰、财力协调、区域均衡的中央和地方财政关系。

2. 部门预算执行及决算草案审计

对各级党政工作部门、事业单位、人民团体等的部门预算执行和决算草案进行审计，主要监督检查部门预决算的真实、合法和效益情况，重点关注贯彻中央八项规定及实施细则精神、“三公经费”和会议费支出等情况，促进严格预算约束，建立全面规范透明、标准科学、约束有力的预算制度。

3. 税收审计

税收审计是指对海关、税务系统收入征管情况进行审计。主要监督检查依法征收、税制改革推进，以及结构调整、科技创新、大众创业、环境保护等方面税收优惠政策落实情况及效果，推动清费立税，完善税收体系，促进建立税种科学、结构优化、法律健全、规范公平、征管高效的税收制度。

三、财政审计体系的完善

党的十八大以来，政府不断探索完善财政审计组织方式，加大审计资源整合力度。从加强顶层设计入手，统筹谋划中央预算执行审计工作，以财政审计总体方案为载体，构建以财政部具体组织中央预算执行审计和发展改革委组织分配中央财政投资审计为引领、以中央部门预算执行审计和地方财政收支审计为两翼、以重点专项资金和重大投资项目审计为支撑的审计组织体系，通过审计总体方案把各方面资源联结起来，加强信息共享，努力打造相互支撑、互为印证的财政审计体系，切实增强财政审计的宏观性和整体性。为进一步优化中国的财政审计体系建设，可从以下方面入手。

（一）提升绩效审计在财政审计中的地位

根据 2018 年 11 月出台的《中共中央国务院关于全面实施预算绩效管理的意见》（中发〔2018〕34 号），今后财政预算执行审计还将进一步加强。就目前来讲，可以在本级预算执行审计、部门财务收支审计、国家重大政策措施落实情况跟踪审计中，将财政绩效审计管理情况作为重点，建立符合法律规定和当地实际情况的财政绩效审计评价指标。同时，在绩效审计中要关注项目的实施过程、资金的运用情况。此外在与财政审计配套的投资审计、经济责任审计等其他项目中，也应适当加大绩效管理审计力度，探索完善政府财务管理行业性评价指标体系。

2020年的国务院《政府工作报告》中提出要将“继续创新和完善宏观调控，确保经济运行在合理区间”作为“十大重点任务”之一，要求各级政府和财政部门当好“铁公鸡”、打好“铁算盘”、管好“钱袋子”，“推进财税体制改革，预算绩效管理改革全面启动”。绩效审计是政府部门财务管理系统的重要环节，是构建绩效责任导向型政府、提升政府公信度的现代管理工具。因此，在政府财政审计的过程中应关注财政资金绩效审计。

（二）财务报告审计与预算审计并驾齐驱

中国当前政府财政审计仍然以财政收支与预算执行为重点审计对象。虽然权责发生制政府财务报告改革已经启动，但预算报告仍以收付实现制为基础，政府财务报告与预算报告编制基础的差异必然导致两者在审计目标、审计流程与组织工作上的差异。因此就有可能出现预算审计、决算草案审计与政府财务报告审计三足鼎立的政府部门财政预算及财务报告审计格局。因此将三者的审计进行协调是中国财政审计体系建设中尤需关注的一个方面。

（三）促进财政审计结果公开化

张立民（2006）、陈宋生（2014）、刘静（2015）等都将财政审计结果公开作为财政审计领域研究的一个重要问题。世界审计组织（International Organization of Supreme Audit Institutions，INTOSAI）的三大宣言——1977年《利马宣言——审计规则指南》、2007年《墨西哥宣言》和2014年《北京宣言》——均将财政审计结果公开视为审计机关的重要权责，而世界上许多国家早已把财政审计结果公开作为审计制度的组成部分。中国现有的法律法规、规章和规范性文件为实施财政审计结果公开起到了一定的保障作用，但也还存在着相关规定比较笼统、相关的制度设计不够系统、条款不够明确等问题。因此要以法律、法规、部门规章、政府规章为基础，建设具有完整性、整体性和层次性的科学的财政审计结果公开制度体系，审计机关内部的规章制度也要进行衔接和有效互补，从而进一步完善中国的财政审计系统，提升政府部门财务管理机制的有效性。

育人园地

财政审计“全过程”监督助推财政资金提质增效

面对新形势新任务，立足新定位新要求，上海市徐汇区人民政府审计聚焦财政资金使用“全过程”，做好常态化“经济体检”，确保财政资金发挥实效。

一是监督资金执行“过去时”。聚焦减税降费政策落实，加强对存量资金盘活使用及预算执行刚性约束的监督审查，促进提升财政资金使用效益。

二是跟踪资金使用“进行时”。跟踪掌握疫情防控财政资金的安排使用和捐赠款物的管理分配，及时提出意见建议，帮助提高资金使用效益，规范实物管理，发挥审计监督职能服务疫情防控大局，推动防疫政策贯彻落实。

三是关注资金安排“将来时”。高度关注紧平衡下预算压减和绩效评价结果应用，促进政府和部门“过紧日子”，深度剖析财政运行中出现的新情况新问题，促进完善预算绩效体制机制。

（资料来源：上海市徐汇区人民政府官方网站）

课堂小思考

财政审计的重要性是什么？

第二节
财政监督

一、财政监督的内涵

财政监督的定义有广义和狭义之分。广义的财政监督指为了维护财政资金管理活动的秩序，促进社会经济稳定协调发展，财政部门、税务部门、审计部门、司法部门、群众组织社会团体以及其他相关机构，对预算内外资金的规模、结构和使用效率以及财政收支的合法性等事项进行的监督，具体包括财政收支监督、审计监督、司法监督、财政内部监督等。狭义的财政监督专指财政部门依照法律规定，对相关部门机构执行财税法律法规和政策的情况，以及财政收支相关事项的合规性和有效性所进行的监督检查活动。

具体来讲，财政监督的内涵主要从以下几点进行把握：

（一）关于财政监督的主体

财政监督的主体是指具有财政监督主体资格的机构及个人，中国符合条件的部门包括人民代表大会、政府财政部门、审计部门和社会团体等，具体可以划分为直接产生法律效力的监督和不能直接产生法律效力的监督两类。有的监督可以直接产生法律效力，可以对违法违规行为进行制裁纠正，如人民代表大会以及政府财政、审计等部门的监督；有的监督仅仅具有某种影响力，不能直接产生法律效力，如公民个人、社会团体、新闻媒体等主体的监督。

（二）关于财政监督的对象

财政监督的对象是财政资金及财政主体对财政资金管理的相关事项，具体来讲是对各级政府、财政部门和税务部门等财政主体的财政收支和管理活动的监督。

（三）关于财政监督的目的

财政监督的目的是保证财政收支行为的合规性和效益性。合规性是指财政资金管理相关事项符合有关法律法规的规定，从而保证财政收支管理有序进行。效益性是指在确保财政收支管理有序进行的前提下，努力提高预算内外资金的支出效率并获得良好的社会效益。

二、财政监督的方式与方法

（一）财政监督的方式

1. 日常监督、专项监督与个案检查

财政机关依照国家法律、行政法规和财政规章的规定，根据财政管理需要确定财政监督检查计划，按计划开展财政监督检查，或根据日常财政管理过程发现的问题，及时组织开展财政监督检查，其工作方式主要表现为日常监督、专项监督以及个案检查。

日常监督是指财政监督部门和财政机关各业务部门按照国家法律法规的规定对预算执行和财政管理中的日常事项所进行的监督管理活动，它是贯穿在日常财政工作中的。

财政机关业务机构的日常监督是结合预算编制，对财政资金分配进行事前的审查、评估，以及对资金拨付、使用进行事中的审核、控制，加强对预算的监督约束，主要包括：预算编制是否符合《预算法》有关规定；对预算执行情况进行分析、预测的依据是否可靠，新的重大的财政经济措施对预算收支的影响是否考虑全面，预测是否准确、合理；预算收支的安排是否符合国家预算指标和管理体制的要求；通过建立预算收支旬报、月报、季报制度，定期分析预算执行情况等。

财政监督专门机构的日常监督是根据财政管理的需要，对预算编制和预算执行进行必要的延伸监督核实，对财政管理和资金运行的重要环节及时进行重点监控和实地检查。在中央财政日常监督管理中，财政部财政监督专门机构和财政部驻各地财政监察专员办事处根据财政管理的需要，对涉及中央财政收支的问题随时进行调查和检查核证，参与财政政策制定的前期调查、评估工作，对财政管理和财政政策实施中暴露出的薄弱环节和问题及时予以纠正和反映，为中央财政建立健全制度和进行科学决策提供依据。财政监督专门机构的日常监督构成了覆盖财政资金运行全过程、全方位的监督管理机制。

专项监督是日常监督的必要补充，也是政府深化管理、制定政策、加强法治的重要手段。从现实情况看，经济转轨时期各种经济关系和经济利益重新调整、组合、变化，相应的法规制度和约束机制还没有及时建立或不尽完善，经济领域的某些层面甚至还存在监督的“断面”和“真空”。财政部门根据财政管理的需要和日常监督工作中暴露出的难点、热点和重大问题，采取指令性计划和指导性计划相结合的工作方式，有针对性地开展专项监督检查，从而提高财政监督检查的综合效益。

个案检查是财政监督部门根据上级批示，或者日常监督和专项监督中发现的线索，或者根据群众举报，组织力量对监督客体在某一时期发生的某一具体财政财务收支活动、核算资料或者某些需要实施检查的经济事项进行的监督检查。

2. 财政内部监督与财政外部监督

根据财政监督的执行主体与对象的不同，可以分为财政内部监督与财政外部监督两种方式。

财政内部监督主要是指由财政部门中履行财政监督职责的机构及其检查人员，根据本部门决策层的授权，对财政部门内部设置的其他机构、业务单位开展的管理活动以及产生的业务行为的合法性、合规性和真实性、完整性实施监督检查的一种经济管理活动。财政内部监督内容主要包括：

一是对财政收支预算的监督。实施监督检查的工作重点是：(1) 检查部门预算编制机构在编制部门财政收支预算的过程中是否坚持了实事求是、严格审核、综合平衡、保证重点的原则，编制工作行为是否规范，编制工作程序是否严格等。(2) 检查部门预算编制机构编制的部门财政收支预算中的项目指标、定额标被、资金用途等是否合理并符合国家的有关规定，在编制的预算收入中有无隐瞒、少列等问题，在编制的预算支出中有无违法违规的内容等。(3) 检查综合预算编制机构在编制综合财政收支预算的过程中是否坚持了量力而行、综合平衡、不列赤字、留有余地的原则，编制工作行为是否规范，与部门收支预算的口径是否一致等。

二是对财政预算支出执行的监督。实施监督检查的工作重点是：(1) 检查部门预算执行机构是否按照预算支出的计划额度、规定的用途办理拨款，有无超额度、跨用途的拨款行为等。(2) 检查部门预算执行机构办理拨款的程序是否合规，手续是否齐备，有无违规操作的行为等。(3) 检查部门预算执行机构拨款的进度是否合理，与资金使用单位的资金需求计划以及有关实际工作的要求是否相符合，资金的调度是否规范，有无滥用职权等问题。

三是对政府采购的监督。根据现阶段的部门工作分工，政府采购工作由财政部门负责组织开展，因此对其监督也要纳入财政内部监督的范围之内。实施监督检查的工作重点是：(1) 检查政府采购管理机构及其实体编制的政府采购计划是否科学、合理，是否与政府采购的预算指标相吻合，有无重复或是多头设置采购项目等问题。(2) 检查政府采购管理机构及其实体在实施政府采购过程中采用的标准、方式、程序是否合法、合规，在签订采购合同、验收采购商品、办理资金结算等专项工作中有无违法违规的行为等。(3) 检查政府采购管理机构及其实体执行政府采购计划的情况，计划执行的结果是否合理，采购资金的总体安排是否科学、是否符合效益的原则，在政府采购工作中是否存在着风险等。

四是对内部财务收支的监督。实施监督构查的工作重点是：(1) 检查财政部门内设的财会机构、履行财会工作职责的机构以及下属的业务单位的资金的来源、运用、结存是否正常等。(2) 检查内设的财会机构、履行财会工作职责的机构以及下属业务单位建立健全和执行内部控制制度的情况，财务收支、会计核算等行为是否符合国家的有关财经法律、法规、规章和财务及会计制度的规定等。(3) 检查内设的财会机构、履行财会工作职责的机构以及下属业务单位财产物资的管理情况，财产物资管理制度是否完善，账实之间是否相等等。(4) 检查内设的财会机构、履行财会工作职责的机构以及下属业务单位的专项资金的使用以及结存情况，是否做到了专款专用，是否存在着浪费资金、挪作他用等问题。

财政外部监督是指由财政部门的监督机构和管理机构，共同依法对国家机关、企事业单位、其他经济组织等财政管理相对人在资金的筹集、分配以及使用过程中所发生的财政收入、财务收入、国有资产管理行为及其经济活动过程以及成果的合法性、合规性和真实性、完整性实施检查与监控的一种经济管理活动。财政外部监督内容主要包括：

一是对财政预算收入执行的监督。按照财政收入取得的不同渠道可以将对财政预算收入执行的监督检查工作分为三个方面：税收收入的监督检查、国有资产经营收益的监督检查、专项收入和其他收入的监督检查。

二是对预算外资金收支的监督。主要监督以下几点：检查监督客体编制的预算外资金收支计划是否符合国家的规定并且纳入了综合财政计划，编制时是否坚持了自求平衡、略有节约的原则；检查监督客体所获取的行政事业性收费、罚没收入等预算外资金的合法性和真实性，收费收入是否按照“收支两条线”的规定纳入财政专户管理，罚没收入是否及时入库等；检查监督客体安排的预算外资金支出项目、范围、标准是否符合国家规定，是否做到了专款专用等。

三是对财务收支管理的监督。根据监督客体的性质及其执行的财务及会计制度的不同，对财务收支管理活动情况实施的监督检查又分对国有企业财务收支情况的监督检查和对行政事业单位财务收支情况的监督检查。

四是会计监督。会计监督是指财政部门根据《中华人民共和国会计法》（简称《会计法》）和《财政部门实施会计监督办法》等的有关规定，对国家机关、企事业单位、其他经济组织等监督客体在经济活动中发生的会计行为和生成的会计资料实施的检查。

五是对会计师事务所及其注册会计师社会监督的再监督。这是财政部门根据《会计法》和《中华人民共和国注册会计师法》的规定，对会计师事务所及其注册会计师在承办财政管理范围内的业务过程中发生的行为实施的检查。

3. 事前监督、事中监督与事后监督

一切经济活动都离不开发生、发展、终结的运行过程，要对经济活动运行的全过程加以有效地控制，就需要不断追寻经济事项运行的整个轨迹，对经济活动过程中的各环节开展全方位、多层次的监督。将财政监督分为事前监督、事中监督与事后监督，形成“三位一体”的监督工作方式。换句话说，即要求财政监督管理部门对财政监督客体在财政经济事项发生前进行审核，发生过程中进行监控，事项结束后进行检查，实行全过程监控。

事前监督是指财政监督机构参与财政管理和改革的前期工作，对财政资金项目立项的可行性、财政改革的措施、政策的出台进行足够的调查研究、科学论证，强化事前审核，切实提高财政资金的使用效率。通过事前监督，可以及时地控制即将在监督客体中发生的错误行为，预防存在于计划、决策等项工作中的错误，对可能产生于事中和事后环节上的某些问题起到一定的抑制和防范作用。

事中监督是指建立跟踪监督机制，随时掌握财政资金运行情况，对资金的去向和使用实行有效的监督检查，确保财政资金的安全运行和高效使用。通过事中监督，既可以及时地分析监督客体在经济运行中是否存在工作上的偏差，从中评价财政事前监督工作的效果，从而促进财政事中监督工作水平的提高，又可以通过对存在于监督客体中的问题的纠正来有效地预防问题的延续，为财政事后监督奠定一个良好的基础。

事后监督是指对财政资金最后的使用情况、绩效等要有一个权威的结论，而财政监督部门应该承担起这样的责任。通过事后监督，一方面可以有效地制约监督客体在经济活动中产生的不合法行为，不断地对财政事前监督和事中监督施加影响，保证以后开展的事前和事中监督不会重蹈覆辙；另一方面通过对监督客体经济活动结果的审查、分析和研究，又能为规范财政事前监督和事中监督提出改进和完善的合理建议。

（二）财政监督的方法

财政监督的方法是指财政监督部门在具体的检查工作中，采用某种手段查清目标问题，取得检查证据，做出检查结论。财政监督检查需要检查书面资料，也需要查证客观事物，二者又需要不同的技术手段。

1. 检查书面资料

检查书面资料是财政监督最常用的一种手段，包括如下几种方法：一是审阅法，即财政监督检查人员通过仔细阅读和审核各种会计凭证、账户、报表以及有关文件和其他原始资料，从中发现问题和线索的一种检查方法；二是核对法，即财政监督检查人员同时取得两类或多类书面资料，通过对这些资料进行比较和鉴别来发现问题，取得财政监督证据；三是查询法，即财政监督检查人员在检查中发现从现有资料中难以辨别清楚的异常情况或者重大怀疑事项，通过调查取证或者询问方式来了解情况，取得财政监督证据；四是分析法，即财政监督检查人员根据被检查单位的有关会计资料，进行技术分析和综合，揭示其相互关系和构成要素，以此发现问题，取得财政监督证据。分析法包括比较分析法、比率分析法、平衡分析法、因素分析法、账户分析法等。

2. 检查客观事物

财政监督检查中，也可能要对事物的件质、形态、数员和价值进行判断，以验证其合法性、合规性和正确性。检查客观事物的方法包括：一是盘点法，即财政监督检查人员对被检查单位的现金、有价证券、原材料、产成员、固定资产、低值易耗品和其他物资的实际存量，进行实物清查的方法；二是调节法，即对与检查项目有关的因素，根据其内在联系，按照一定的方法进行调整计算，以验证其正确性，其实质上是通过调整计算，消除书面资料的技术性错误，以便验证书面资料的正确性；三是观察法，即财政监督检查人员进入现场对生产经营、财产物资管理和内部控制制度的执行情况进行实地观察，以取得财政监督证据；四是鉴定法，即实施财政监督时运用专门技术对技术资料、实物性能和质量、财产物资价格进行识别、测试和鉴定。

3. 计算机辅助技术

随着会计电算化的普及，电子计算机被广泛用于管理信息处理和账务处理，许多机关事业单位和大中型企业，在财政资金数据处理、财政预决算数据处理、会计核算数据处理、会计报表编制以及工资核算、成本核算等方面都实行了电算化，这对财政监督技术手段提出了新的要求。会计电算化影响财政监督的操作对象，许多环节发生了根本性的变化；会计电算化还改变了人与数据接触的方式，人与数据失去了直接的接触，难以用手工方式对经济业务进行直接的追踪。因此，新时期的财政监督，必须引入计算机辅助技术。财政监督在检查财政经济业务事项的时候，间接地也对电算系统进行了检查，包括内部控制制度检查、应用程序检查、数据文件检查、处理检查和系统开发检查。在检查中，财政监督人员自身也要利用计算机设备和软件进行检查。计算机技术不但可以提高检查的质量，还可以提高检查的效率，使检查人员能够在短时间内进行大量的数据处理、统计和分析。

三、财政监督的作用

（一）保证财政职能的实现

财政职能包括以下 4 个方面：资源配置职能、收入分配职能、经济稳定与发展职能、监督管理职能。财政监督在促进财政职能实现方面有着重要的作用。例如在资源配置方面，政府对资源的配置可能出现有意或无意的失误，政府有可能为了维护个人私利，而做出不利于资源有效配置的行为，或者政府可能因为知识和经验不足导致政策失误。财政监督可以纠正这种有意或无意的失误，使政府对资源的配置回到最优状态。有效的财政监督能够促进各部门有效地执行国家的财经法规政策，进而对实现财政职能产生良好的促进效果。

（二）促进财政资金使用效率的提高

加强财政监管能够促进财政资金按时拨付，防止有关部门对财政资金的截留挪用，促进预算资金使用效率的提高。审计部门审计预算资金的过程中，经常查出预算资金不能按时拨付或被截留挪用，降低了预算资金的使用效率。加强财政监管是有效避免这种情况的重要手段。

（三）保证市场经济运行的有序

财政监督对确保市场参与者开展公平竞争有重要的促进作用。首先，财政监督可以帮助引导市场参与者开展公平竞争，有利于实现等价交换，有利于营造制度、体制、政策三个方面都公平的竞争氛围。其次，财政监督有利于促进财政法规的有效实施，从而保证市场经济的有序运行。法制性是市场经济的重要特征，市场经济必须在健全的法律保护和约束下才能够正常运行。然而由于我国的市场经济体制较为特殊，相关的法律法规还不完备，市场参与者的市场活动还存在一定的盲目性，经济运行还时常出现紊乱的情况。因此，建立完善的市场经济法律体系是确保市场经济正常运行的必要条件，依法实施财政监督是促进财政法规制度有效实施的重要手段和途径。

（四）维护国家的财经纪律

财政监督可以通过对有关违反财经纪律的当事人的查处，震慑违法违规者，保障国家财经纪律的权威性。一方面，财政监督维护国家财经纪律的目的是整顿和规范市场经济秩序。财经纪律是市场秩序的重要组成部分，整顿和规范财经纪律对维护市场经济秩序有很大作用。由于市场主体行为带有一定的盲目性和随意性，经济市场可能出现无序状况，财经纪律松弛、市场秩序混乱会影响财税政策的贯彻落实和政府宏观调控功能的发挥，不利于经济增长。财政监督通过维护国家财经纪律，整顿市场经济秩序，规范市场主体的行为，可以有效地提高经济运行效率。

另一方面，国家财政如果不受监督制约，就会产生权力滥用和滋生腐败，导致对财政资源的不恰当收取、支配和使用。政府可以人为创造出一种稀缺，这种稀缺会带来潜在的租金，从而使得社会出现寻租行为。在政府官员自律能力较差的情况下，寻租行为往往得逞。同时，在财政管理不善的情况下，各种收人情、拨关系款、私设小金库和公款请客送礼等腐败现象更是层出不穷。财政监督可以对财政领域的各种权力形成监督制约机制，将政府官员的行为置于监督之下。

通过财政监督的监控、评价、纠偏和反馈等功能，可以及时发现和反映出财政监管存在的问题以及财政制度存在的缺陷。将财政监督结果反馈到相关管理部门，可以健全和完善财政制度，提高国家财经纪律的科学性。

课堂小思考

财政监督的重要意义有哪些？

第三节
财政审计与财政监督的关系

一、财政审计与财政监督的相同点

（一）两者的监督本质主体相同

两者的监督本质主体都是一种凭借国家政治权力的监督，具有相同的权威性、强制性和广泛的影响力。这是由财政同国家政权的本质联系所决定的。财政筹集、供应资金的过程是以国家整个行政权力所制定的法令、制度为依据所进行的，凡与财政发生分配关系的部门、企业、单位都要接受国家行政部门带有强制性的监督。

（二）两者的监督对象相同

两者的监督对象都是国家拥有所有权的主体，包括使用国家预算资金的各级政府、部门和单位、国家投入资本的企业单位等，具体表现为组织预算执行情况的财政部门、负责税收征管和关税征收情况的税务、海关部门、办理预算资金收纳拨付情况的国家金库、使用预算内外资金和基金的管理部门、下级政府。财政预算执行过程是筹集、分配、使用预算资金实现社会行政效果的过程，预算执行工作是由政府及其财政税务部门和其他部门单位共同完成的，其活动都体现了政府行为。参加筹集、分配、使用预算资金这一活动过程的每个部门都是预算执行的主体，它们都是财政审计与财政监督的对象。

（三）两者的监督目的相同

两者的监督目的都是维护财经秩序和保证市场经济秩序的稳定发展。通过对政府财政收支进行监督，有助于揭露财政管理活动中的违法违纪问题，反映财政管理中的深层次问题，严肃财经法纪，维护国家政令统一，规范国家财政收支行为。政府管理经济主要是通过运用财政政策、货币政策等手段，致力于宏观调控，为经济和社会发展创造良好的环境，促进社会资源优化配置，促进政府加强宏观调控。财政审计与财政监督通过对财政收支的监督，支持和促进政府财政部门和其他预算执行部门依法有效履行职责，同时也便于人大加强对政府财政收支监督。

二、财政审计与财政监督的不同点

（一）监督的角度不同

我国现阶段实行的是政府领导下的行政型审计模式，这就决定了财政审计在一定程度上是为政府和立法机构审计，是从满足政府及人大管理、控制国有经济和政府收支需要的角度，侧重于对宏观经济运行的全局性、综合性、外部性问题的监督，是政府和人大监管经济的重要手段。财政监督是从提高财政管理水平、完善财经法规的角度，侧重于对财政收支全过程的法制化、制度化、规范化的监督，是与财政履行职能紧密联系在一起的。

（二）监督的依据不同

财政审计直接以《中华人民共和国审计法》（简称《审计法》）为主要法律依据，其法律依据以法的形式出现，在我国整个法律体系中地位较高而适用范围较广，其形成的结论或决定具有较强的法律效力。财政监督主要以《预算法》《会计法》等作为法律依据，而财政监督的直接依据一般是地方政府制定的财政监督条例或财政监督办法，其监督结论或决定虽有一定的强制性，但主要是为加强财政管理提供信息和依据。

（三）监督的层次不同

财政审计是由国家审计机关实施的最高层次的监督形式，是各级人民代表大会监督政府工作、各级政府监督财政部门工作的重要工具，具有对政府和人民代表大会负责的特征，是对财政监督的再监督，具有较高独立性和公允性。财政监督则是政府赋予财政部门的一项重要职责，其行为属于部门监督。相对于财政审计而言，财政监督的层次和独立性略低。

（四）监督的内容不同

财政审计的内容主要包括：（1）财政预算审计，主要审查财政预算的编制是否科学合理，是否按规定的程序报经批准，经批准的财政预算是否得到认真贯彻执行，执行中的预算调整项目是否合理合法；（2）财政收支审计，主要审查各项财政收入是否及时足额入库，各项支出是否合法合理，财政收支活动中是否存在违法乱纪行为；（3）财政决算审计，主要审查财政决算的编制是否符合规定的程序和时间，其内容是否完整，数据是否真实可靠；（4）预算外资金审计，主要审查预算外资金是否符合国家规定，使用是否按规定原则统筹安排，管理制度是否健全。

财政监督一是通过财政资金运动及其与社会再生产过程的密切联系对国民经济运行状况进行反映和监督；二是通过审查财政财务凭证、报表分析计划执行情况等形式对财政部门日常业务活动进行监督。财政监督的主要内容包括：（1）预算监督。监督国家预算的编制和执行是否充分体现政府的社会经济管理和国有资产所有者的双重职能；是否保持收支平衡；收支规模是否合理；是否体现国家有关经济方针政策；监督预算执行过程中各项预算收入资金的征收、入库和各项预算支出资金的分配、管理、使用；以及预算外资金的立项、收取、管理和使用；是否按照《预算法》和当年预算安排实施；监督决算是否按财政部门的部署编制；是否符合《预算法》要求，做到收支数额准确、内容完整、报送及时。（2）税务监督。监督纳税人是否按照国家的政策法令认真严肃履行纳税义务。（3）财务监督。监督企事业单位的财务活动及国有资产运营和收益状况，促进国有资产的保值增值。

（五）监督的形式不同

财政审计一般是对财政运行结果实施监督，同时履行对财政监督的再监督职责，它不参与经营和分配活动，主要在一个财政年度或会计年度结束后对该期财政财务收支活动实施监督，是社会再生产循环过程中的外在监督，以事后监督和间接监督方式为主。财政监督是对整个财政分配调节过程的监督，与财政运行同步进行，作用体现在对财政收支监督的连续性和时效性，是财政管理活动的重要组成部分，其外延还包括对审计机关自身执行财经纪律情况的监督，是社会再生产过程中围绕市场经济运行开展的一种内在监督。财政监督分为事前、事中和事后监督，并以事前监督和事中监督方式为主，与财政履行职能紧密联系在一起。

（六）监督的效果不同

对于财政审计而言，审计机关依据《审计法》赋予的职权和程序在政府的领导下开展审计工作并报告工作情况，政府通过审计结果报告可以进一步了解预算执行的情况和存在的问题，从而制定正确的宏观调控政策，加强预算管理，促进社会经济发展。审计机关在预算执行审计后，受政府委托向人大常委会提交审计工作报告，人大可以更好地了解政府的预算执行情况，强化对政府财政收支的监督，从法律上规范政府的预算执行行为。财政监督则是财政部门进行的一种专业监督，监督的内容、形式等应视财政管理需要而定，财政监督的结果作为财政部门改进财政工作的重要参照，在报告的内容和编排上都有较大的灵活性。一般情况下，财政监督结果报告只需报送本部门领导。

三、财政审计与财政监督的协调与配合

财政审计与财政监督是两种不同类型的监督，各自有其发挥作用的范围和领域。但是财政审计和财政监督在根本目标和作用上是具有一致性、兼容性的。财政审计作用的发挥直接或间接地达到了财政监督的作用和目标，通过财政审计可以及时发现、揭露和抑制市场经济秩序不规范现象，为财政监督提供和创造良好的外部环境。财政监督作用之一就是保证国有资产的保值增值，我国国有企业转换经营机制以后，国家作为产权所有者将国有资产授予企业自主经营，财政审计代表国家对国有资产占控股地位或主导地位的企业实施监督，既有效地保护了国有资产的保值增值，同时又帮助企业纠错查弊，维护其合法权益。财政审计的重要内容之一就是维护国家财经法纪，实践证明审计机关依照《审计法》

及相关法规，揭露和查处侵吞国有资产、损害国家利益的违法乱纪行为，在维护国家财经法纪、加强廉政建设方面发挥了重要作用，为强化财政监督做出了积极的贡献。由此可见，我国的财政审计与财政监督这两种监督方式，是相辅相成、互为补充又相互渗透的。只有明确其各自的重点并对它们加以协调、配合运用，才能达到预期的对社会经济运行全面有效的监督效果。

课堂小思考

财政审计与财政监督的区别在哪里?

专栏

审计署部署开展新型冠状病毒感染肺炎疫情防控财政资金和捐赠款物审计监督工作

2020 年 2 月 7 日，审计署印发了《关于做好新型冠状病毒感染肺炎疫情防控财政资金和捐赠款物审计监督工作的通知》（以下简称《通知》），部署开展新型冠状病毒感染肺炎疫情防控审计监督工作。

防控新型冠状病毒感染的肺炎疫情事关人民群众生命安全和身体健康，事关经济社会大局稳定。各级审计机关要认真学习领会习近平总书记重要指示批示和重要讲话精神，充分认识疫情防控工作的极端重要性和紧迫性，增强“四个意识”、坚定“四个自信”、做到“两个维护”，切实把思想和行动统一到党中央决策部署上来。要进一步增强政治责任感和历史使命感，把做好疫情防控财政资金和捐赠款物审计监督作为重大政治责任，促进疫情防控资金物资规范和高效使用。

《通知》要求，各级审计机关要按照审计署统一部署，结合本地区疫情防控工作的具体情况，将疫情防控财政资金和捐赠款物审计作为当前重大专项审计任务，其他各项审计也要把疫情防控相关情况作为重要审计内容。要坚持审计项目和审计组织方式“两统筹”，加强非现场审计与现场审计的资源配置和协调衔接，精心安排和组织实施，确保审计实效。

同时，《通知》还指出，各级审计机关要对照坚定信心、同舟共济、科学防治、精准施策的要求，把人民群众生命安全和身体健康放在第一位。审计中要聚焦党中央关于疫情防控相关决策部署的落实情况；聚焦相关税费减免政策、财政贴息政策、贷款优惠政策等精准到位情况；聚焦中央和各级财政安排的疫情防控资金总体情况、拨付情况、管理使用情况；聚焦社会捐赠款物的总体情况、分配和使用情况等。要把准职能定位，注意方式方法，严格执行疫情防控相关规定，全力支持配合各部门开展工作，及时发现问题、指出问题、督促整改，以审计监督实效助力疫情防控工作高效顺畅开展。要落实“三个区分开来”重要要求，坚持具体情况具体分析，全面客观辩证审慎地看待发现的问题，促进干部敢于担当、积极作为。对形式主义、官僚主义等问题，以及截留、挤占、挪用疫情防控资金和捐赠款物等行为，坚决予以揭示和反映；对涉嫌重大违纪违法问题，及时移交纪检监察或司法机关。要坚持和落实审计质量责任制，坚持依法审计、文明审计、廉洁审计，严格执行审计工作程序和各环节质量控制要求，确保审计成果经得起历史检验。

（资料来源：http://www.gov.cn/zhengce/zhengceku/2020-03/24/content_5494813.htm）

思考与练习

一、选择题

1.（多选）财政监督的方式有（　　）。

A. 审计监督　　B. 专项监督　　C. 个案检查　　D. 日常监督

2.（多选）财政监督包括（　　）。

A. 事前监督　　B. 事中监督　　C. 事后监督　　D. 经常监督

3.（多选）我国现行财政监督的法律依据主要有（　　）。

A.《预算法》　　B.《会计法》

C.《税收征收管理法》　　D.《民事诉讼法》

4.（多选）财政审计的内容是（　　）。

A. 财政预算执行及决算草案审计　　B. 部门预算执行及决算草案审计

C. 税收审计　　D. 财政预算执行及决算草案审计

5.（多选）财政审计与财政监督的相同点在于（　　）。

A. 都是一种凭借国家政治权力的监督

B. 监督层次相同

C. 监督目的相同

D. 监督内容相同

二、判断题

1. 狭义的财政监督专指财政部门依照法律规定，对相关部门机构执行财税法律法规和政策的情况，以及财政收支相关事项的合规性和有效性所进行的监督检查活动。（　　）

2. 财政审计的对象主要是参与国家财政收支管理及有关经济活动的各级政府和相关部门、各级财政的预算单位和其他管理分配使用财政资金的单位。（　　）

3. 财政的职能只包括资源配置职能和经济稳定发展职能。（　　）

4. 国家财政不受监督制约，就会产生权力滥用和滋生腐败，导致对财政资源的不恰当收取、支配和使用。（　　）

5. 财政审计与财政监督是两种相同类型的监督。（　　）

三、简答题

1. 简述财政监督的方式。

2. 如何完善财政审计体系？

3. 列举财政监督的作用。

参考文献

REFERENCE

1. 财政部科研所．财政本质问题论文选［M］. 北京：经济科学出版社，2017.

2. 何振一．理论财政学［M］. 北京：中国财经出版社，2018.

3. 刘溶沧，赵志耘．中国财政理论前沿［M］. 北京：社会科学文献出版社，2018.

4. 马国强．税收学原理［M］. 北京：中国财经出版社，2019.

5. 高培勇．公共财政：经济学界如是说［M］. 北京：经济科学出版社，2020.

6. 蒋洪．财政学［M］. 北京：高等教育出版社，2020.

7. 岳秀梅．财政学［M］. 北京：中国人民大学出版社，2020.

8. 李宗彦，郝书辰．权责发生制政府财务报告审计制度探讨：英、澳两国实践经验及启示［J］. 审计研究，2018（01）：51－58.

9. 宋凤轩，孙健夫，谷彦芳．财政与税收：第4版［M］. 北京：人民邮电出版社，2017.

10. 黄玉娟，王红敏．财政与金融［M］. 北京：北京大学出版社，2020.

11. 周沅帆．城投债：中国式市政债券［M］. 北京：中信出版社，2018.

12. 沈伟．地方政府性债务的成因与风险治理［J］. 人民论坛，2020（15）：159－161.

13. 袁月，孙光国．基于国家治理视角的全面预算绩效管理研究［J］. 财经问题研究，2020（04）：70－76.

14. 王泽彩．预算绩效管理：新时代全面实施绩效管理的实现路径［J］. 中国行政管理，2018，0（4）.

15. 郑方辉等．财政绩效评价：理论、体系与实践［J］. 中国社会科学，2017（04）.

16. 黄萍．我国财政转移支付制度存在的问题和对策分析［J］. 市场研究，2020（01）：35－37.

17. 郑小荣．政府审计结果公开对腐败普遍性信念的作用及机制：基于认知心理学的理论分析［J］. 中南财经政法大学学报，2017（04）：35－45.

18. 张立民，聂新军．构建和谐社会下的政府审计结果公告制度：基于政府审计信息产权视角分析［J］. 审计研究，2006（02）：7－13.

19. 陈宋生，陈海红，潘爽．审计结果公告与审计质量：市场感知和内隐真实质量双维视角［J］. 审计研究，2014（02）：18－26.

20. 刘静．审计结果公告的公民参与策略研究［J］. 审计研究，2015（02）：48－55.

21. 马骁，周克清．财政学：第四版［M］. 北京：高等教育出版社，2019.

22. 廖楚晖．现代公共经济学［M］. 北京：中国财政经济出版社出版时间，2022.